JN158462

新装 天皇家と卑弥呼の系図

日本古代史の完全復元

澤田洋太郎【著】

新泉社

まえがき

私が日本古代史に興味をもち始めたのは、高等学校の教員をしていたころのことだった。それは吹き荒れた学園紛争の嵐が収まり、社会の混乱が一段落した一九七〇年代のことだ。やがて世の中が平静さを取り戻すとともに、そのころ大衆的な人気を集めていた「邪馬台国論争」などに対して、私の関心も向けられるようになった。そして、何冊かの書物を読みあさるうちに、『古事記』や『日本書紀』に書かれていることが、必ずしも学者といわれている方々が説くような信頼のおけないものではないと私には思えてきた。そこには多くの虚構が混じえられてはいるものの、その記事の背後には実に生き生きとした史実が潜んでおり、後世の人の手でその真相が発掘されることを求めているなと感じるようになった。

というのは、『魏志倭人伝』にあれだけ克明に記されている邪馬台国のことを『記・紀』の編者が知らないはずはないし、それを完全に無視したまま史書として提出したりするはずはないと思ったからだ。言うなれば、『記・紀』に述べられている「神話」こそ邪馬台国時代の出来事の翻案であるに違いない、というのが私の直観だった。もちろん、最初のうちは、これといった神話解釈があったわけではない。また、邪馬台国がどこにあるかについても暗中模索の状態だった。ただ、予感として「邪馬台国は九州のどこかにあり、それを取りまく〝邪馬台国連合〟といったものの一部が〝東遷〟して大和王朝を開いた」といった取りとめもないものに過ぎなかった。また、崇神天皇か応神天皇のどちらかの「東遷」のことを『記・紀』は「神武東征」として描いたのだ、という程度に考えていた。

ところが、私が五十四歳で高校の教員をやめ、いささか時間的な余裕が出来てくると、読書のかたわら自分なりの読史備要にするための「古代史ノート」を作ったりしていた。そうこうしているうちに、いつしか私は「日本古代史の復元をしてみよう」という壮大な夢をいだくようになってきた。そして、それが何故か私に課せられた任務でもあるかのような衝動に駆られ、「筋の通った日本古代史」の構想を練り始めるようになっていた。

ちょうどそのころ、わが家の近くにある推理作家の高木彬光氏のお宅にたびたびお邪魔するようになった。当時、高木氏は脳梗塞で倒れて後のリハビリ中だった。私は、先輩の退屈しのぎのために、しばしば囲碁のお相手をした。震える右手の指先で黒石を挟(はさ)み、いかにもギゴチない手つきで盤上に置く――それが、戦後の推理小説の世界で東の正横綱ともいわれた巨匠の痛ましい姿だった。それでも、高木氏の作家魂は枯れてはおらず、未完の推理小説のシリーズを是が非でも世に送り出したいという「復活」の願望について語る時、その両眼は美しく輝いていた。

そうしたころ、ふと私は高木氏の前で日本古代史のことを話題にした。私は、「魏使がやって来たころの邪馬台国が宇佐にあったという説には大賛成です」と言い、「宇佐神宮の祭神の応神天皇の后妃になった三人の姉妹というのは、これも宇佐神宮の祭神である宗像(むなかた)三女神のことだと思います」とも言った。そして、「天照大神とスサノオノミコト（素戔烏尊）との誓約(うけい)の意味が解釈できれば、日本古代史の謎の核心に迫れると思います」とも述べた。

すると、高木氏は「よし、それでいこう。それをまとめ上げて『邪馬台国の秘密』の続編として本にしてみようじゃないか」と言われ、その決断が実って『古代天皇の秘密』という一冊の本が高木彬光著として出来上がり、角川書店から刊行されることになった。

同書の新書版の「あとがき」には、次のように書かれている。

「私は昭和五十四年秋に脳梗塞を患い、今は回復したが、残念ながらいささか右手が不自由で、本編を書くに当っては、一高の後輩で近所に住んでおられる澤田洋太郎氏（戦前・戦後を通じて伝記作家だった澤田謙氏の長男）に片腕となっていただいた……」

こうして、私は一か月ほどかけ、かねて用意してあったノートを利用し、高木氏のかねてからの構想にそうように小説『古代天皇の秘密』の最初の原稿を一気に書き上げた。以後、何度もお宅に出向いては高木氏からご指示や注文を受けて内容の手直しを重ね、通算して三か月ほどで『古代天皇の秘密』をとにかくも完成させることができた。さいわい読者からも歓迎され、ベスト・セラーの座を占めることができた。

ところで、私は、高木氏の著作のお手伝いをしながらも、幾つかの「隠し玉」を手離さなかった。その第一のものは、「卑弥呼の名のある系図」であり、第二が「豊後・日田の秘密」だった。この二つの資料が欠けても、エンタテインメントとしての『古代天皇の秘密』は、十分に読者を引き付けることはできた。それは筋の運びの意外さという、推理小説的な面白さが備わっていたからだ。しかし、歴史の解釈としての説得力については、いま一つ証明不充分というきらいも残っていた。

さて、今回、私がここに提出する本編は、右の二つの「隠し玉」の他に、それ以後に私自身が発見した幾つかの資料を加え、高木氏の歴史像よりもさらに広い視野に立って論証を進め、独自の立場から日本古代史の全体像を誰にでも納得がいくように描くべく心がけたつもりだ。

言うまでもなく、本編は小説ではない。そこに展開される「歴史復元」の筋については、そのうちの幾つかは『古代天皇の秘密』と同じ発想によっている。それは、いま述べたような事情によるもので、他人の書物からの盗用でもなければ偶然の一致でもない。それは、『古代天皇の秘密』を代筆していく過程で、私と高木氏との共通認識になったものを基盤としているからだ。

それはともあれ、本編は今まで誰一人として手掛けたことのない「歴史解読のシナリオ」の一つのつもりだ。そこには、部分的な誤解もあろうし論証不足で独善的という批判の余地もあるかと思う。そういうご指摘やご叱正は喜んでお受けしたい。

一九八九年初夏

著　者

天皇家と卑弥呼の系図●目次

四六、八八、一〇二、一〇八、一五八、一六六、一六八ページの写真は藤田晴一氏撮影
五〇、五一、五二ページの写真は福本英城氏提供

装幀　勝木雄二

天皇家と卑弥呼の系図

日本古代史の完全復元

一、卑弥呼の名のある系図――海部・尾張氏とは

●古代史完全復元の試み

われわれ日本人にとって一番残念なことは何かというと、民族として二千年近い歴史をもっているというのに、その初めの部分が不明確のまま放置されていることではなかろうか？ 高校の「日本史」の教科書では、主として考古学的な内容を中心として解説されている。そして、最初に出てくる人名は『魏志倭人伝』に三世紀前半ころ実在したと伝えられる邪馬台国(やまたいこく)の女王の卑弥呼(ひみこ)だ。その次は、河内平野にある巨大古墳の名として応神・仁徳という天皇の呼称が現れるが、その治績などの記述はない。しかも、その古墳に葬られている大王が一世紀半ほど前にあった邪馬台国の王とどういう関係があるのかといったことには全然触れていない。

五、六世紀になると、「倭の五王」が中国に使者を出したとは書いてあっても、『記・紀』に出てくる天皇と結びつけてはいない。また、当時の勢力者だった豪族として大伴(おおとも)・物部(もののべ)氏などの名が見られるし、氏姓制度についての解説はあるが、個人の事跡についての内容が伴う人名は、やっと七世紀の初めになって聖徳太子と蘇我馬子(そがのうまこ)が出てくることになる。

せっかく、卑弥呼の名前はあっても、肝心の邪馬台国があった場所については、「大和説と九州

説とが対立しており、いずれとも決定できない」とされている。だから、現在の高校生たちは、「いつ、どこに、誰が、どういう経過で国家を築いたのか」という具体的に内容が欠けた記事を日本民族の「歴史」として学んでいることになる。具体的な地名と人名の欠けた歴史では、何としても心細い。

その一方では、「建国記念日」が法制化され、『日本書紀』が記している「神武天皇の即位の日」を「国民の祝日」として祝うことが強制されている。ところが、縄文晩期の西暦紀元前六六〇年に、大和に国家が建設されていたなどということは学問的に認められはしない。そういう虚妄の日を「民族的ロマン」などと称して祝わされるようでは、科学的な研究態度は養えないし、そこからは自分たちの民族に対する誇りも愛着も湧いて来ることは期待できない。

その半面、せっかく『古事記』とか『日本書紀』とかいう書物が遺されているのに、「応神天皇以前の記事は信用できない」といって斬り捨てて顧みないことも不可解だ。そうではなく、『記・紀』の内容を精密に検討し、「どこからどこまでが史実であり、どういう歪曲が加えられているのか」ということを正しく論証しようと心がけるべきではないだろうか?

できることなら、『魏志倭人伝』と『日本書紀』とを繋ぎ合わせて、三世紀から六世紀までの日本の古代史を完全な形——人名と地名のある歴史として復元してみたいと思う人は多いのではなかろうか？　実は、私もそういう夢をいだき、いろいろと思索を重ねた結果、神話の裏にある史実を見付け出し、邪馬台国と応神天皇の時代の史実とを結びつけ、どうやら一本の筋の通った古代史のシナリオを完成したつもりでいる。

そう言うと、人は「そんなものは、古代構想ではなく誇大妄想に決まっている」と言って、一笑に付せられてしまうかもしれない。しかし、これから私が提示しようとするものは、そんな怪しげなものではないつもりだ。そうは言っても、所在地さえ諸説が確定できないでいる邪馬台国と、根拠が不確実で信頼性の乏しい『記・紀』とを結合させるなどということは、およそナンセンスだという人がほとんどだろう。残念ながら、それが今日の常識と言えそうだ。

しかし、そういう常識に安んじていたのでは、そこからは何一つ創造されはしない。私に言わせると、思い切ってこれまでの歴史研究の方法を離れ、頭の働きを一八〇度切替えて全く別の角度から歴史にメスを入れるならば、必ずや新しい視界が開かれてくるはずだということになる。

●『魏志』と『記・紀』をつなぐ二つの系図

そこで、最初に、「卑弥呼の名のある系図」を紹介しよう。これは、正規に印刷された刊行物として公開されているもので、けっして眉に唾をつけなくてはいけない代物ではない。しかも、一つだけではなく、二つの系図に明白に「卑弥呼」の名が記されている。それなのに、どういうわけか不思議なことに、歴史学者たちはそれらの存在を今まで見落としていたことになる。

その一つは、京都府宮津市にある丹後一の宮の籠(この)神社に伝えられる『海部(あまべ)氏系図』で、その現物は国宝に指定されている。刊行物としては、『古代海部氏の系図』(金久与市著・学生社。昭和五十八年刊)に発表されている。

もう一つは、『先代旧事本紀(くじほんぎ)』の第五巻の「天孫本紀」に載っている『尾張氏系図』で、古くから研究家に利用されているもので、誰でも図書館で読むことができる。

　この両者は、人名の表記法が若干違うだけで内容がほとんど同じなので、ここでは便宜上、両者をミックスしたものを示しておく【系図1】（次ページ）。

　私が、「これが卑弥呼だ」というのは、第九代の「日女命」のことだ。そして、その二代のちにはもう一人の「日女命」の名があり、別の名が「小止与命」となっている。これこそ『魏志倭人伝』でいう「宗女台与」に相当する。しかも、前の「日女命」には、「弟彦命」（『海部氏系図』では、「意富那毘命」）がいる。これは、『倭人伝』に出てくる卑弥呼の男弟ではないか。

丹後一の宮の籠神社奥宮にある真名井神社（京都府宮津市）

　この二つの系図の存在を知って、私はまさしく驚喜した。「これで、『魏志倭人伝』と『記・紀』をつなぐことができる！」……。なんと、『倭人伝』が伝える「ヒミコ」の名前が、わが国の文献の中に、はっきりと「ヒメノミコト」として記されているではないか！　こうなれば、『魏志』と『記・紀』を繋げて日本古代史を復元するという夢は果たせそうではないか。少なくとも、そのための有力な手懸かりを摑むことができたようだ。

　そこで私は、早速、この系図を紹介してくれた金久与市

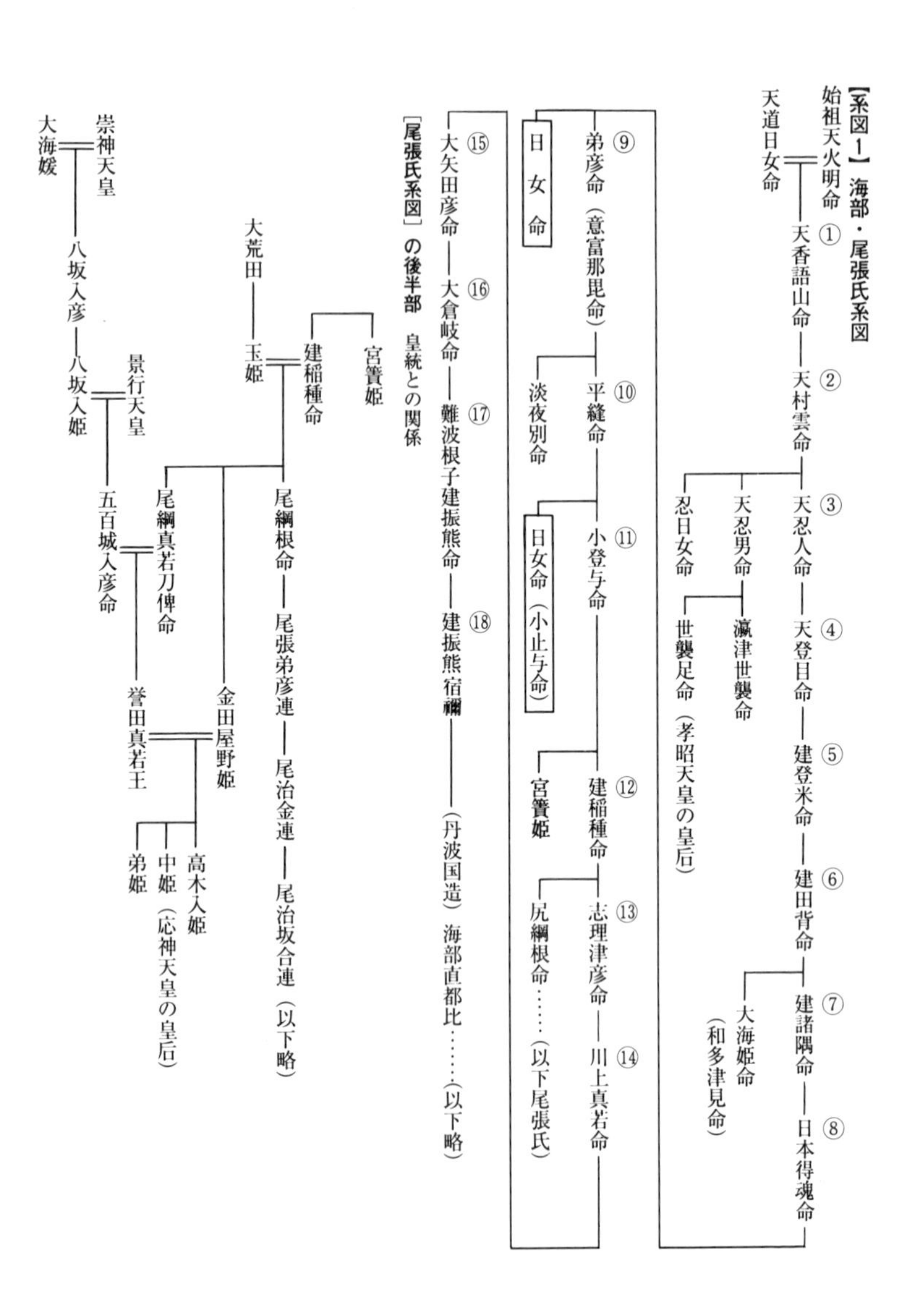

【系図1】 海部・尾張氏系図
始祖天火明命
天道日女命
① 天香語山命
② 天村雲命
③ 天忍人命
天忍男命
忍日女命
瀛津世襲命
世襲足命（孝昭天皇の皇后）
④ 天登目命
⑤ 建登米命
⑥ 建田背命
⑦ 建諸隅命
大海姫命（和多津見命）
⑧ 日本得魂命
⑨ 弟彦命（意富那毘命）
日女命
⑩ 平縫命
淡夜別命
⑪ 小登与命
日女命（小止与命）
⑫ 建稲種命
宮簀姫
⑬ 志理津彦命
尻綱根命……（以下尾張氏）
⑭ 川上真若命
⑮ 大矢田彦命
⑯ 大倉岐命
⑰ 難波根子建振熊命
⑱ 建振熊宿禰（丹波国造）
海部直都比……（以下略）
［尾張氏系図］の後半部 皇統との関係
宮簀姫
建稲種命
大荒田
玉姫
尾綱根命
尾張弟彦連
尾治金連
尾治坂合連（以下略）
金田屋野姫
尾綱真若刀俾命
高木入姫
中姫（応神天皇の皇后）
弟姫
誉田真若王
景行天皇
五百城入彦命
崇神天皇
大海媛
八坂入彦
八坂入姫

氏の著書『古代海部氏の系図』を読んでみた。金久氏は京都府の高校の日本史の教員をしておられ、わざわざ宮津市に出向き、籠神社に伝わる系図を第八十一代目の宮司の海部穀定（よしさだ）氏から筆写させてもらったという貴重なものだ。海部氏は五世紀には、丹波（たんば）国造であり、その家は以後、連綿として籠神社の宮司をしている。その家の系図が現存しているわけだ。

金久氏のこの著書は、大変な労作ではあるが、私は、その立論については正直言って失望した。なぜかというと、金久氏は、何の証明もなしに「邪馬台国は大和にあった」と信じ込んでおられるからだ。しかも、「卑弥呼はヤマトトトヒモモソ姫（倭迹迹日百襲姫。孝元天皇の妹）である」と決めている。それだけではなく、「日神の降臨」にはニニギノミコト（瓊瓊杵尊・迩迩芸命）による「九州降臨」系と、ホアカリノミコト（火明命）による「丹波降臨系」の二つがある、というような固定観念を持っておられる。私は不本意ながら金久氏の考え方に賛成するわけにいかなかった。

というわけで、私は、あらためてこの『海部・尾張氏系図』にある「日女命」が『魏志倭人伝』に記されている「卑弥呼」であるという仮説が成立するかどうかの検証に取り組むことにした。

まず、第一に、時代が一致しなくては問題にならない。この点は合格だった。この系図に登場する難波根子建振熊（なにわねこたけふるくま）という人物は、『日本書紀』の二か所に出現する「和珥（わに）氏の祖の武振熊」と同一としてよいだろう。その一つは、「神功紀」の中で皇后の近畿地方への帰還に反抗する二人の王子の軍を撃破した部将としてであり、もう一か所は、「仁徳紀」で飛騨の怪人物の両面宿儺（ふたつのかおのすくな）を退治した英雄として記録されている。この人物は『紀』では「和珥氏の祖」とされているが、一人の人物が複数の氏族の共通の祖先とされる例はいくらでもあるから特に問題はない。後に見るように、

八世孫倭得玉彦命 亦云市大稲日命 此命淡海國谷
上刀婢爲妻生一男伊我臣祖大伊賀彦女大
伊賀姫生四男
九世孫弟彦命
妹日女命
次玉勝山代根古命 山代水主雀部連輕部造蘇宜部首等祖
次若都保命 五百木部連祖
次置部與曽命

『先代旧事本紀』の巻第五「天孫本紀」より

和珥は海部氏と同じく海人族だからなおさらのことだ。彼は海部氏にとっても忘れられない重要な人だったに違いない。

建振熊が実在したとすれば、応神天皇の時代だから五世紀前半とすべきだと思う。そして、両氏の系図では、建振熊は第十七代目になっている。となると、第九代目の「日女命」は、一世代を二十五年として逆算すれば、その二百年前、つまり魏使が邪馬台国にやって来た当時に相当する。

では、第二に、最も根本的に重要な「この二つの系図は信用できるか?」という問題に触れなくてはいけない。『先代旧事本紀』については、偽書説がある。それは「序文」と本文との間に矛盾があることなどを理由とするものだが、氏族の系譜などの記述については根拠があって書かれたものとしていいだろう。大いに吟味すべきだとしても、それを頭から否定してかかることのほうが独断的というべきだ。

ここに二つの系図が別個に存在していて、しかも、その内容が表記上の若干の相違を除いて完全に一致しているということは何を意味するだろうか? その一つの可能性としては、「それぞれが別のある資料を筆写する際に、表記法を変えたのだ」ということもないとは言えない。しかし、最も素直で可能性が高い解釈は、「どちらも事実を伝えているからだ」ということになるだろう。

しかも、『古事記』には、品陀和気命（応神天皇）の項目に、「尾張連の祖の建伊那陀宿禰の子の志理都紀斗売は、五百木入日子との間に品陀真若（誉田真若）をもうけ、その子の三人の娘が応神天皇の后妃になった」と記している。この建伊那陀宿禰は明らかに、両系図の建稲種命のことだから、この二つの系図は確実な伝承によるものと判定していいだろう。偶然によって、このような一致が生じることは絶対にあり得ない。

ともかくも、五百木入彦（日子）と誉田真若の名は記憶しておいてほしい。ここでは、今後の「謎の解明」において極めて重要な役割を担っている人物であることだけ述べておくことにしたい。

私としては、『海部氏系図』と『尾張氏系図』は、ともに独立して編集され、別個に伝えられて来たものだから、両者が一致することは、どちらも真実を伝えたものと解釈する。

そこで、これらの系図に名前があがっている人物の中から、他の文献に姿を見せる人名を拾ってみよう。建振熊以外にも、いま出て来た建稲種命の名は、尾張国関係の他の文献にも現われる。尾張氏と言えば、熱田神宮の宮司家となって名族だ。さだめし、建稲種命は、その尾張氏にとって重要な祖先の一人だったに相違ない。

また、建稲種命の姉妹であるミヤズ（宮簀）姫は熱田神宮の巫女で、『記・紀』によるとヤマトタケル（日本武尊・倭建命）が東国へ出掛ける際に、彼女と婚約したりしている。

このように見ると、この二つの系図の信頼度は極めて高いものとしていいと思う。それ以外にも、第七代の建諸隅命は、「崇神紀」の出雲への神宝献上要求の使者として派遣された「矢田部氏の遠祖の武諸隅」のことだろうし、彼の姉妹の大海姫は崇神天皇の妃とされている。また、第三代の天忍人命の姪の世襲足命は孝昭天皇の皇后であると『日本書紀』に記されているから、海部・尾張氏は古代天皇家と密接な関係をもつ名族であったことは確実と言うことができる。

さらに、九世紀の初めに斎部広成が編集した『古語拾遺』には、天忍人命が「天孫降臨」の後に日向において、ヒコナギサタケ尊（ウガヤフキアエズの命）に仕えた、とも記している。この点も、日本神話の史実性の解明に手懸かりを与えてくれそうに思えてくる。

もう一つ、この両氏の系図について論ずる場合、何よりも重大な視点がある。それは、この両氏の始祖がアメノホアカリ（天火明命）であるとされていることだ。この神については、後に詳しく検討するが、天皇家の祖先のヒコホホデミ（彦火火出見尊）の兄弟として位置づけられていることにも注目しなくてはならない。この件については、第五章であらためて検討するが、断定的に言うとすれば、両氏の祖先は天皇家と共同して行動したことになろう。

さて、『魏志倭人伝』に出てくる邪馬台国の女王の卑弥呼は、時代的に海部・尾張氏の祖先の一人である「日女命」と一致するし、男弟に相当する人物もいる。その上、二代後に「宗女台与」と名前が同じ「小止与命」もいる。そうなると、この二つの氏族は本来は同一の家であり、それが五世紀以後は、京都府の北部である丹後国で活躍していた海部氏と愛知県の熱田神宮の宮司家だった尾張氏に分かれたことになる。つまり、彼らの共通の祖先は、三世紀には「邪馬台国」の近くにいて、ある時期に、そこから日本海沿岸と伊勢湾に面した土地それぞれに移住して来たことになる。

では、肝心の「邪馬台国」はどこにあったのだろうか？　そして、そこに住んでいた海部・尾張氏の先祖たちは、いつごろ、どういう事情から祖国を捨てて東の方に大移動をしたのだろうか？

　そのへんの事情を、誰にでも納得がいくように説明できなくては「日本古代史の復元」を企てることの意味がない。果たして、それが可能だろうか？　その手懸かりはどこにあるのだろうか？以下の章で、その点について推論を試みることにする。

二、天女の羽衣――丹後に降りた豊受大神

丹後（京都府北西部）の宮津市にある籠神社には、宮司家の海部氏の先祖の系図が国宝として伝えられており、その中に、三世紀のころ「日女命」という名の女性がいて、それが『魏志』に出てくる邪馬台国の女王・卑弥呼である公算が極めて高いことがわかった。

では、その海部氏というのは、どういう氏族であり、彼らはいつごろから丹後に住むようになったのだろうか？　そして、もし、海部氏の祖先が本当に邪馬台国の女王を出した氏族だとすれば、どういう事情で丹後にやって来たのだろうか？　その謎を解く手懸かりは、いったいどこに潜んでいるのだろうか？　その謎の解明に取りかかることにしよう。

●アマテラス神話の再検討

この課題を解くに先立ち、しばらく日本神話の原点ともいうべき、天皇家の祖先がアマテラス（天照）大神だという伝承に眼を向けてみたい。と言うのは、丹後の大江町には、元伊勢神宮があり、それが三重県にある伊勢神宮よりも起源が古いとされているからだ。それに、海部氏が祭司をしている籠神社の社伝によると、「籠神社の元宮は本来、与謝の真名井神社であった」とあり、伊

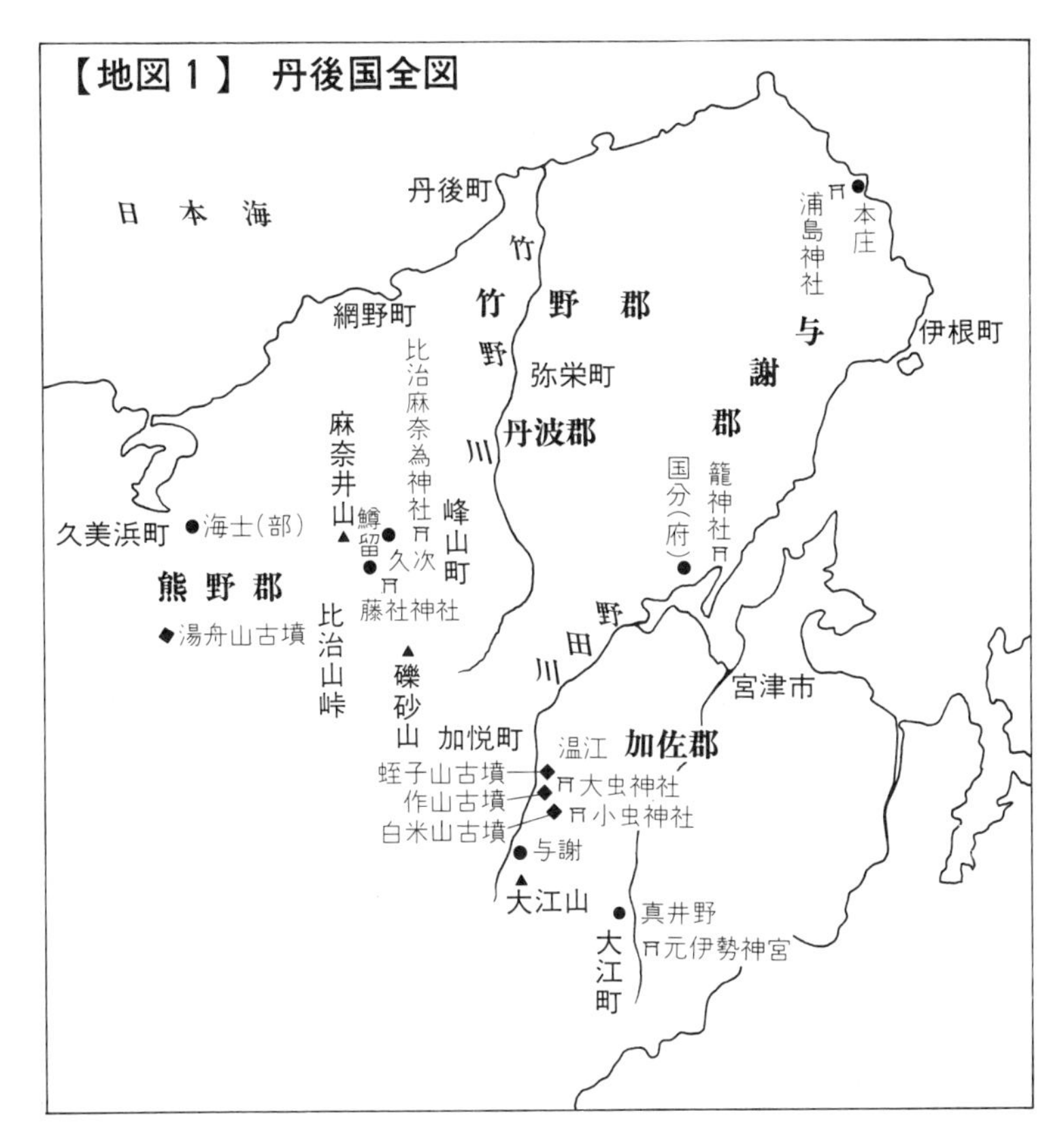
【地図1】 丹後国全図
日本海
丹後町
竹野郡
竹野川
網野町
弥栄町
丹波郡
比治麻奈為神社
麻奈井山
鱒留
久次
峰山町
久美浜町
海士(部)
熊野郡
藤社神社
湯舟山古墳
比治山峠
磯砂山
加悦町
野田川
浦島神社
本庄
伊根町
与謝郡
国分(府)
籠神社
宮津市
加佐郡
温江
蛭子山古墳
作山古墳
白米山古墳
大虫神社
小虫神社
与謝
大江山
真井野
元伊勢神宮
大江町

勢の皇大神宮の外宮の『豊受太神宮御鎮座本記』には、「崇神天皇の三十九年に、アマテラス・オオミカミ（天照大神）を丹波の吉佐の宮に遷した」とあるからだ。つまり、伊勢神宮の伝承でも、丹後の与謝郡はアマテラス大神と深い関係があったことを認めていることだ。吉佐は与謝と同じで、籠神社がある宮津市の周辺の郡の名だ。

この与謝は、『御鎮座本記』に、「高天原からトヨウケ（豊受）大神も降りて来て、アマテラスといっしょに吉佐の宮にいた」と記されている宮津市一帯の郡の名前だ。

『記・紀』の記述によると、アマテラス大神は「高天原」にいて、孫のニニギノミコトを下界であるトヨアシハラ（豊葦原）のミズホ（瑞穂）の国に降るように命令し、「この国（日本）は、お前の子孫が永久に支配すべき土地である」という神勅を下したとしている。こうして、ニニギノミコトが高天原から日向の高千穂の峰に降下し、そこで三代を経て以後、その子孫である人間の天皇が日本の統治者になったとしている。このことを「天孫降臨」といい、この「神勅」が天皇家の権威の由来だというのが、『記・紀』の根本理念で、戦前の大日本帝国憲法がこれを「天皇主権」の拠り所としたのだった。

さて、この「天孫降臨」に際して、アマテラスは孫のニニギに対して八咫鏡を与え、「この鏡を見ること、われを見るごとくせよ」と申し渡した。そこで、この神鏡はアマテラスの神体とされ、代々の天皇は、この鏡を宮殿の中に置き、先祖の神のシンボルとして祀ったことになっている。また、この鏡は八坂瓊勾玉・天叢雲剣とともに、アマテラスの子孫である天皇の即位の印である「三種の神器」として、代々の天皇によって継承されるべきものとされた。

ところが、奇怪なことに、第十代の崇神天皇の時代に疫病がはやった時、「土地の神であるヤマト・オオクニタマ（倭大国魂）神とアマテラスとを同じ宮殿に祭るのは良くない」ということになり、天皇は皇女のトヨスキイリ（豊鍬入）姫に命じて、アマテラスを数キロ北の倭（ヤマト。大和＝奈良県）の笠縫に遷している。その後、アマテラスは、次の代の垂仁天皇がヤマトヒメ（倭姫）命に命じて大和から連れ出すことになり、近江・美濃などの各地を遍歴し、ついに伊勢の国の五十鈴川のほとりの地に定着した、としている。

この「アマテラスの遍歴」がどういう意味をもつものかについては、後に考えることとし、とにかくも、天皇家の大切な先祖の神は崇神天皇の時代以後、皇居から遠ざけられ、以後、明治天皇が伊勢の皇大神宮に参拝するまで、持統天皇の伊勢行幸以外に、ただ一人の天皇も伊勢に参っていない。また、皇族でも特別の許可がなければ伊勢には参れないことになっていた。そして、伊勢には独身の皇女が斎女として奉仕させられており、天皇家にとって伊勢とは祖先の神が鎮座する所というより、まるで皇室に祟りをする神の霊を封じ込む社といった待遇をしてきている。

それに、天皇の即位の祭りである大嘗祭の場合でも、アマテラスは祭られる諸神の中の一つとして遇されているだけで、けっして主神とはされていない。それは何故なのだろうか？

それはともかく、丹後の大江町の元伊勢皇大神宮の伝えによると、「アマテラスは、伊勢に遷る前にしばらくこの土地にいた」ということになっている。そして、そのことを裏づけるように、伊勢の皇大神宮の外宮に伝えられる『止由気宮儀式帳』には、アマテラスは、雄略天皇の夢枕に立ち、「独りでいるのは不都合だから、丹波の真名井の御饌津神であるトヨウケ（豊受）大神を伊勢に呼びたい」と言ったので、以後、伊勢の外宮の神となった」としている。

そもそも、伊勢の皇大神宮はアマテラスを祀る内宮（ないくう）と、トヨウケの神を祀る外宮とからなっているが、『記・紀』を見ると、アマテラスのことは随所に書かれているが、外宮については何も述べていない。これも不思議なことだ。そうしたことから、一般には、アマテラスだけが重視され、

上・豊受大神を祭る元伊勢神宮外宮
中・元伊勢神宮内宮（京都府加佐郡大江町）
下・内宮と外宮の間にある神体山で禁足地の日室岳

「外宮はアマテラスの食事のことを司る神である」くらいに軽く見られている。しかし、それでいいのだろうか？　その背後に何か隠れた理由があるだろうか。

●トヨウケ大神と海部氏

その謎を解く手懸かりとなる「真名井（まない）」という地名が、丹後の国の丹波郡（現在の中郡・丹後半島の中央部）の峰山町にある。『丹後国風土記』には、「この土地の比治（ひじ）の里の比治山の頂きの真名井の沼に、八人の天女が舞い降りて来て水浴をした」という物語を記している。

それによると、この土地に住む和奈佐（わなさ）の老夫と和奈佐の老婦とは、天女のうちの一人の衣を隠してしまう。そして、「私たちには子がないので、養子になってほしい」と言う。羽衣を失って天に戻れなくなった天女は、やむなくこの老夫婦の養子となり、十年ほどがたった。この天女は働き者で、とりわけ酒造りが上手で、しかも彼女が造る酒には霊力があったため、老夫婦の家は豊かになることができた。ところが、ある日、この老夫婦は「お前は私たちの子ではない。出て行け」と言って天女を追い出してしまう。住む所がなくなった天女は、わが身の不幸を嘆きながら、荒塩村・哭木（なきき）村を経て竹野（たかの）郡の船木の里の奈具（なぐ）の村に留まることになった。そして、『丹後国風土記』には、この天女の名前を「奈具に坐（いま）す豊宇賀能売命（とようかのめのみこと）である」と記している。

注目すべきことは、この羽衣を失った天女の名前が、伊勢の皇大神宮の外宮の神の名前である「豊受」とそっくりだということだ。「豊受」は、「止宇気」・「登由気」とも書かれているし、『古事記』では、「天孫降臨」に随行した神の中に、「豊宇気毘売之神（とうけひめのかみ）」という女神の名も見られる。

そして、『丹後国風土記』の「田造郷」の記事には、海部氏の祖先の天香語山命たちが丹後の伊去奈子岳に天から降って来て、豊受大神を祀ったということが書かれている。さらに、丹後には、豊受大神を祀る神社が、比治の真名井神社・名木神社・大宮売神社・稲代神社など十社もあり、「トヨウケ」あるいは「トユケ」という名の神は、丹後とは深い関係にあることがわかる。

丹後の比治の真名井に天から降った「天女」の名前が、伊勢の外宮の神である「トヨウケ」とそっくりなことは、なんとも暗示的だ。そして、真名井神社は海部氏が宮司をしている籠神社の元宮だったという。ということは、「天女」だとか「トヨウケ大神」だとかは海部氏と何か密接な縁があることを意味している。

そこで、もう一度十六ページに掲げた『海部氏系図』に目を向けて、『日本書紀』の記事と照合してみることにしよう。すると、誰でも次のことに気が付くはずだ。

海部氏の女を見ると、四代目の世襲足命が孝昭天皇の皇后になっている。そして、七代目の大海姫命は崇神天皇の妃だ。さらに、海部氏と同族の尾張氏からも十二代目の建稲種命の娘の金田屋野姫が天皇の子孫のホムダ・マワカと結ばれ、生まれた三人の娘が応神天皇の皇妃になっている。それだけではなく、九代目の日女命は、どうやら『魏志倭人伝』の卑弥呼のことらしい。もしそうだとすると、彼女は邪馬台国の女王として男王に代って王位についていたことになる。この一連の事実は何を物語っているのだろうか？　このことについて考えていくと、次のような一つの仮説が浮かび上がってくる。

それは「海部・尾張氏の家系は、天皇家に后妃を出す役割をもっていた」という極めて含蓄のある、しかも、重要な内容のものだ。

ところが、トヨウケ大神を祀る伊勢の外宮の宮司の度会(わたらい)氏の先祖を調べてみると、なんと「天牟羅雲命(あめのむらくも)」という名前になっている。これはどこかで見た名だ。それは、海部氏の祖先の初代の天香語山命の子の天村雲命と同じ名前だ。つまり、伊勢の外宮は海部氏の一族が祭司だったことになる。つまり、トヨウケ大神は海部氏の守護神といってもいいだろう。一方、伊勢の内宮は「天皇家の祖先」であるアマテラス大神を祀っており、外宮のほうの祭司をつかさどる海部・尾張氏はトヨウケ大神を祀っている。その上、系図の上で両者は何重かの配偶関係で結ばれているのだから、今の仮説は十分に裏づけられたことになりはしないか。

だとすると、「アマテラスがトヨウケを伊勢に呼んだ」という元伊勢神宮の伝承も、まんざら根拠のないものではないことになってくる。このことを、別の角度から見て歴史的事実の反映ではないかと考えてみると、「三世紀ごろには、天皇家の祖先も、海部・尾張氏の祖先も、ともに同じ場所にいて、五世紀になろうとするころ、両者はいっしょに近畿地方にやって来た」という推論が自然に導き出されてくる。その「同じ場所」というのは、当然、「日女命」がいた所であり、それは邪馬台国である、というふうに考えられることになる。果たして、そう断定していいだろうか。

このことと関連して、海部氏の始祖がホアカリ(火明命)であり、その神は天皇家の先祖のニニギノミコトが「天孫降臨」の直後に、コノハナサクヤ姫に生ませた「三火神」の一人であり、初代の神武天皇の父のヒコホホデミ(彦火火出見尊)の兄弟とされていることとも大いに関連してくるが、その点については、第五章でゆっくり考察することにしたい。

●羽衣伝説の意味

海部・尾張氏と天皇家との関係についての結論を出すのは急がないことにし、ここでもう一度、目を「天女の羽衣」に転じてみよう。

「羽衣」と言うと、誰でも駿河（静岡県）の三保（みほ）の松原を連想するだろう。その「羽衣物語」は、概略こういう話になっている。

三保の松原を歩いていた一人の漁師が、松の枝に懸かっていた美しい羽衣を見付け、家の宝にしようと思って持ち帰ろうとすると、一人の天女が現われて、「それは私の羽衣です。それがないと私は天に帰れなくなるのです」と言う。それを聞いた漁師は、彼女に同情して羽衣を返してやったところ、天女は感謝して舞いながら天に昇って行った、という話になっている。

この「羽衣物語」は謡曲では、天女が「シテ」で漁師が「ワキ」になっていて、天女は『霓裳羽衣（げいしょううい）』の曲を奏しながら、静かに天に昇って行くことになっている。この「三保の天女物語」は歌舞伎でも演じられているもので、その話の筋はもともとはそれと多少違っていたのを、近世に入るころになってから、そのように変えられたものだという。

「天女物語」のもともとの形は『近江国風土記』にある話だったというのが、伝説の研究家の間では定説になっている。

それによると、琵琶湖の北の伊香（いか）郡（ご）にある余呉（よご）湖のほとりに、八人の天女が舞い降りて来て、白鳥の姿になって水を浴びていた。すると、それを見た伊香刀美（いかとみ）という土地の男が白犬を使って羽衣を盗ませる。そのため、一人の天女は天に帰れなくなり、やむなく彼の妻となるという筋立てになっている。そして、彼らの間で生まれた四人の子の名前まで記されており、そのうちの一人の意美(おみ)知留(しる)は「伊香連(いかごのむらじ)の祖である」と記されている。ところが、『新撰姓氏録』には、伊香連氏の始祖を「臣知人命(おみしるのみこと)」としており、一方、藤原氏と同族の中臣(なかとみ)氏の系図には、伊賀津臣(いかつおみ)の子の梨津臣という名前がある。それが伊香刀美と天女の間に生まれたもう一人の子の那志登美(なしとみ)と同じ名になっている。

竹野神社に隣接した神明山古墳（京都府竹野郡丹後町）

しかも、『日本書紀』の「神功皇后紀」には、中臣烏賊津使(いかつ)主(おみ)という人物が出てくる。

こうしたことは、『風土記』が記す近江の「天女・羽衣物語」は、単なる言い伝えではなく、中臣氏はどこか遠くの国から近江国にやって来て、そこの郡名になっている伊香氏と同族的な関係をもつに至ったという史実があったことを意味している、と解すべきだろう。それと同じく、丹後の「天女・羽衣物語」も、わが国のどこかで発生したもので、それを海部氏が丹後に伝えたのだと考えなくてはならなくなってくる。

ところが、これとまったく同じ筋立ての伝説が、北ヨーロッパを起源として世界各地に伝えられている。それは、「白鳥処女伝説」と呼ばれ、白鳥が少女の姿となって湖水で水浴している間に、人間の男に羽衣を奪われて天に帰れ

銚子山古墳前方部に近接してある
浦島児宅址伝承地（京都府竹野郡網野町）

なくなり、その男の妻になるが、やがて羽衣を取り返して空に舞い上がって行く、というもので、『近江風土記』と完全に同じ筋の話になっている。

　ということは、海部・尾張氏の共通の先祖や中臣氏の先祖は、遠い昔に北ヨーロッパの民族と接触があったということになるかもしれない。しかし、そのようなことまで追求することはちょっと無理だろう。とは言うものの、当面の課題として、丹後の「天女伝説」がどこから伝えられて来たものかという点に探求の焦点をしぼって考察を進めていけば、意外と古代史の謎を解く突破口が開けてきそうな予感がする。事実、その方法で私は視界を広げることができたのだった。

　ところで、元伊勢皇大神宮のある丹後の国には、網野町の銚子山古墳、丹後町の神明山（しんめいやま）古墳、加悦（かや）町の蛭子山古墳など、一五〇～二〇〇メートル級の四～五世紀時代の大型古墳がいくつかあり、その他にもそれに関連する多数の遺跡や豊富な遺品があることも指摘しておく必要があるだろう。また、丹後には日本古代史に関係の深い伝承をもつ古い神社として、福知山にある天照（てんしょう）神社（祭神は天照国照彦火明命）など数多くある。

『日本書紀』の「雄略天皇紀」が伝える「水の江の嶋子(しまこ)」すなわち「浦島太郎」の話の原型になる伝承の土地も丹後半島の突端近くにある。『丹後国風土記』では、この嶋子のことを「日下部氏(くさかべ)の始祖である」としている。このことも、いかにも意味ありげだ。この日下部氏のことは後に「古代史復元」の場で出てくるはずだ。

このように、丹後地方は考古学的にも歴史学的にも、大和・吉備と並ぶ古代部族国家が成立していた土地であったことがわかる。その実態について、これまで学界で余り注目されていなかったことは遺憾だと言うべきだろう。

三、白鳥は豊の国からやって来た

――地名の大遷移による証明

天皇家の先祖として伊勢の皇大神宮の内宮に祀られるアマテラス（天照）大神と、外宮に祀られるトヨウケ（豊受）大神は、どちらも丹後の元伊勢神宮に祀られている。しかも、天皇家と丹後の海部氏・熱田の尾張氏とは姻戚関係にあり、ともに三世紀ごろには同じ場所に住んでいたことになる。だとすると、その場所はどこだったのだろうか？　そして、その場所を見つけ出す手懸かりとして、「羽衣伝説」が浮上して来た。丹後に降りて来た天女が「トヨウカノメ」という名前だったからだ。そこで、天女すなわち白鳥が飛来して来た元の土地を探ってみることにしよう。

●全国に展開した海部氏

その前に、海部(あまべ)氏について調べておく必要がある。丹後・宮津市にある籠(この)神社には、千数百年前から伝わる貴重な系図の他に、二面の鏡があるという。それは、一九八七年の十一月一日の『朝日新聞』（京都版のみ）などに、籠神社の宮司の海部光彦氏が発表したものだ。

それによると、「海部氏の始祖のヒコホアカリノミコト（彦火明命）が若狭湾の冠島に降臨するに際し、天祖から賜わった息津鏡と辺津鏡を伝承している」という。息津鏡は、直径一七・五センチの後漢前半期の銅鏡で、辺津鏡は直径九・五センチの前漢晩期の銅鏡だ。

この鏡のことは、国宝に指定されている『海部氏系図』にも記載されており、海部氏にとって極めて貴重な神宝ということになる。この鏡の真贋性については否定的な論議があるが、海部氏が自らの地位を「天祖から神聖な鏡を賜わるような家柄である」と信じていた事実は否定できない。

では、この「天祖」とは誰のことだろうか？　また、「若狭の冠島に降りた」というのは誰であり、それはいつごろのことだろうか？

この点については、確定的なことは言うことはできないが、これまでの考察から推理するならば、

籠神社に伝わる息津鏡(上)と辺津鏡(下)
息津鏡は直径17.5センチ、「内行花文長宜子孫鏡」。 辺津鏡は直径9.5センチ、「内行花文昭明鏡」

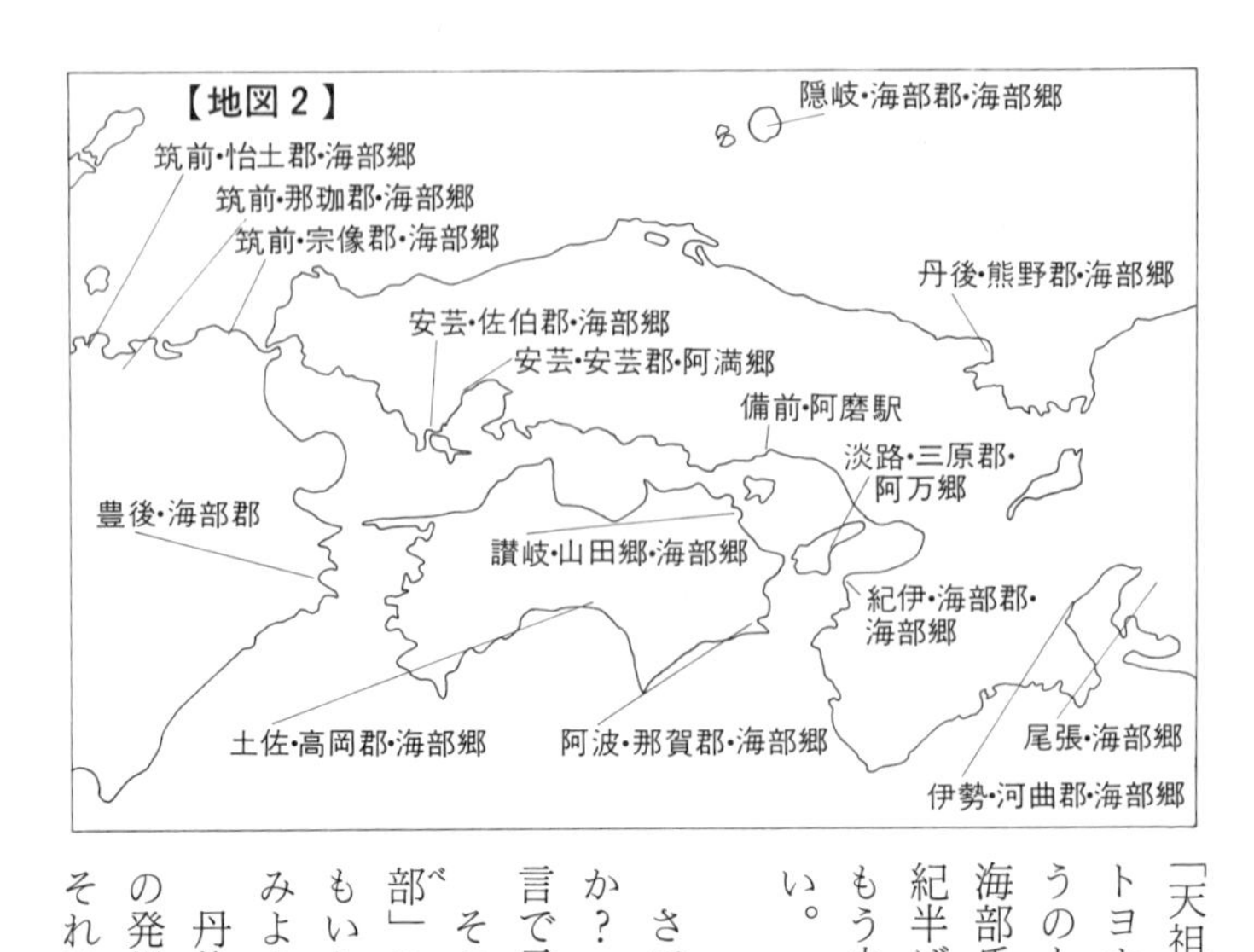

「天祖」というのは、どうやらアマテラス大神ではなく、トヨウケ大神のほうだと思われる。また、降臨したというのも、ホアカリという神話的人物であるはずはなく、海部氏の祖先の誰かであり、その時代も、早くても三世紀半ばごろのこととすべきだろう。ただ、そのことは、もう少し海部氏について調べた後でないと確定はできない。

さて、古代海部氏の性格はどういうものだっただろうか？　それは、アマべという名前が象徴するように、一言で言うならば、「海人族」ということになる。

そのことを実証するために、全国に分布している「海部」に関係する地名を、平安時代に作られた百科事典ともいうべき『倭名類聚抄』によってリスト・アップしてみよう【地図２】。

丹後の海部氏は、これらの中の一つであり、その祖先の発祥の土地も、この表の中にあるはずと考えられる。それは、ズバリ言うならば、筑前の那珂郡のはずだ。ここは現在の福岡市に相当する土地で、その昔、「那の津」と呼ばれていた。そして、そこは海人族の安曇氏が根拠地とした所として知られている。目の前の博多湾には志賀島があり、そこには安曇氏の祖先である綿津見神を祀る志賀海神社がある。この島は、「漢委奴倭国王」という文字が刻まれた金印が発見されたことでも有名だ。もしかすると安曇氏の祖先が倭国の王を自称するほどの実力者であり、漢の皇帝に使者を派遣して金印を与えられたことを意味しているのかもしれない。

この安曇氏の一族は海岸線と川筋に沿って日本列島の各地に発展して行った。滋賀県の安曇川、愛知県の渥美半島、長野県の安曇野、岐阜県の厚見郡、福島県の安積郡などの地名はすべて安曇氏の足跡だし、北アルプスの穂高岳の名前さえ、安曇氏の祖先のワタツミの子のホタカミ（穂高見命）の名前がその由来になっている。

志賀海神社にはその名にちなみ「鹿の角」が奉納されている（福岡市東区）

安曇氏の祖先とされているワタツミの神は、『古事記』や『日本書紀』では、アマテラス大神よりも古い神とされていることは大いに注目すべきだ。すなわち、日本国土を産み終わったイザナミ（伊弉冉尊・伊邪那美）が女陰に火傷をして死んだのを悲しみ、妻を追って死者が住む黄泉の国に行き、追い返された夫のイザナギ（伊弉諾尊・伊邪那岐）が、身の穢れを清めるために、筑紫の日向のアハギ（檍・阿波岐）原で禊（みそぎ）をする。その時、多くの神が生まれるが、ワタツミ神は、『日本書紀』では、三柱（『古事記』では十五柱）の神の次に、同じ海人族の住吉氏の三柱の祖神といっしょに、アマテラスに先立ち、生まれている。なお、「ワタツミ」は、『古事記』では「綿津見」と書くが、『日本書紀』では「少童」と書いている。

　つまり、『記・紀』の編者は、住吉・安曇の海人族のことを天皇家とは別の、それよりも古い氏族であると意識していたことになる。しかも、天皇家と同格の由緒のある家系と認めていたわけだ。このことは非常に重要なことだ。とにかくも、各地の交通や大陸との文化交流を支えてきた海人族の力は想像以上に大きかったに違いない。と言うよりも、天神族が諸国を統合して、その連合体の盟主になろうとすれば、海人族の支持を取りつけることが絶対条件だったと言えるだろう。

　もう一つの海人族の宗像氏も安曇氏に負けず、絶大な力を持っていたと思われる。彼らの本拠地は、遠賀（おんが）川の河口のやや西の神湊（こうのみなと）（福岡県・玄海町）にあり、その港は北に壱岐・対馬を経て朝鮮半島に渡る古代の海路――海北道中の拠点になっていた。そして、その海路の中継地である沖ノ島には、宗像大社の「沖津宮」、神湊から十キロほどの大島には「中津宮」、神湊には「辺津宮」がある。この沖ノ島は「海の正倉院」と呼ばれるにふさわしい考古学の宝庫で、多数の古代の秘宝があることで知られている。このことは、宗像氏が海北道中を支配し多大の富を蓄積していたことの何よりも有力な証拠だ。

　それはさておき、海部氏の系図を見ると、そこには大海（おおあま）姫がいるし、海部（あまべ）は安曇（あづみ）と同じく「ア」の字が付く点から見て、安曇氏と同系統の氏族と考えられる。現在でも、海に潜る女――海女のことを「アマ」と呼んでいるが、そもそも、「アマ」とは海人のことをさした言葉だった。海士・海部・海女・白水郎などと書き、いずれも「アマ」と読んでいる。『万葉集』には、「白水郎」を詠んだ歌が十首ほど載っている。

海人族をめぐっていささか寄り道をしてしまったが、海部氏の発祥の地が福岡県の博多湾一帯であることは間違いないと言っていいだろう。だが、いま私が求めているのは、そこではない。それよりも後のことだ。つまり、福岡の安曇氏系の海人族が、そこから分かれてどこかに移動し、いったんその場所を根拠地として何世代かそこに定着し、やがて海部氏の系図にあるような人物が活躍する舞台となった場所でなくてはならない。そこは、邪馬台国の卑弥呼と思われる日女命がいた所であり、丹後に舞い降りた天女――トヨウカノメが住んでいた所でもあるわけだ。

●「地名の一致」は「人間の移動」の証拠

前置きはそのくらいにして、いよいよ、海部氏がある時期に住んでいた「その場所」を見つけることにしよう。それは、前の地図に掲げた十六か所の「海部」に因む候補地の中のどこかに相違ない。では、それをどういうふうにして見つけ出したらいいのだろうか？　そのための確実な方法が一つだけある。それは「地名の一致」によるものだ。つまり、丹後の国と同じ地名が豊富に存在する土地を発見することだ。ここに二つの土地があって、数多くの地名がセットとなって共通している場合には、「両者の間で大規模な人間集団の移住があった、と判定してよい」というのだ。

もちろん、いくら同じ地名があると言っても、それが中野とか高田などのような地形を表わすあ

【地図３】　奥野正男『邪馬台国の東遷』（毎日新聞社刊）より

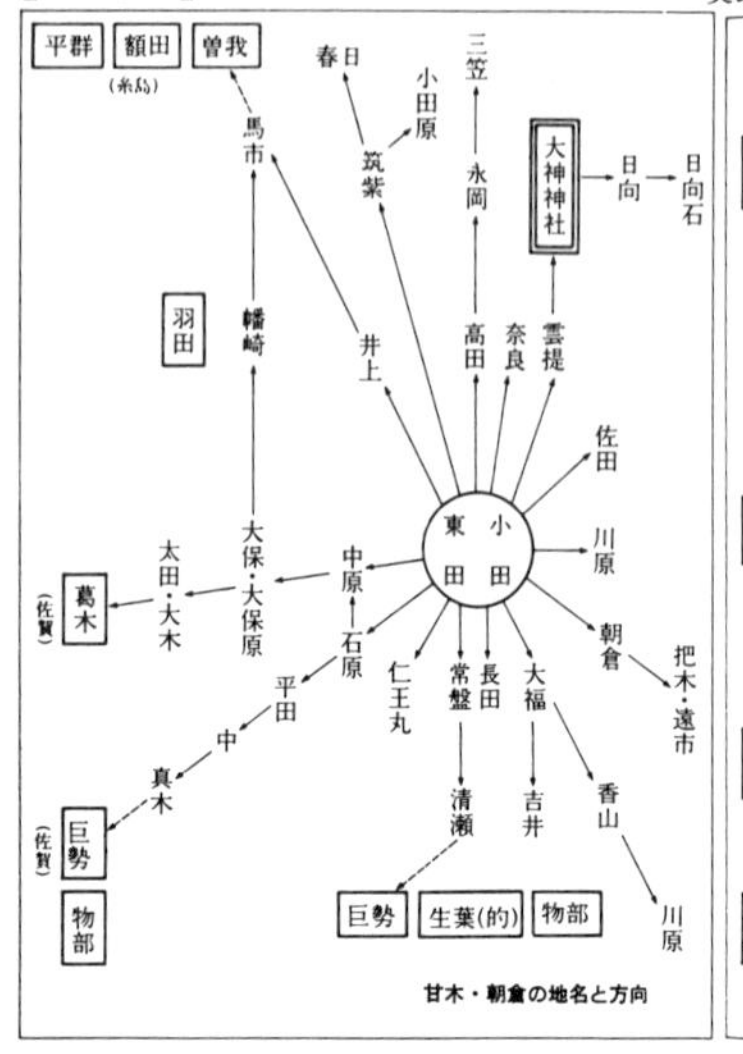

甘木・朝倉の地名と方向

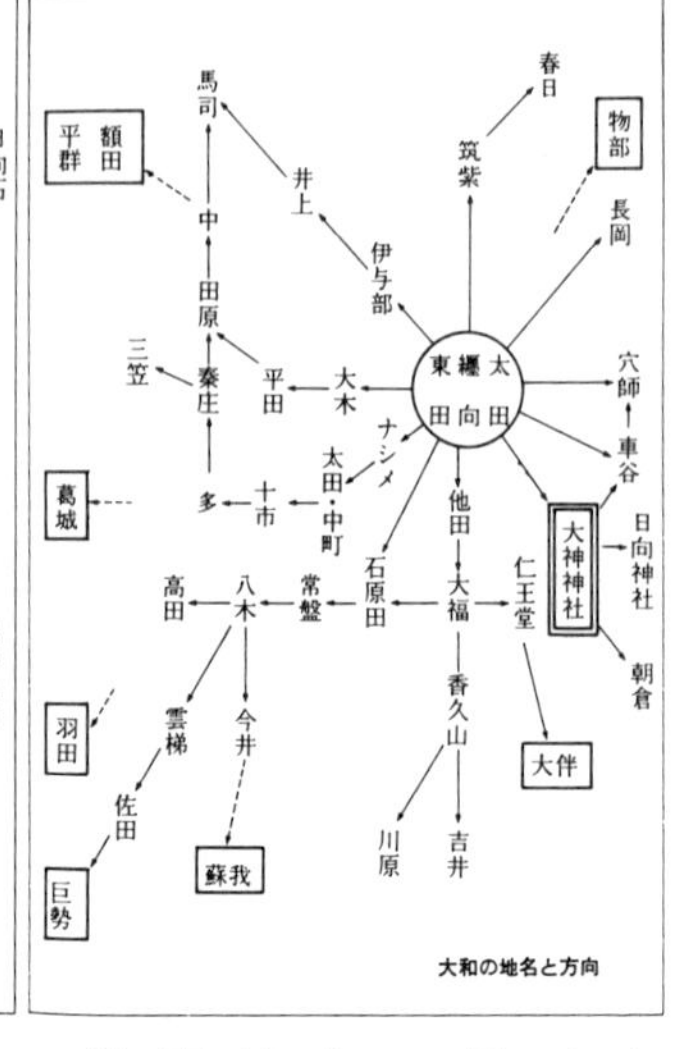

大和の地名と方向

りふれたものや、命名の由来が後世のことだとはっきりしているものは除かなくてはいけない。地層の形成された時代を判定するのに化石が用いられるのと同じように、地名は人間の移住があったことの証拠として利用できる。そもそも、地名というものは保存性が極めて強く、特別の事情がない限り、千年でも二千年でも、命名当時のままに残っていることが多いからだ。

　この地名の一致という事実から、人間集団の大移動が証明された例として、最も著名なものは、筑前・甘木市の周辺と、奈良盆地一帯について、数理統計学者の安本美典氏が『高天原の謎』（講談社）などの著書で指摘したものが有名だ。それによると、福岡市の南東方、久留米市の北東方にある甘木市には、中央に三輪町があり、その南から東回りに高田・朝倉・香山・鷹取山・星野・浮羽・鳥屋山・山田・田原・笠置山・御笠山・池田・三井という地名が取り囲んでいる。そして、奈良盆地でも、三輪山を中心に、ほぼ同じ方位に、高田・朝倉・香山・高取山・吉野・音羽山・鳥見山・山田・田原・笠置山・三笠山・池田・三井という地名が配列されている。

同じことを、考古学研究者の奥野正男氏は、五万分の一の地図を利用し、この二つの地域の間の地名の一致する例は九十個にも上ることを『邪馬台国の東遷』（毎日新聞社）に発表している。特に、佐賀県の鳥栖市と甘木を結ぶ線の上には、布留(ふる)・高橋・春日(かすが)・奈良などの地名が並んでいるが、それが『日本書紀』の「武烈紀」に出てくる歌謡――「石上・布留を過ぎて薦枕(こもまくら)、高橋過ぎ、物多(さわ)に、大宅過ぎ、春日のかすかを過ぎ……」という歌に綴られている地名とピッタリと合致している例などは、まさに感動的としか言いようがない。

このように二つの地域に大規模にわたって地名が一致している。こういうことが偶然に起こることはありえないし、地名のグループだけが移動することなど考えられない。これは、北九州の甘木市周辺にいた人々が、大挙して奈良盆地に移住したことの隠れもない証拠だと言える。ただ、その移動の時期や規模などについては、人によって解釈が違うのは当然だ。例えば、安本氏は、甘木地方に夜須(やす)川が流れていることなどから、ここが『記・紀』でいう「高天原」であるとし、人間集団の大移動を紀元後二七〇年ごろに行なわれた「神武東征」によるものだとしている。

私としては、この地名の大移動をもたらした人間集団の大移動を「神武東征」と結びつける考え方には同意できないが、両氏の指摘には大いに敬服している。この件については、後にあらためて検討することにしたい。

もう一つ、歴史学者の鳥越憲三郎氏は、『先代旧事本紀』に載っている物部氏の支族の名前について、北九州の遠賀川の流域一帯と河内平野から奈良盆地一帯にかけて、これまた地名の一致を含め、物部氏の分布状況が合致している事実をあげ、物部氏の移動について論じている。

このような「地名の一致」は「地名の遷移」と言うべきであり、それは「人間集団の大規模な移動」の動かしがたい証拠ということになる。なお、「地名の遷移」については、長谷川修氏の『古代史推理』（新潮社）にも興味深い説が展開されている。

●海部氏・尾張氏の原郷

では、いよいよ丹後の海部氏の先祖が住んでいた原郷を見つけるという本題の解明に入ろう。それを決定するのにも、この「地名の遷移」による方法は決定的に役立った。私は「アマ」あるいは「海部」という地名のある十六の候補地の一つ一つについて調べてみることにした。すると、期待に違わず、丹後の地名とみごとな一致を示す地名がある地域が見つかった。

それは豊後（大分県南部）のことだった。もっとも、そのことは最初からある程度は予想していた通りだった。では、その内容について紹介しよう【地図4】。

まず、丹後の国の郡名を見てみよう。丹後の国は、もともとは南の丹波（京都府の北部と兵庫県の東部を含む）の一部だったが、和銅六（七一三）年に分国して五郡が置かれた。東隣の若狭（わかさ）（福井県）寄りの一帯――舞鶴付近――が加佐郡、丹後半島の東の付け根部分――天の橋立のある宮津市周辺――が与謝（よさ）郡、半島の北部が竹野（たかの）郡、中央部が丹波郡（現在は中郡という）、そして、西部が熊

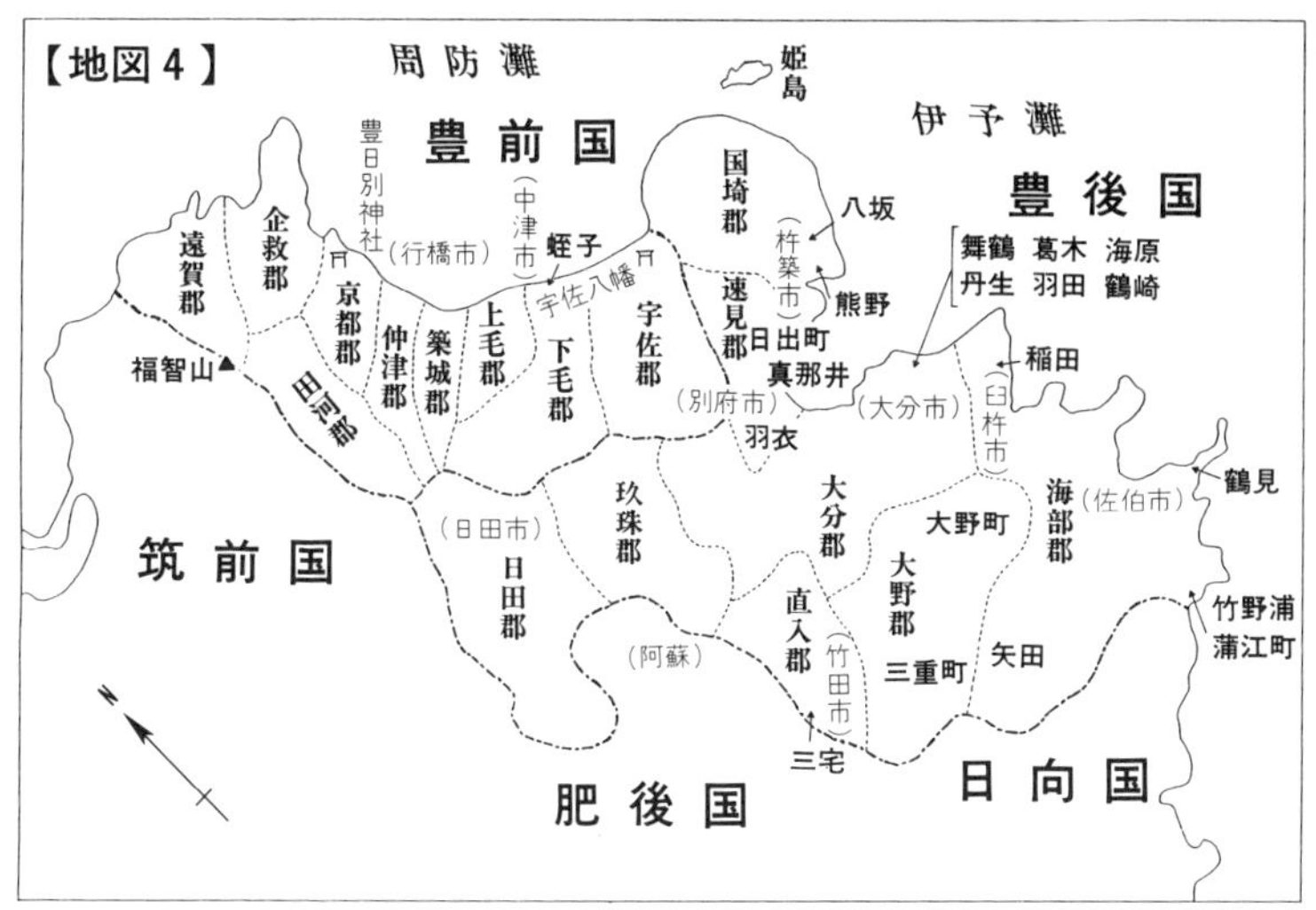
【地図4】
周防灘
姫島
伊予灘
豊前国
豊後国
豊日別神社
(中津市)
(行橋市)
蛭子
宇佐八幡
国埼郡
八坂
(杵築市)
熊野
舞鶴 葛木 海原
丹生 羽田 鶴崎
遠賀郡
企救郡
京都郡
仲津郡
築城郡
上毛郡
下毛郡
宇佐郡
速見郡
日出町
真那井
稲田
福智山
田河郡
(別府市)
(大分市)
(臼杵市)
羽衣
鶴見
海部郡
(佐伯市)
筑前国
(日田市)
日田郡
玖珠郡
大分郡
大野町
大野郡
直入郡
(竹田市)
竹野浦
蒲江町
矢田
三重町
(阿蘇)
三宅
肥後国
日向国

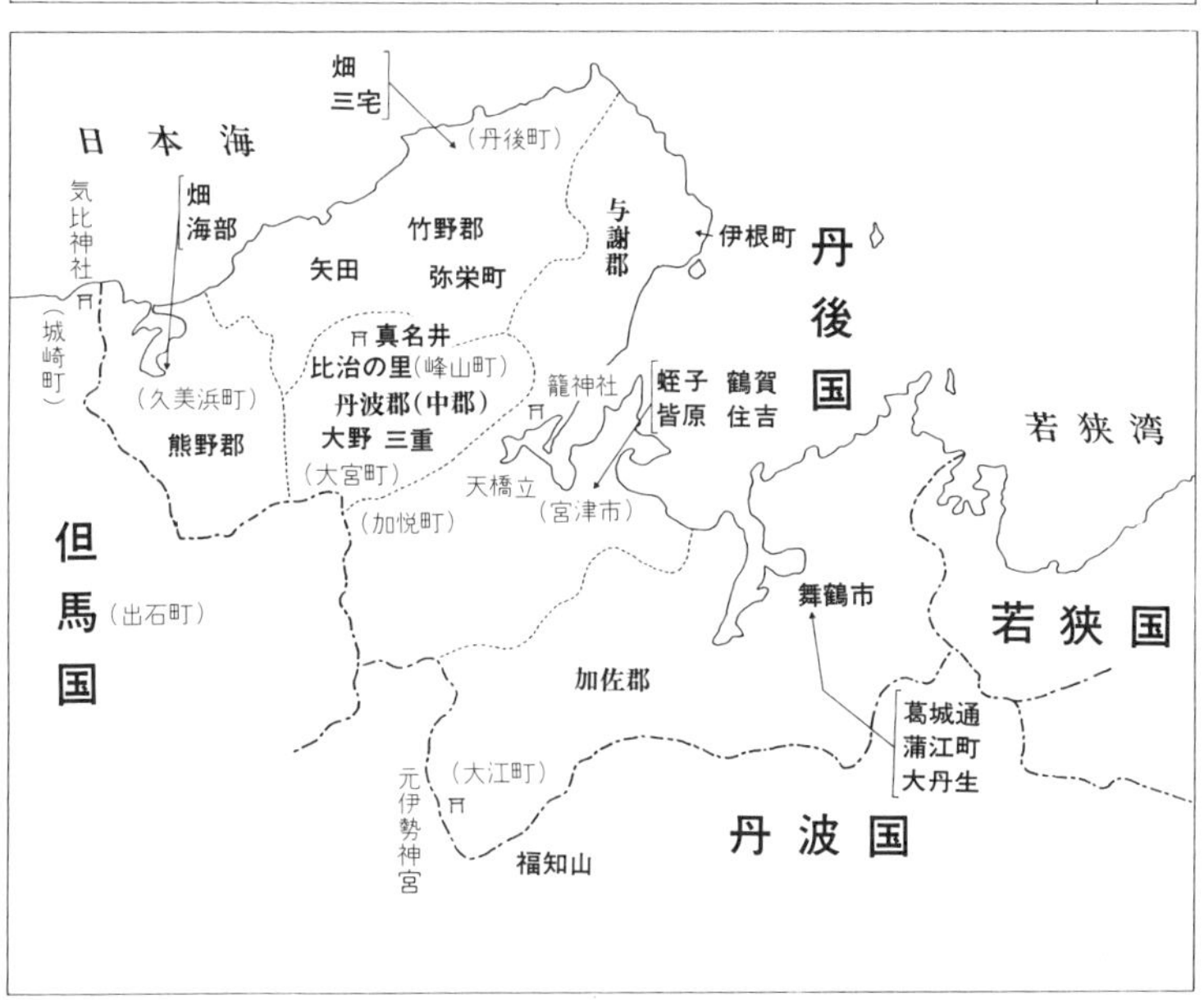
日本海
畑
三宅
(丹後町)
気比神社
畑
海部
竹野郡
与謝郡
伊根町
丹後国
矢田
弥栄町
(城崎町)
真名井
比治の里(峰山町)
丹波郡(中郡)
大野 三重
(久美浜町)
熊野郡
籠神社
蛭子 鶴賀
皆原 住吉
若狭湾
(大宮町)
天橋立
(宮津市)
(加悦町)
但馬国
(出石町)
舞鶴市
若狭国
加佐郡
葛城通
蒲江町
大丹生
元伊勢神宮
(大江町)
福知山
丹波国

日出町に今も伝えられる「真那井」の神（大分県速見郡）

野郡となっている。

一方、豊後の国の郡名は、国東半島部分が国埼（くにさき）郡、杵築（きつき）市や別府市の周辺が速見（はやみ）郡、大分市の一帯が大分郡、その西の山地が玖珠（くす）郡、その南で九重山の東で竹田市を含む一帯が直入（なおいり）郡、その東で大分郡の南に当たるのが大野郡となっており、臼杵（うすき）市や佐伯市のある豊後南東部こそ海部氏の原郷たる海部（あまべ）郡だ。古代の豊後には、もう一つ、日高（日田）郡があった。それは現在の日田市の一帯で、この土地は日本古代史の謎の解明に重要な役割を果たすので、後に問題として取り扱うことになる。

なお、現在の大分県には、豊前国のうち福岡県に属しない南部の三郡（上毛・下毛・宇佐）が含まれている。豊前と豊後とが分かれたのは、七世紀ごろのことで、それ以前は両者を合わせて「豊（トヨ）の国」と称していた。

郡の名前を比較して見る限りでは、豊後にも海部郡があるというだけのことで、この二つの国に「地名の一致」はないように思える。しかし、豊後の大野郡の名は丹後の丹波郡の大野と結びつくし、大野郡の三重と同じ地名は丹波郡の大野のすぐ近くに三重町がある。一方、丹後の熊野郡と通じる地名は、豊後の杵築市に見られ、竹野郡に対して竹野浦という場所が海部郡の海岸にある。

また、豊後の海部郡には昔、「佐加」という地名があったとされているが、それは「加佐」の誤記だとすると、丹後の加佐郡を思わせる。そうではないとしても、豊後には、「笠」の文字の付く地名も二か所ほどあるから、それが丹後に遷って加佐郡になったのかもしれない。

「豊後こそは丹後に遷った海部氏の原郷である」と私が判断した決定的な証拠は、豊後の杵築市の隣の日出町に真那井という地名があることだった。丹後の比治の真名井は、天女が舞い降りたという所だった。そういう重要な地名が、「ヒジ」と「マナイ」が一組になって、豊後と丹後とにある以上、豊後こそは海部氏の原郷だと断定してよいだろう。

豊受大神を祭る比治麻奈為神社（京都府中郡峰山町）
ここにも元伊勢伝承がある

それ以外にも、豊後の杵築市の八坂は丹後の竹野郡の弥栄に通じるし、蒲江町は豊後の海部郡にも丹後の舞鶴市にもある。大分市の海原と宮津市の皆原とは同名としていいだろう。その他、蛭子・葛木・三宅・矢田・畑・住吉など、両者に共通する地名は多い。こういうわけで、豊後と丹後の地名は共通しているし、稲田と伊根、山香と山田のような類似した地名もあり、かつて豊後にいた海部氏が丹後に移住したことは確実と思われる。

両者の地名の共通性の証拠はそれだけではない。「羽衣伝説」が豊後から丹後に遷ったことは、豊後の別府市に「羽衣」という地名があることや、豊後に鶴見岳とか鶴崎など「鶴」に因んだ地名が多い上に、大分市の大分川に架かる橋の名が「舞鶴橋」であり、丹後にも舞鶴市があることを見れば、豊後の天女ならぬ白鳥――である「鶴」は、丹後の舞鶴に降りた、としてもあながち牽強付会という非難はできないのではなかろうか。しかも、海部氏と同族である尾張氏の根拠地である尾張・名古屋の中心地に「鶴舞」という地名があるのだから、「羽衣伝説」の発祥地は豊後であり、それが丹後と尾張に伝播したとする想定は、もはや仮説の域を脱したと言うことができると思う。

志高湖から遠望する鶴見岳

こうして、海部・尾張氏は古代のある時期に、豊後から丹後と尾張に大移住をしたことは確定できたと言えよう。トヨウケ大神も「トヨの国」から丹後に遷り、やがて伊勢に納まったということになる。なお、丹後伊根町には漁家の階下が船着場である特殊の構造の建物があるが、これと同じものが豊後の海部郡にもあることと、『豊後国風土記』に「白鳥伝説」が載っていることも付記しておきたい。

四、猿田彦の石偶――天孫降臨の道すじ

「卑弥呼の名前のある系図」の主である海部・尾張氏の祖先の原郷は、豊後の海部郡つまり「トヨの国」の南部だった。ということは、伊勢神宮の外宮の神であるトヨウケ大神も天女伝説とともに豊後から丹後に遷(うつ)って行ったということだ。「豊受」が「豊国」から来たことになる。だとすれば、伊勢神宮の内宮に祀られるアマテラス大神を始祖と仰ぐ天皇家の祖先も『海部氏系図』の中に皇后の名前があり、それと姻戚関係にあったのだから、これまた「トヨの国」にいたことがあるという推定も成り立ちそうに思えてくる。

この仮定の上に立ち、私はこれからの探求の視点をしばらく「トヨの国」に据えてみることにしたい。きっと「天皇家の祖先」に関係のある何らかの事実が浮かび上がってくると期待できそうだからだ。

そこで、この問題の解明に役立ちそうな事実でこれまで余り知られていないことを紹介しておきたい。それは、大分県の日田(ひた)市に住み、『天領日田』というローカル紙なども手掛けておられる熱心な歴史研究家の福本英城氏が発見した事実と、私が現地で観察した日田という土地の抱えている謎のことだ。

【地図５】　日田郡古代図

（福本英城『記紀が伝える邪馬台国』より）

●日田こそ「天の八衢」だ

まず、日田という土地の位置から確認しなくてはならない。日田市は大分県に属しているが、経済や交通の点では福岡県により親近性をもっている。すなわち、日田に最も近い大都市は西方三五キロほどにある久留米市で、北西方は甘木市を経て福岡市に通じている。また、北方は嘉穂町を経て、飯塚市から遠賀川の河口や神湊方面に通う道と、古代の銅の産地として重要な香春を通り北九州市に至る道がある。そして、東北には山国町を経て行橋市方面と中津市方面に道が通じている。東方には、玖珠町から宇佐市方面と大分市方面に出ることができる。さらに、南に向って小国町に出れば、南西の方向なら熊本県菊池市、真南に進めば阿蘇山、南東に行けば竹田市を経て佐伯市に通じている。

すなわち、日田は古代から八方に道が通じている土地として知られていた。日本全国で日田ほど多くの方角に道が通じている場所は一つとしてない。交通の要衝と言われているような所でも、せいぜい五方面くらいにしか行くことができない。

日田は周囲を山に囲まれた、あまり広くない盆地の中にある。『豊西記』という著者不明の古書によると、「昔、日田は湖水だったが、東の方から飛んで来た大鷹が湖面ではばたいたため、西側の岸が崩れて湖底から日隈（ひのくま）・月隈・星隈の三つの山が現われた」という。そして、この三つの山は、黄泉（よみ）の国から帰ったイザナギがミソギをした時、「左の目を洗うと日神アマテラス（天照）が、右の目を洗うとツクヨミ（月読）が、鼻を洗うとスサノオ（素戔嗚・須佐之男）が生まれた」という神話に対応して名づけられたものだという。それを裏づけるかのように、日田には「ミソギの跡」という史跡もある。

日田を見おろす山の上に登り、朝霧が立ちこめた日田盆地を見ると、あたかも湖水のように思えてくる。そして、霧が晴れるにしたがって、この三つの山が次第に頭を現わしてくる神秘的な姿を実際に眺めた私には、もしかして「イザナギのミソギ」の話は、本当にこの土地で創作されたのではないか、とさえ思いたくなってきた。

この日田市の東に「月出山（かんとう）」という変わった呼び名をもつ山がある。日田では、冬至の日にこの山から太陽が上るので、福本英城氏は「天孫降臨とは、太陽の蘇（よみがえ）りのことを神話化したものだ」と解釈していたという。

●日田は弥生遺跡の宝庫

福本氏は、一九八五年のある日、日田市の南東部にある会所(よそ)山の上で奇怪な石偶を発見したという。私も、その三年後に、その実物を見せてもらった。それは、十センチほどの石を五角の柱状に削ったもので、一見して人か猿の顔に見える。中央には尖った高い鼻があり、「これこそ猿田彦だ」と言われれば、「なるほど」と感じられるものだ。しかも、上半身しかないことも、「足はイザリで、両腕は食いちぎられた」という猿田彦にふさわしい。

猿田彦といえば、巨大な鼻が特徴とされている。そして、鼻は「陽物のシンボル」というのが定説だ。ところが、日田市の月隈では、一九八七年に高さ五センチほどの棒状の須恵器製の陽物が発見されている。また、市の郊外の小野地区には、高さ二〇メートルもある巨大な陽物をかたどった岩もある。さらに、福本氏に言わせると、会所山そのものが人工的に造られたシンボルだという。

上・会所山山頂から日隈山を望む（市街地の中央部に見られる黒い小山が日隈山。その背後やや左遠方の山が久住山）
下・会所山全景

このように、古代の日田には「陽物崇拝」の信仰があったことは確実で、それと実在した「ある人物」とが結合して猿田彦伝承が作られたのだろうと思う。その「ある人物」とは、甘木から中津に向かう「ニニギ

会所山巨石群

ノミコト」を出迎えた男ということになる。

ところで、その石偶が発見された会所山は、長さ一八〇メートルほどの一見して前方後円墳を思わせる丘だった。その上面は草の生え方からみて、昔は石板で葺き覆われていたらしい。その頂きには、明らかに人工の加わった巨石がいくつも置かれていた。

福本氏が「猿田彦の石偶」を発見したのは、一部は崩されてはいたものの、日時計型の放射状列石の一つの下隅の空間からだった。石偶がいかにも隠すかのように蔵われていたことは、何としても奇妙なことだった。

この会所山からは、弥生時代の遺物が幾つも発掘されてはいるものの、まことに残念ながら未だに考古学的な調査は行なわれていない。福本氏に言わせると、これは明らかに古墳であり、その構造は宮崎県の西都原の男狭穂塚・女狭穂塚とピタリ一致する形になっているという。私は、短時間観察しただけだが、あたかも円墳が前方後円墳の腹に食い込むような形をしており、その大きさから言っても、福本氏の説はまんざらでもなさそうに感じた。

福本氏は、「これこそアマテラス大神すなわち卑弥呼の墓だ」と言いたいのだろう。その点については、まだ何とも論ずるわけにいかない。なにはともあれ、一日も早く学術的な発掘調査が実現する日がくるのを待たれる。

この日田市の北部の山沿いには、現在、九州横断道路が建設中だ。その工事中に大規模な古代遺跡が発見された。私も、その発掘作業中の現場に行って見学したが、それは古墳時代前期（二世紀末から三世紀初め）の日本最古級の豪族の居館跡か環濠（かんごう）集落跡で、すでに幅約三メートル、深さ約一メートルのV字型の溝や建物の柱穴などが発掘されている。

それは、弥生時代から日田には相当の勢力をもつ豪族が住んでいたことが立証されようとしていることを意味している。これまた、従来の考古学の定説——「日田など掘っても何も出て来はしない」を根底から覆すような大発見だ。発掘の成果の発表の日が待ち遠しい。

日田市で出土した金銀錯嵌珠龍紋鏡

もう一つ、これは一九三三年のことだが、日田市日高町で、鉄道建設工事現場から、一面の鉄鏡が発見されている。この鉄鏡は、京都大学の梅原末治博士の鑑定により、中国の前漢時代（紀元前一～二世紀）のものであることが確定し、「金銀錯嵌珠龍文鏡」と名づけられ、国の重要文化財にも指定され、現在は東京に送られ、東京国立博物館の所蔵になっている。このように、豊後・日田は古代のある時期には、当時の倭国、つまり日本の中でも最高級の文化を有する人々が住んでいたことは確実だと断定することができるだろう。

このように、日田は日本古代史の解明にとって見逃すことが許されない極めて重要な場所であるのに、これまで歴史学者も考古学者も意外なことに、まったくそのことに気づいていない。もっとも、その原因の一つに江戸時代にここが幕府の天領（直轄領）だった事情があり、そのため外部に情報が流れ出なかったことがあるのかもしれない。逆に考えれば、もしかすると幕府はこの土地のもつ重要性に気づいていたので、あえて天領にしたのかもしれない。

●日田こそ本来の日向の国

ところで、私が日田の福本氏と相識るようになったのは、高木彬光著の『古代天皇の秘密』（角川書店）を通じてだった。同書には、『記・紀』の神話に出てくる「日向」とは、奈良時代以後の日向（ひゅうが）すなわち現在の宮崎県のことではなく、「日向とは〝女王卑弥呼の行動範囲〟ということさ。そして、その中心地点が日田市だということさ」（文庫本一八三ページ）と書かれてあり、「ヒュウガ」ではなく、「ヒムカ」と読むべきだとしている。

福本氏は、「それに同感だ」という感想を手紙で述べ、ご著書『記紀が伝える邪馬台国』（佐世保市・芸文堂）をわざわざ贈ってくださった。そのことが福本氏と私とが交際するキッカケとなったのだった。そして、その後、二人は文通を始め、私から「日田は〝天の八衢（あめのやちまた）〟であると以前から思っていた」と書いたところ、福本氏は大いに驚いたという。それは、氏が「猿田彦の石偶」を発見しており、その猿田彦こそ『記・紀』で「天の八衢」に出現する怪人物のことだからだった。

『古事記』には、ニニギノミコトが天から降臨しようとする時、「天の八衢にいて、上は高天原を光（てら）し、下は葦原中国（あしはらのなかつくに）を光す神、ここにあり」と記している。そこで、アマテラス大神は高木の神の言葉として、アメノウズメ（天宇受売命）を派遣し、その神がなぜ現われたかを問わせたところ、その怪人物はみずから「猿田彦」と名乗り、「天孫の道案内をしたい」と答えた、ということになっている。

福本氏が驚いたのは、日田に住み、その土地は道が八方に通じていることを熟知している上に、「猿田彦の石偶」を発見しているというのに、他所者から「猿田彦が現われた〝天の八衢〟とは日田のことである」と指摘されたからだっただろう。「灯台もと暗し」というのは、こういうことを言うに違いない。

実は、私も驚いたわけだ。『古代天皇の秘密』では、純粋に推理に基づいて、筑前・甘木にあった高天原すなわち第一次邪馬台国が、狗奴（くな）国イコール熊襲（くまそ）の圧迫を受けたので、ニニギノミコトたちはその土地を捨てて脱出し、豊前・中津すなわち「豊葦原の中つ国」に落ちのびて行ったことを「天孫降臨」として描いたのだとしている。そして、彼らは、その中間点の日田に立ち寄るのは当然だ、と考えたわけだった。

そのことを受けて、私は「日田は道が八方に通じているから、まさしく〝天の八衢〟にふさわしい」と思っていたわけだ。そこに、福本氏から〝天の八衢〟に因む猿田彦の石偶を発見した、と報らされたのだから、私が驚かなかったらそのほうがおかしい。

このように、日田という土地が神話解釈上の推理面、地理的条件、猿田彦の石偶という三つの面から「天孫降臨」に結びついたのだった。こういうことは、けっして偶然では起こりえない。つまり、私と高木彬光氏とが立てた「天孫降臨とは甘木から日田へ脱出したことだ」とする想定が正しく的を射ていたことが証明されたということになる。

　こうして、日田が「天の八衢」であることは確定したが、ニニギノミコトが降臨したという「高千穂のクシフル岳」とはどこのことだろうか？　「クシフル」という名は、朝鮮の『三国遺事』という史書にある駕洛（伽耶）国の建国伝説に出てくる王が降臨したという亀旨の峰から来ているというのが定説だ。それはそれでいいとして、その伝承を日田に持ちこんだのは、その地から南東方に九重・玖珠の連山が見えるからに違いない。この二つの山のことを「クシフルの二上山」と呼んだのだろう。まさか、高山の頂上に降臨するわけはないから、これらの山を遠く見渡せる日田に落ち延びたことを「天から降り来た」と称したのだろう。

　『記・紀』の「天孫降臨」の神話は、こうして日田とガッチリと結びついた。甘木からの「天神族」の脱出という神話解釈論と日田の道が八方に通じるという地理的関係、そして猿田彦伝承、さらに「クシフル岳」比定という四つの根拠が相互に支えあって、私の仮説を肯定してくれている。

　そうだとすると、恐らく二世紀末ごろの日田には、後に「猿田彦」と呼ばれるようになった豪族が実在していたに違いないということになる。その人物は、甘木方面からやって来た「ニニギノミコト」という名で『記・紀』に記されている人物を実際に出迎えたのだ、としていいだろう。つまり、「ニニギノミコト」も実在したというわけだ。

　その「ニニギノミコト」の一行が甘木方面から集団移動した動機は何だったろうか？　最も有力

なのは、『後漢書』や『魏志倭人伝』が伝える「倭国大乱」と関係があるとするものだろう。それが、狗奴国＝熊襲の圧迫からの逃避であるかどうかはさておき、甘木から日田を経て中津に移るというコースをこの一行が通ったことはまず間違いないと言っていいだろう。そして、その「ニニギノミコト」の子孫がやがて天皇家の始祖となるわけだ。猿田彦の存在の確認は、「天孫降臨」が単なる観念的につくられた神話ではないことを物語っているとしなくてはならないことになる。

●宮崎に追われた日向の国

こうして、「日本古代史の復元」の第一歩は確定的な証明ができたと思う。日田をめぐる仮説は、推理小説的段階から一歩抜け出し、歴史論としての地位を獲得できたと言っていいと思う。それによって、天皇家の祖先が九州にいたことは証明できたし、『記・紀』の神話は単なる架空の夢物語などではなく、歴史的事実をふまえたものだったことも判明した。そのことの意味は極めて大きい。「神話など研究することは観念の遊戯にすぎない」などという人は怠慢だったことになる。

ここで、「日向」という土地のことについて、もう少し触れておきたい。九州各地にある「日向」という地名は、古村豊氏の著書――『卑弥呼の道は太陽の道』（福岡市・実験古代史学出版部）によると、宮崎県には、もともと「日向」の地名はなく、そのほとんどは、日田周辺に最も多く、日田を中心とし、博多湾・国東半島・宇土半島を結ぶ地域に分布している。

福本氏に教えられたことだが、江戸時代の末期の日田の歴史学者の森春樹は『造領記』という書物を著し、「允恭天皇の九年の春、豊国を分って前後となし、おのおの八郡を置く。この時までは、

【地図6】 古代九州区分図

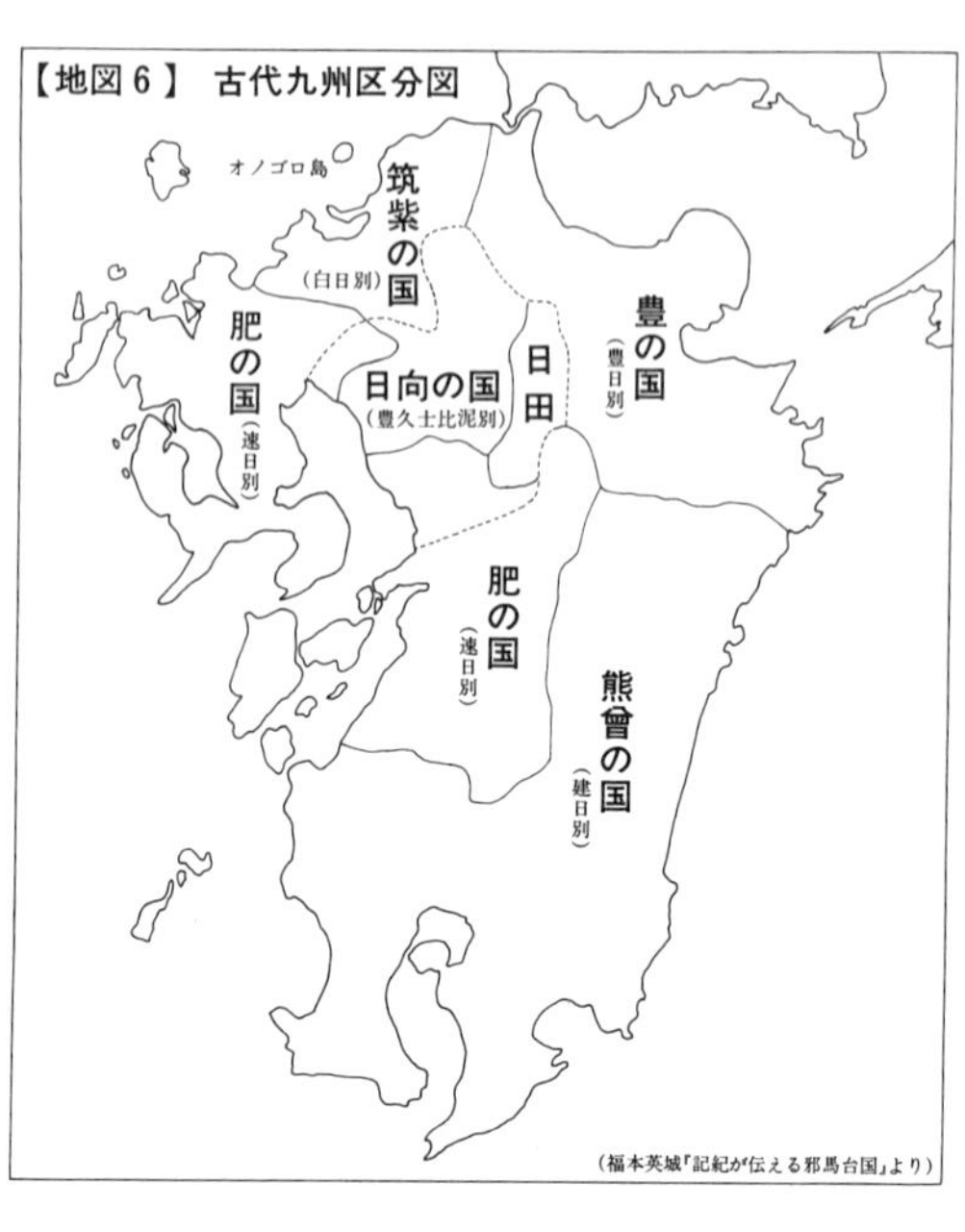

(福本英城『記紀が伝える邪馬台国』より)

なお、比多国とて一の国なりしを、豊後の国に属して郡とぞなし給いける」と書いているという。その根拠は不明だが、当時まで残されていた確実な記録があったことだろう。このことは、最初に述べたように、日田を「トヨの国」に属させることは地勢的にも不自然であり、本来は西の筑後川中・下流方面とつながっていた、とする感想を支持してくれる。

　福本氏は、前記の著書で、「六世紀ごろまでは、日向（ひむか）の国と言えば、今日の日田郡とその西側の筑後川流域一帯にまたがる地域だった。それが、後に分割され、日田郡は豊後に組み入れられ、残りは筑前・筑後・肥後に編入された。それとともに、宮崎県が日向（ひゅうが）と呼ばれるようになった」というように述べている。私が、福本氏の口から直接に聞いたところでは、本来の日向国が分割されたのは、「六世紀前半の〝磐井（いわい）の乱〟の跡始末のためだった」という解釈をしておられた。その当否については確言はできないが、少なくとも、「『日向国』がある時代までは筑後川沿岸の一帯のことをさしていた」とする福本氏の想定は正しいと思う。

なお、猿田彦については、『古事記』は、その本国は伊勢であるかのように書いている。つまり、ニニギノミコトはアメノウズメ（天宇受売命）に対して、猿田彦を伊勢に送るように命じ、「ウズメの子孫が〝猿女（さるめ）の君〟を名乗るようにせよ」と言っている。そして、後に猿田彦は伊勢の阿邪訶（あざか）（三重県・壱志郡）の海で魚を取っていた時、比良夫（ひらぶ）貝に手を挟まれて溺れた、という奇妙な話を記している。この話の意味や猿田彦と伊勢との関係については、第十二章の最後でもう一度考察したい。

猿田彦を祀る神社は全国にあり、しばしば「塞（さえ）の神・道祖神」とされているが、もろもろの神社の祭礼の際には、御輿（みこし）の行列の先頭に立ち、高い鼻の赤い面を着けているのが猿田彦だとされている。そういうことから、一部の論者は、「猿田彦は日本に来ていたユダヤ人だ」などと言っているが、庶民には「道案内の神」として信仰されている。しかし、第八章で述べるが、この神は豊前の国が本拠地らしい。そのことは日本古代史の謎の根本にも関わってくる。

五、炎の中から生まれた三火神

――日向三代の神話の背景

「日本神話」でいう日向とは、奈良時代以後の日向すなわち今日の宮崎県のことではなく、豊後・日田を含む一帯のことであり、「ヒムカ」と読むべきものだった、とする見解は極めて有力になってきた。そうなると、「天孫降臨」――ニニギノミコトが高天原から高千穂のクシフル岳に降臨したという話の意味はどういうことなのだろうか？　そして、ニニギノミコト以後のいわゆる「日向三代」の神話はどのように解釈されるべきかが問題になってくる。

そこで、謎の解明に先立って、『記・紀』が伝える「天孫降臨」から「日向三代」までの経過について、その概要を見ることにしよう。

●「天孫降臨」とは何か

『日本書紀』によると、高天原では、アマテラスの子のオシホミミ（天忍穂耳）を下界の葦原中国の王にしようと決め、それに先立ち、アメノホヒ（天穂日・菩比）命をイズモ（出雲）に派遣してオオクニヌシ（大国主命）を説得して「国譲り」を実現させる。この「国譲り」は簡単にはいかなかった。その経緯は、後にあらためて検討することとする。ところが、オシホミミは子のニニギノミコトが生まれたので「天降り」の役をわが子に譲る。そこで、アマテラスはニニギに対して、玉・鏡・剣の「三種の神器」を授け、「葦原の千五百秋の瑞穂（みずほ）の国は、わが子孫の王たる地なり。……宝祚（あまつひつぎ）の隆（さか）えまさんこと、天壌（あめつち）とともに窮（きわま）りなかるべし」という神勅を与え、以後の日本列島の統治者となることを命じる。

この「神勅」が、戦前の皇国史観では「皇室の尊厳」の根拠とされたものだが、もし、支配された側の原住民がこの「神勅」を見たならば、露骨な「侵略・征服の宣言」と思うことだろう。

それはともかく、不可解なことは、征服の目的地はミズホの国であるはずなのに、国譲りさせたのは僻地のイズモであり、しかも、天孫は以後、イズモなど見向きもしないで、ミズホの国のはずれとしか思えないヒュウガ（宮崎県）に降り立ち、そこで時を過ごしたとしていることだ。

その上、「降臨」の動機がおかしい。『日本書紀』の「一書」には、アシハラノナカツ国は「磐根・木株・草葉ももの言う」とか「夜は蛍火が騒ぎ、昼は狭蝿（さばえ）が沸く」という悪い土地だとしている。アマテラスは、なぜ、そういう土地に愛する孫を降臨させようとしたのか理解に苦しむ。

その謎は、前章で紹介した「仮説」――高天原の危機からの脱出という解釈によって了解できるだろう。つまり、高天原は筑前・甘木にあり、そこに狗奴国と想定される敵対勢力の圧力が及んできたので、それを避けるための逃避行のことを「天孫降臨」という形で逆表現したというのだ。

降臨に先立ち「出雲の国譲り」の話を配したのは、歴史時代に入って後まで天皇家の権威に服しない国があっては、「神勅」が嘘ということになるので、後世――恐らくは、四～六世紀の史実としての「出雲征服」の話を神話の形で『記・紀』の編者が「降臨」に先立つ時期に嵌め込んだために生じた混乱によるものと解釈できる。

この「降臨」の随行者としては、中臣氏・忌部氏・猿女氏・鏡作氏・玉作氏の祖先の神の名が挙げられており、『日本書紀』の伝える「一書」や『古事記』には、大伴氏の祖先の神の名も載っている。

このことは、後世の各氏族の家格とも関係している。というのは、平安時代に編集された『新撰姓氏録』では、「天孫降臨」に随行した神を祖先とする氏族のことを「天神系」として分類、最も高い家格が与えられている。『姓氏録』では、これらの氏族の祖先は高天原の神である高産霊尊・神産霊尊、および藤原氏の祖先とされる天児屋根命ということになっている。また、その他に、饒速日命系の物部氏の系統も「天神系」に分類されている。

このことから、史実としての「天孫降臨」——甘木から日田を経て中津への天神族の逃避行——の同行者を推定できるとまでは言えないが、「天神系」とされた氏族には、最も古い時代から天皇家の祖先と密接な関係があったとする伝承を持っていたことは間違いないだろう。

●海幸・山幸神話は隼人征服譚

さて、『記・紀』によると、ヒュウガの高千穂の峰に降り立ったニニギノミコトは、土地の神であるオオヤマツミ（大山祇命・大山津見命）の歓迎を受ける。そして、二人の娘が差し出される。姉はイワナガ（磐長姫・石長比売）といい、顔が醜い。妹はコノハナサクヤ（木花開耶・木之花佐久夜毘売）、またの名をカアシツヒメ（鹿葦津姫・神阿多都比売）といい、容姿が美しい。
ニニギは、醜い姉のイワナガ姫を退け、妹のコノハナサクヤ姫だけを召して子を産ませる。そこで、イワナガ姫は、大いに恥じ、「今後、ニニギの子孫は木の花のように命が短くなるでしょう」と言う。これまで、天上の神だったニニギの子孫の天皇は、以後、地上の人間として有限な生命しかもてなくなったのは、このためだという説話になっている。コノハナサクヤ姫は、富士の浅間神社の祭神となっている。

ところが、コノハナサクヤ姫はニニギと一夜をともにしただけで妊娠した。そこで、ニニギは子の父について疑いを示したので、姫は自分の潔白を証明しようというので、戸のない八尋殿に閉じ籠り、その室に火をかけて三人の皇子を出産した。その際、最初に火焔が燃えたつ時に生まれたのがホスセリ（火酢芹命・火闌降命）、次に火が盛んに燃えている時に生まれたのがホアカリ（火明命）、そして、最後に炎が収まる時に生まれたのがホオリ（火折命）だったという。この「三火神」の名前や生まれる順序には異説があって一様ではない。『古事記』では、それを、ホデリ（火照命）・ホスセリ（火須勢理命）・ホオリ（火遠理命）としている。

この「三火神」とは、いったい何のことだろうか。『日本書紀』は、最後に生まれたホオリのことをヒコホホデミ（彦火火出見命）とし、その子が初代の神武天皇の父とされるウガヤフキアエズ（鸕鷀草葺不合名・鵜葺草葺不合命）ということになっている。そして、このホオリは山幸といい、ホスセリ（『古事記』では火照）が海幸といったとし、次のような有名な説話が掲げられている。

弟の山幸は兄の海幸から釣竿を借りて海に出かけたが、魚に釣針を取られてしまう。山幸は自分の剣を砕いて五百本の針を作って弁償しようとしたが、海幸は「もとの針を返せ」と言って承知しないので、山幸はシオツチ（塩土・塩椎）の老翁に案内されてマナシカタマ（無目籠・无間勝間）という小船に乗り海神ワタツミの宮に行き、そこで大歓迎を受ける。そして、失った釣針を見つけてもらっただけでなく、海神から潮の干満を自由に操ることができる秘宝の玉――シオミツタマ（潮満瓊・潮盈珠）とシオヒルタマ（潮涸瓊・潮乾珠）を貰って帰り、兄の海幸に釣針を返した上で、この玉の威力を用い、海幸を溺れさせ、ついに降伏させてしまう。海幸は、自分の罪を謝し、「今後はワザオギ（俳優）として仕えます」と誓ったとしている。

『記・紀』は、「この海幸は隼人の祖先である」と記している。つまり、この説話は、天皇家の祖先を山幸とし、それに海幸すなわち隼人が服属したという歴史的事実を説話を借りて記述したものであることは、誰がみても明らかだ。

ここで、隼人についても、少し触れておこう。彼らはもともと九州の南部にいた住民で、大隅隼人・薩摩隼人というように、今日の鹿児島県および宮崎県の南部に広く居住していた種族だ。『日本書紀』や『続日本紀』では、彼らを異民族のように記している。平安時代の『令集解』には、「夷人・雑類」として、「隼人・毛人・肥人・阿麻弥」を挙げている。

隼人が「天神族」に完全に支配されたのは、五世紀以後のことと思われる。『紀』の「履中紀」には、住吉仲皇子の近習に刺領布という名前の隼人（『古事記』では曽婆訶理）がいるし、奈良時代の記録によっても、平城京に貢物を納めたり、相当数の隼人が近畿地方の各地に移住させられていて、雑役などの奉仕をさせられたり、行列の先頭に立って吠声といって犬の声をさせられたりしていたことが知られている。

しかし、「海幸・山幸」の話の背景にある、「天神族」による隼人の制圧は、私の推測では、案外と早くから行なわれ、恐らくは二世紀末か三世紀初めごろのことと考えられる。

●「トヨの国」と天神族

ところで、この「三火神」の神話について注目すべきことは、その中にホアカリ（火明命）の名があることだ。この神は、最初に掲げた『海部・尾張氏系図』で、彼らの始祖として挙げられている。ということは、火明命を実在する個人の名前と考えないとしても、海部・尾張氏の祖先が三世紀ごろに「トヨの国」にいたことを認めるならば、彼らはその南の隼人たちとも交渉があったことは容易に想像できる。そして、「天孫降臨」すなわち、ニニギノミコトらが日田を経て豊前・中津にやって来たのが「倭国大乱」があった二世紀の末ごろのことだったとすれば、海部・尾張氏は当然のことながら、「天神族」を迎え入れたことになるはずだ。

彼らは海人族だったから、山幸になぞらえられる「天神族」と対抗関係が生じたかもしれないが、同じ海人としての隼人は「天神族」に征服されているのに、海部・尾張氏の始祖たちは、『系図』が示すように、これと姻戚関係を取り結んだものと判定できる。

当時、九州の北部と中部一帯は、『魏志倭人伝』の伝える邪馬台国とその二十一の旁国があったはずだ。このことについては第七章で検討するが、三世紀ごろに限って言えば、中津にあったのは「奴国（な）」だろう。丹後と地名が数多く一致する豊後の南半の海部郡一帯も、それらの旁国のどれかがあったはずだ。

そして、三世紀の半ばの邪馬台国の女王卑弥呼が海部・尾張氏の女であったとすれば、その場所は海部氏の本拠地である今日の北・南海部郡（大分県の南東部）から遠くない場所に違いない。

『魏志倭人伝』では、二世紀末に「倭国大乱」があり、「男王がいたが国が治まらなかった」というのだから、「天孫降臨」すなわち「天神族」の中津への移住は、「倭国大乱」と何らかの関係があったはずだと考えられる。

そこで、以上の状況についての、最も可能性の高い解釈をするとすれば、二世紀末の邪馬台国連合の盟主は中津にあった「奴国」あたりであり、その男王の統制力が失われたので、海部・尾張氏の女――「日女命」が諸国の支持によって「女王卑弥呼」となった、ということだろう。このように想定すれば、それが事実通りとは断定はできないが、それほど無理な解釈ではないと思う。ただ、邪馬台国の所在地は今のところ未定だが、とりあえず宇佐をその第一の候補地だとしておこう。

では、「トヨの国」に入った「天神族」のニニギノミコトに相当する人物はどうなったのだろうか？　彼は、土地の王の娘であるコノハナサクヤ姫あるいはカアシツ姫と結婚したというのだから、「トヨの国」の王――それは邪馬台国の旁国のどこかの王の娘と結婚して、祖先の神である「日神」すなわちアマテラス大神を祀っていたはずだ。

では、その国とはどこだろうか？　いきなり私の結論を言うとすれば、「その国は豊前の京都（みやこ）（宮処）郡つまり、現在の行橋市にあったはずだ」ということになる。この行橋市は福岡県に属し、北九州市の南方に当たる。この土地がニニギノミコトが落ち着いた場所だとする根拠の一つは、市の南部の草場地区にはトヨヒワケ（豊日別）神社という古い神社があり、後に第八章で説くことになるが、この神社は宇佐神宮と切っても切れない深い関係にあり、宇佐が邪馬台国女王・卑弥呼の居所という説を支える有力な論拠になってくる。

なお、ついでに言うと、この神社の祭神は何と、ニニギを案内したという猿田彦となっている。これもいかにも意味深長だ。

もう一つの根拠は、これも後に述べるが、『豊後国風土記』に、「宮処（みやこ）の郡。古（いにし）え、天孫ここより発ちて、日向の旧都に天降りましき。蓋（けだ）し、天照大神の神京なり」という記事があり、行橋市一帯には「古い都があった」という伝承があったことだけは間違いないからだ。

●「日向三代」史実と神話の狭間

では、「日本神話」の先に進もう。兄の海幸を征服した山幸ことヒコホホデミは、海神の宮にいた時にワタツミの娘のトヨタマ（豊玉）姫と結ばれて皇子が誕生する。その様子は怪異な話になっている。

姫は、海辺の渚に鵜（う）の羽で屋根を葺（ふ）いた産室を建て、夫には「私が子を産むのを見ないでほしい」と言う。ところが、産室がまだ葺き終わらないうちに、ヒコホホデミは姫の出産の様子を覗き見してしまう。すると、姫は八尋鰐（やひろわに）の姿になって子を産んでいた。それを見られたことを知ったトヨタマ姫は大いにそれを恥じ、産んだ子を遺したまま海宮に帰ってしまう。そこで、その子には、「ナギサ・タケ・ウガヤ・フキアエズ（波限建鵜葺草葺不合）命」という名前が付けられたとしている。彼は成長した後、母の妹のタマヨリ（玉依）姫を娶って、イツセ（五瀬命）・イナヒ（稲日命）・ミケイリヌ（三毛入野命）・サヌ（狭野命）の四人の子を生ませている。そのうちの末弟が、後に、日向から軍勢を率いて近畿地方まで「東征」し、大和（奈良県）の橿原の宮で即位して、カムヤマトイワレ（神倭磐余）彦すなわち、初代天皇――神武天皇になったというのが『記・紀』が説く「日本建国」の神話の荒筋だ。

このニニギ・ヒコホホデミ・ウガヤフキアエズの三代は「日向三代」と言われ、内容的には荒唐無稽なものになっている。そして、それに続いて、日向から「神武東征」が行なわれたということになってくる。もちろん、そういうことが『記・紀』にある通りに史実としてあったとは到底考えられない。しかし、だからと言って、『記・紀』の編者が、全く史実と無関係に「天皇家の祖先が九州から大和に攻め上った」などと書くことは考えられない。

現に、私は「天皇家の祖先は日田にいたことがある」ことを証明した。だから、いつの日か、何らかの形の「東遷」があったはずだ、ということにならざるをえない。そのことについては、これからゆっくりと検討するが、ここで確認しておくことは、「日向三代」という時、その場所は奈良時代の日向――今の宮崎県ではないということだ。それは、前の章でみた「日田を含む筑後川流域」か、さらに一歩進めて、「トヨの国」のこととしなくてはいけない、ということだ。

一方、『記・紀』の編者があえて「日向三代」の物語を「天孫降臨」に続けて記述したのはなぜだろうか？　奈良時代の大和の人たちにとって、「天皇家を含め、自分たちの先祖が遠く九州からやって来た」ということは紛れもない事実として信じられていたに違いない。しかも、その実相について、かなり正確な知識さえ持っていたと想像できる。そして、多くの氏族の伝承を総合すれば、『記・紀』が編集された八世紀を去る五百年ほど昔のことなら、何とか歴史として書くこともできたかもしれない。しかし、その史実をそのまま書くわけにいかない事情があったので、こういう「日向三代」の物語が創作されたのだと思う。

その事情というのは、前にみたように「天孫降臨」が逃避行だったことだけではなく、後にみるように、応神天皇や神功皇后の正体を隠すためだったとしていいだろう。また、九州時代の記憶は、そのほとんどが「トヨの国」におけることばかりであり、奈良時代の支配者にとって、僻地の史実だったから、それは神話として偽装するしかなかったことだろう。

では、この一見して荒唐無稽な「日向三代」の神話は全くの空想の産物なのだろうか、それとも何らかの史実を素材として構成されたものだろうか？　それについては、すでに神話研究家の間で、いろいろな解釈が行なわれている。その線に沿いながら、私の解釈を述べることにしよう。

一例としてイワナガ姫の話と「三火神の誕生」の話をとり上げよう。醜い姫が退けられ、美しい姫が召された話と、燃える火の中から皇子が生まれるという話のモチーフは、実は、『記・紀』の第十一代の垂仁天皇の時代に描かれている歴史上の出来事の場合とピッタリ一致している。

垂仁天皇には、サホ姫（狭穂姫・沙本毘売）という皇后がいた。サホ姫の兄のサホ彦は妹に向かって、「夫の天皇と兄の自分と、どちらを愛しているか？」と尋ね、ついに妹のサホ姫に天皇を暗殺することを命じる。しかし、姫は寝ている天皇を刺すことができず、この陰謀は露見してしまう。そこで、この兄妹は天皇の軍隊に囲まれ、稲城の中で火をかけられて焼き殺されてしまう。その時、姫は、炎の中で子どもを産み、その愛児を差し出して命乞いをする。こうして助けられたのがホムツワケ（誉津別・品牟都和気）という生まれつき唖の皇子だった。

この皇子は、名前が応神天皇の幼名のホムダワケ（誉田別・品陀和気）に似ているだけでなく、成長した後に、鳥を追って諸国を経めぐり、ついに但馬の国でそれを捕え、皇子もやっと口がきけるようになった、というはなはだ理解しがたいエピソードが付いている。

さて、その後、垂仁天皇は二度目の皇后を迎えるが、『日本書紀』では、焼き殺されたサホ姫が推薦した丹波の五人の女たちのうち、顔の醜いタカノ姫（竹野媛）を返し、そのうちのヒバス姫（日葉酢媛・氷羽州比売）を皇后とし、三人を妃としている（『古事記』では、召された女は四名で、返された女の名は違う）。垂仁天皇については、いずれ検討するが、この話はコノハナサクヤ姫の話と似ている。

●「隼人焚殺」事件があった？

この話の筋の一致ないし類似について、どう解釈したらいいのだろうか？　ごく単純に考えると、「日向三代」の記事は、垂仁天皇の皇后をめぐる史実を下敷にして創作したものであるように見える。しかし、そう判断して果たしていいのだろうか？　私には、そうではなく、実は、その正反対だったと思う。なぜかと言うと、海部氏が始祖の名前を「火明命」としているのだから、「燃える焔の中で子どもが生まれた」という伝承は三世紀ごろにすでにあったのだ、としなくてはならない。しかも、それは九州での出来事だったはずだからだ。だから、垂仁天皇の皇后をめぐる話とされているもののほうが、後世の付会だということにならざるをえない。

　では、そういう強烈な印象を人の心に焼きつけるような事件が二〜三世紀ごろに、実際にあったのだろうか？　もし、あったとすれば、それはどういう事件だろうか？

　私の推測では、それは「天神族」によって隼人が征服された時に、多数の隼人が火で焼き殺されるという事件があったのだ、ということになる。なぜ、そういう大胆なことが言えるかというと、その傍証と言えそうな事実があるからだ。それというのは、宮崎県の西都原（さいとばる）にある古墳の中に、男（お）狭穂（さほ）塚・女（め）狭穂（さほ）塚という名前のものがあることだ。もちろん、その古墳は五〜六世紀のものだから、私が想定する「隼人焚殺事件」には直接には関係はない。しかし、「サホという名の隼人の兄妹が殺され、火焔の中で生まれた子どもが助けられた」という伝承があったとすれば、後の世の人が、隼人が住んでいた地方の巨大古墳に、そういう名前を付けたとしてもおかしくない。そういう解釈をすると、この男狭穂・女狭穂塚という名前の由来は納得がいくと思う。

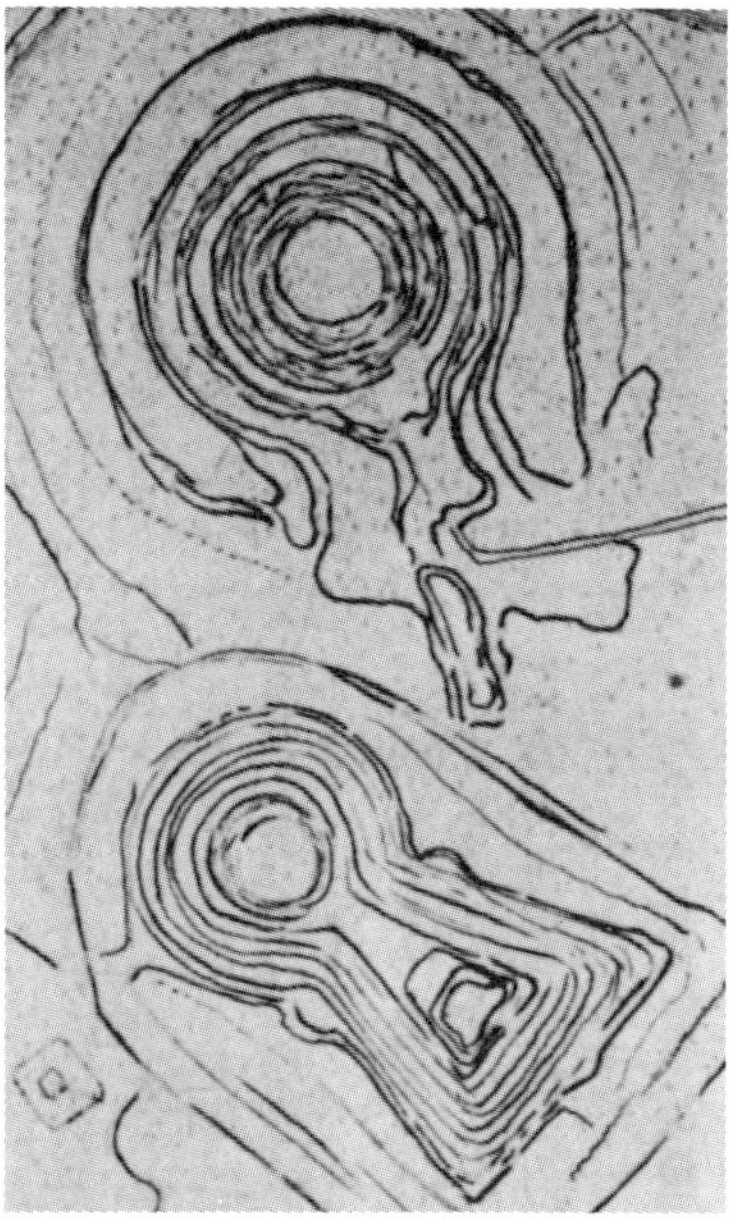

男狭穂塚（上）・女狭穂塚実測図（1940年公表）

　それならば、ホスセリ・ホアカリ・ヒコホホデミの「三火神」の話を、なぜ『記・紀』が採用したのかという疑問の答えも浮かび上がってくる。それは、「天神族」による隼人の征服には、海部・尾張氏も協力しており、火攻めによって隼人が降伏したことを機会に、「以後、天神族・海部氏・隼人族の三者は隔てなく、あたかも兄弟のように付き合おう」という和解協定が出来たからだ、というわけだ。つまり、火焔の中から義兄弟が誕生したということになるではないか。この解釈は、ごく自然で無理のないものだと思う。

一方、『記・紀』の垂仁天皇の時代の記事の中に、サホ彦・サホ姫の話があるのは、どういうわけだろうか？　後に第十章で述べるが、この天皇に関しては、奈良時代には系譜だけが伝えられており、ほとんど史実らしいものは残されていなかったのではなかろうか。ところが、たまたま、この天皇の后妃が「サホ」という地名に因む氏族から出ていたので、ずっと以前の出来事である「サホという名前の隼人が焼き殺された」という伝承を借りて来て、史実らしく脚色して物語化したものと考えることができる。もちろん、火の中から生まれた唖の皇子の話は鳥取部という氏族の伝承であって、歴史的な事実ではない。

コノハナサクヤ姫の話はどうだろうか？　これは、一般論として「王者が醜女を退け、美女を召す」ということは取り立てて珍らしいことではないから、その史実性については論ずるほどの意味はないだろう。そのことよりも、彼女の父とされるオオヤマツミ（大山祇・大山積）神に注目すべきだろう。この神は、国つ神すなわち天孫がやって来る前から国土に住んでいた神の代表ともいうべき神とされている。つまり、「ニニギが降臨したのに際して、旧来の住民がそれを歓迎した」という建前から、こういう話が作られたというふうに解釈をしておこう。

ところが、伊予（愛媛県）の瀬戸内海の大三島の大山祇（大三島）神社の祭神はオオヤマツミとなっている。そして、この神の異名は「ワタシ（和多志）大神」といい、大陸からの渡来神となっている。その点、疑問が残る。

なお、「ホアカリ」を始祖とする氏族には葛城（かつらぎ）氏がある。葛城氏には四つの系統があり、そのうちの一つが「ホアカリ」の子孫を称しているが、海部・尾張氏の同族と思っていい。このことについては第十三章で述べる。また、今から半世紀ほど前まで、日本各地で瀬降（せぶ）りというテント暮らしをしながら、竹細工などを生業としてジプシーのように歩き廻っていた人たちがいた。彼らは、サンカ（山窩と書くことがある）とよばれ、戸籍をもたず、統制のとれた同族だけで共同生活をする不思議な世界を形成していた。堅い団結を誇っていた彼らは、現在では一般社会に溶け込んだらしく、その消息は不明になっているが、その祖先は「ホアカリ」であるという。彼らの先祖の歴史もまた謎につつまれている。

次の課題は、『記・紀』の記事の順によれば、「神武東征とは何か？」であるはずだ。しかし、その前に、第二代の綏靖天皇以後の「欠史八代」の実相について考えるべきだろう。

六、入り婿による王朝――「欠史八代」の実在性

●「欠史八代」は物部系の母系王朝

『古事記』も『日本書紀』も、第二代から第九代までの天皇については、その后妃や皇子・皇女の名前と宮殿や陵墓の所在地だけを記録し、治績や事件などについては、ほとんど何一つ記録していないため「欠史八代」と呼ばれている。そこで、歴史学者はこれらの天皇は架空の存在であるとか、「帝紀（系譜録）」だけが伝えられ、「本辞（事件録）」は亡失してしまったのだというように解釈し、その実在性については論ずる価値はないとして放置されたままになっている。

ごく一部の学者の中には、「葛城（かつらぎ）王朝説」などといい、『記・紀』の記事をそのまま承認しようとする向きもないではないが、それは例外的というべきだろう。また、民間の研究家の中には、これらの天皇の宮殿や陵墓があったとされる場所と、奈良盆地の神社や周囲の山などの位置を地図の上で結びつけると、意味のある関係が浮上してくる、などと説いている。

しかし、奈良盆地には数多くの古墳があるが、『記・紀』が伝える天皇の陵墓であると考古学的に確定されたものは一つもないし、宮殿の跡らしいものは何一つ発見されていない。したがって、ただ一つ言えることは、それぞれ別個に編集された『古事記』と『日本書紀』の二つの書物が、こ

れらの「天皇」の名前を表記の違いを除いて、ほとんど完全に一致した内容（部分的に一方にだけしか採用されていないものもある）で伝えている以上、これらの記事は何の根拠もなしに勝手に創作されたものではない、ということが言える。

この問題について考える場合、最も重要なことは、当時は「母系家族」が支配的だったということだ。「母系家族」というのは、昭和六年から十三年にかけて、夫の協力によって自宅を研究所として立て籠り、古代の氏族制度についての系統的な分析に没頭した高群逸枝（たかむれいつえ）女史が説くもので、その概要は次のようになっている。

たとえば、Aという氏族の女のところに、Bという氏族の男が婿入りしたとすると、そこで生まれた子はAの氏の名を名乗り、Aの氏族の職をつぐ。また、住居も財産もA氏のものを受けつぐ。しかし、先祖の神だけはB氏のものを祀るという。そのことを念頭において、この八代の「天皇」の后妃について調べてみると、興味ある事実が浮かんでくる。

そこで、この八代の天皇の后妃を表にしてみよう。

諡号	倭名	「本文」の皇后の父	「一書」の皇后の父
② 綏靖	カムヌナカワミミ	事代主命	磯城県主・春日県主
③ 安寧	シキツヒコ・タマテミ	事代主命の孫	磯城県主
④ 懿徳	オオヤマトヒコ・スキトモ	事代主命の孫	磯城県主
⑤ 孝昭	ミマツヒコ・カエシネ	尾張氏・春日氏の祖	磯城県主
⑥ 孝安	ヤマトタラシヒコ・クニオシヒト	和珥臣の祖	磯城県主・十市県主

⑦ 孝霊　オオヤマトネコ・ヒコ・フトニ　磯城県主　十市県主・春日氏
⑧ 孝元　オオヤマトネコ・ヒコ・クニクル　穂積臣の祖　磯城県主
⑨ 開化　ワカヤマトネコ・ヒコ・オオヒビ　物部氏の祖　なし

『日本書紀』の記事のうち、これらの「天皇」の后妃を本文のほうではなく、「一書」のほうの記載で見ると、すべてが物部氏か、物部系の「磯城県主（しきあがたぬし）」の娘になっている。つまり、「欠史八代」の天皇とは、物部氏のところに「入り婿」した男たちを、父子相続であったかのように記述したものだ、というふうに理解できることになる。穂積氏は物部氏の同族だ。

「一書」の記すところによる限り、「欠史八代」の「天皇」はことごとく物部氏系の娘が后妃になっている。十市県主は磯城県主と同族だし、磯城氏は物部氏から派生した氏族だから、当時、「母系氏族」の制度がおこなわれていたとするならば、確かにこれらの「天皇」はすべて物部氏の娘のところに「入り婿」した男である、ということになる。

●海人系とも考えられる

一方、「本文」のほうによると事情は異なってくる。まず、事代主（ことしろぬし）命という不思議な人名が出てくる。これがなかなかの曲者だ。この神は、「イズモ神話」では、オオクニヌシ（大国主）命の子ということで、「国譲り」の主役となっている。ところが、「神武紀」では、天皇の皇后は「事代主命が三島溝橛耳（みぞくいみみ）の女、玉櫛媛（たまくしひめ）にみあいして生める児」というヒメタタライスズ（媛蹈鞴五十鈴媛）となっている。このことについては、「事代主命は、玉櫛媛にみあいする時、大鰐の姿をしていた」

と『日本書紀』の「神代上」にあることから、この姫は、和珥氏と関係があるらしい。

和珥は「丸邇」とも書き、海洋系の氏族だとされている。舟のことを、ミクロネシア語では「ワ」と言い、フィジー語では「ワニカ」と言うから、彼らの出自は南方であるとする有力な説がある。もしかすると、このワニ氏こそ「倭人」の原型かもしれない。「イズモ神話」に出てくる白兎を裸にした「ワニ」や、山幸を海神の宮に案内した「一尋鰐」は、どうやら和珥氏のことと考えてよさそうだ。つまり、「神武天皇」の皇后は海人系ということになる。

なお、事代主命の名は「神功紀」にも出てくるから、時代を超越した存在と言える。

それはさておき、神武天皇自身の母が海神の娘の玉依媛だから、『記・紀』の伝える皇統には色濃く海神系の血が入っていることになる。というより、本来、大陸系だった「天神族」が「海人族」と融合して新しい国家を作ったのだ、ということを強調したいという目的から、「海幸・山幸」の物語が創作され、系譜の上でも、天皇家の祖先と海人族との姻戚関係が記されたのだろう。

さて、第二代の綏靖天皇の妃は、「一書」に、「春日県主の大日諸の女の糸織姫を皇后とした」とある。この春日氏は、後に大和の添上郡の春日を根拠地とするようになる氏族で、和珥氏から派生している。第三代の安寧天皇の皇后の渟名底仲姫は事代主命の孫の「鴨君」の女とされているが、山城（京都府）の賀茂県主はこの鴨君の子孫で、『賀茂縁起』にはその祖先を玉依姫であるとしている。第四代の懿徳天皇の皇后は母の妹だから、同じく鴨君の娘ということになる。

ところが、第五代の孝昭天皇の皇后の世襲足姫は、前にも触れたように、海人族である海部・尾張氏の系図に名前のある女性だ。そして、次の孝安天皇と和珥氏の祖の天足日子国押人を生んだとしている。だから、前に見た「神功紀」に出てくる「和珥臣の祖、難波根子建振熊」とあることも不思議ではない。つまり、和珥氏は海人族である海部・尾張氏から派生したのだと考えられていたことになる。

第六代の孝安天皇の皇后は、叔父の娘であり、第七代の孝霊天皇の皇后の細姫は『紀』の「一書」に、「春日の千乳早山香姫」とあり、やはり和珥系の出になっている。第八代の孝元天皇の場合は欝色謎命だから同じことは言えないが、第九代の開化天皇は春日の率川に宮を建て、次妃として和珥臣の祖の日子国意祁都の妹をいれている。

以上のように、「欠史八代」の天皇の后妃は、本文によると、ことごとく和珥・春日系になっている。そうすると、「一書」の記事から見た「物部氏への入り婿説」に代わって、「和珥氏への入り婿説」が登場することになる。いったい、どちらが正しいのだろうか?

この問題については、次のように考えるのが妥当だろう。それは、『記・紀』の編集より以前の七世紀の初めごろに、「初代天皇と言えるものは崇神天皇である」という認識があり、諸氏族は自分たちの始祖を、それ以前の原始大和王朝につなげたいという願望を持っていたので、五世紀以前の大和に勢力を持っていた物部氏系の豪族と自分たちの祖先をつなげ、崇神天皇以前の「天皇」の系譜を作り、自分たちはその子孫であるとした。

例えば、意富（多）・小子部・坂合部・火君・大分君・阿蘇君などの十九氏族はカムヤイミミ（神八井耳＝綏靖天皇の兄）から出たとしている。こうして、物部氏系に入り婿した原始大和王朝の

「欠史八代の天皇」の系譜の原型が出来ていたのだと思う。

『古事記』と『日本書紀』の記述がほぼ一致しているのは、その原型は推古二十八（六二〇）年に編集されたという「天皇記」として完成していたからに違いない。だから、これらの「天皇」の名前は一概に架空のものとして却ければすむものではない。諸氏族の伝承から編纂されたものだったはずだ。ただし、そのころには、「神武東征」の後にこれらの八代が続くというものではなかったはずだ。

ところが、恐らく、七世紀の末の天武天皇の時代に、海神系の母をもつという「神武天皇」という架空の「天皇」が初代天皇として創作されたため、『日本書紀』の場合には、歴史と神話との整合性を整える都合から海人系の和珥・春日氏の伝承を主流とみなし、本文の「天皇」の系譜に「和珥系」の后妃の名前を書き込んだものと思われる。そして、物部氏系は『紀』の「一書」にのみ記されるようになったのだと考える。

いずれにしても、「欠史八代」の天皇がそのまま実在していたわけではない。あくまで諸氏族の伝承を基礎として構成したものであり、宮処や歿年齢あるいは陵墓などは、あまり根拠のあるものとは思えない。当時は「母系氏族」であり、「入り婿制」であったことだけが重要だと思う。

七、魏の使者が来たころ――邪馬台国の引っ越し

三世紀の半ば近い二三九年、女王卑弥呼は魏に使者を派遣した。それに対して、洛陽から帯方郡（今日の韓国のソウル付近）を経て返礼の使者がやって来た。

そのころ、北九州には邪馬台国があり、その周辺には二十一の旁国が連合体を形成していた。一方、近畿地方でも物部氏が奈良盆地の一隅に勢力を張り、いくつかの氏族が原始大和王国連合を形成していた。その盟主は、物部氏の娘のイカガシコメ（伊香色謎・伊迦賀色許売）の婿となり、後に開化天皇と呼ばれることになった人物だった。――これが私の描く三世紀のわが国の状況だ。ただし、それ以外の地域――瀬戸内・山陰・北陸・東海地方や近畿北部にも別個にいくつかの小王国があったに違いない。

このことに関して、物部氏が早くから近畿地方に進出していたことは、『日本書紀』の「神武紀」にも、それ以前に饒速日（にぎはやひ）（物部氏の祖先）が〝天の磐舟（いわふね）〟に乗って近畿地方にやって来たことが載っており、『先代旧事本紀』にも詳細にその事情が書かれている。物部氏が九州の遠賀（おんが）川の流域に根拠地をもっており、それと共通する物部系氏族の居住地が河内（大阪府）から大和（奈良県）に分布していることは、鳥越憲三郎氏が指摘している。

●松浦半島上陸説は誤っている

さて、邪馬台国の所在地はどこだったのだろうか？　それについては数え切れないほどの諸説があるが、ほとんどの説では、魏使が最初に上陸した地点である「末盧国」は肥前（佐賀県）の東松浦半島にあったとし、次に訪問した「伊都国」を筑前の糸島半島に当てている。ここは昔、怡土郡とよばれていた。そして、「奴国」は古代の「那の津」があった福岡市の博多地区だとしている。この一帯は、弥生時代の遺跡が豊富で、一～二世紀に小国家があったことは出土物から判断して確実とされている。

その上、松浦・怡土・那という地名の発音が、末盧・伊都・奴の発音に近いため、この比定は正しいとされ、江戸時代からの通説となっている。しかし、それでいいのだろうか？　それに対して、その比定を根底から覆す意見を投げかけたのが推理作家の高木彬光氏だった。高木氏の説は、『邪馬台国の秘密』と『邪馬台国推理行』（いずれも角川書店）に詳しく述べられているので、ここではその概略を紹介するだけに止めたい。

魏使が上陸したのは遠賀川の河口の西方の神湊であり、その一帯が「末盧国」であったとするのが高木理論の出発点だ。当時の航海技術から考えて、冬の玄界灘を渡ることは無理だったから、当然、夏の航路である〝海北道中〟を選び、壱岐の島からほぼ真東に進み、神湊に着くというのが自然であり、しかも、『魏志』が記す「海を渡る一千里」という距離にも適合する。

ところが、通説の上陸地点とされる東松浦半島に上陸しても、当時は海進期だったから、その一

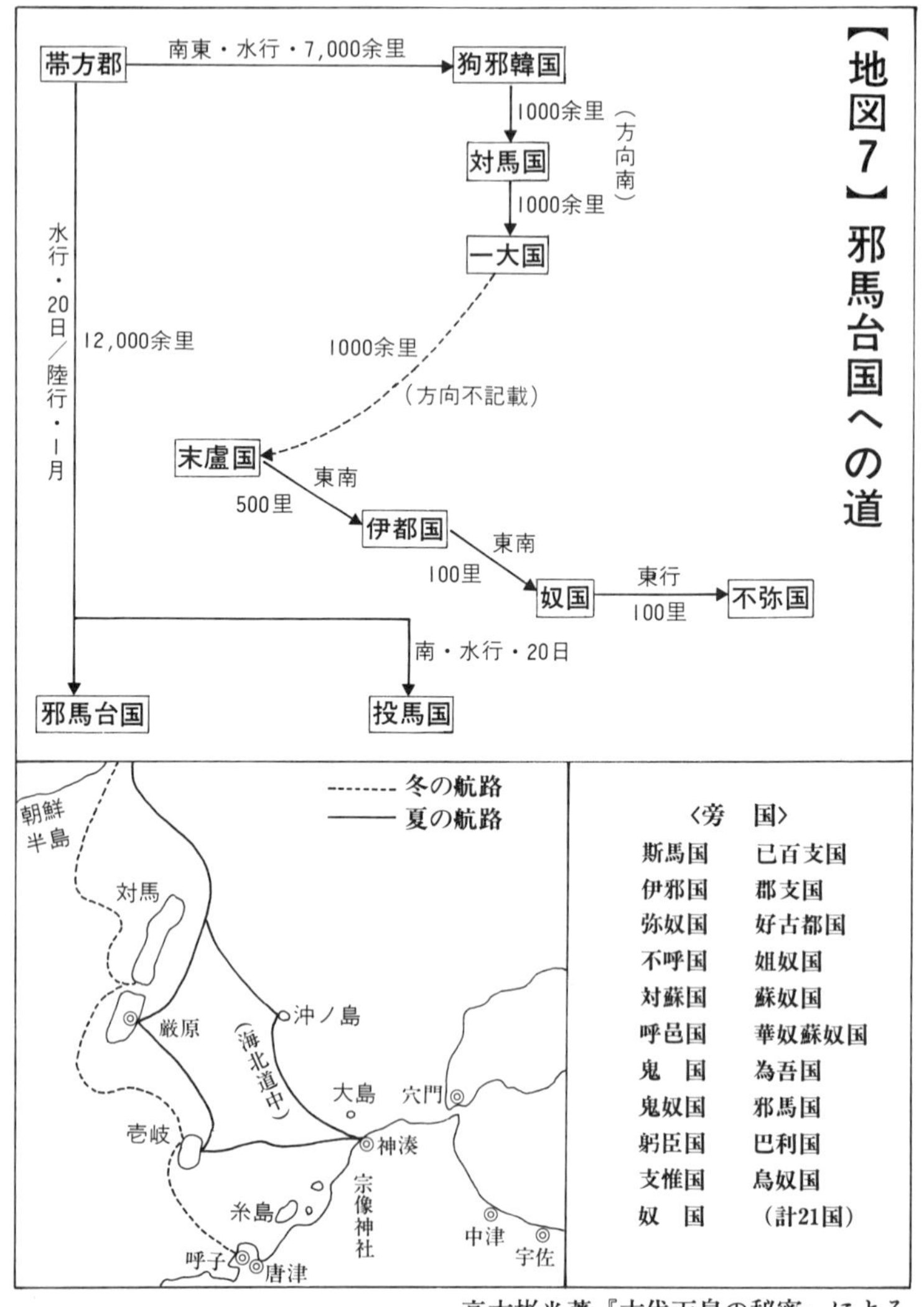

高木彬光著『古代天皇の秘密』による

帯は絶壁ばかりで陸路がない。この点についての高木氏の解説は、実にみごとな科学的推論によるものなので敬服に値するとしか言いようがない。もし、通説がいうように、次の目的地の伊都国が糸島（現在は半島。当時は島）だったというのなら、魏使の一行は船を捨てて陸路をとることなど考えられない。そのまま船で行ったはずだ。このように、通説は支離滅裂なもので、少しでも常識のある人なら信じたくとも信じられないはずのものだ。

高木氏の説では、魏使は神湊に上陸した後、しばらく東南に道をとり、やがて東北東に向かった所、今日の北九州市から行橋市付近にあった「伊都国」に到着したとしている。そして、次の「奴国」は豊前・中津、「不弥国」は豊前・長洲あたりだとする。帯方郡からそこまでの里程は合計して、一万七百余里になり、『魏志』が「郡より女王国に至るに、万二千余里」との差は僅かだから、問題の邪馬台国は、不弥国のすぐ隣の宇佐にある、と結論している。

邪馬台国の所在を決定するためには、このような方角と里程によるだけではなく、他の要素についても検討しなくてはならないことは言うまでもない。しかし、私は、ここまでの高木説について、「神湊上陸説」の正しさを賞賛した上で、「伊都国」の位置については修正意見を述べさせて頂くことにしたい。

●伊都国は内陸にある

『魏志倭人伝』には、「末盧国」の付近は「草木茂りて盛ん、行くに前人を見ず」と記し、そこから「東南陸行五百里」で「伊都国」に着くとしている。

ところが、高木氏は「伊都国」を北九州市に比定している。しかし、それでは方角もほぼ真東である上に、何故に苦心して陸路を歩かねばならないかが説明できない。神湊から北九州市方面に行くのならば、なにも舟を捨てる必要などありはしない。しかも、高木氏自身は、通説の「末盧＝松浦半島説」を否定するのに、「次の伊都国や奴国に行くのなら、そのまま舟を利用するはずだ」と言っている。それならば、神湊から北九州市に行く場合、その途中に海路がある以上、同じ理由から舟で行くのは当然ということになる。

大切なことは、右の『魏志』の記述は、「末盧国から伊都国までは舟では行けない」というふうに読まなくてはならないことだ。このことを無視して伊都国が海岸にあるとする比定は、高木説に限らずすべて失格としなくてはならない。「伊都国は内陸になくてはならない」のだ。これまで、このことを指摘した議論がなかったことは、なんとしても理解に苦しむところだ。

では、伊都国は本当はどこにあったのだろうか？　そして、それを見つけ出すにはどうしたらいいのだろうか？　その方法は『魏志倭人伝』の記述に忠実に従う以外にはない。第一に、地図を開き、神湊から南東に線を引く。そして、次に、『魏志』にある「(伊都国は) 郡使が往来するに常に駐るところ」という記事と、「女王国より以北は、特に一大率をおき諸国を検察す。諸国はこれを畏れ憚(はばか)る。常に伊都国に治す」とあることに注目し、当時の幹線道路を二本入れてみる。

その道路とは、現在の福岡市から東に、豊前・中津市へ至るものと、遠賀川の河口から豊後・日田市に通じるもののことだ。そうすると、前に引いた神湊から南東に伸びる線を加え、三本の線がピタリ一点に交わることに気づくはずだ。そこで、その点の地名を地図で見るがいい。筑豊炭田地帯の中央に「糸田」という名前が見つかる（一〇一ページの地図参照）。

私は、この方法で糸田を発見した時、正直言って息が詰まる想いがした。これは語呂合わせでも何でもない。最も信頼できるやり方でそうなったのだから、誰も文句の付けようがないはずだ。これなら、『倭人伝』の記事の示す条件を完全に満足する。「末盧国の南東」にあり、「諸国を検察する」ための場所として最適であり、しかも「舟では行くことができない」土地だ。ここは、現在では町内に字が一つもない小さな町だが、古代には幹線道路に面した交通の要衝だった所だ。

「内陸の伊都国」推定地の糸田町（福岡県田川郡）

こうして、伊都国の正しい位置は確定した。しかし、私の心の一角には、高木説の「伊都国＝北九州市説」を無下に捨てがたい想いが残った。そこで、北九州市の地図を見つめていると、ふと「内陸の伊都国」とは別に、その出張所としての「海の伊都国」とでもいうべき検察場所があってもいいのではないか、と思い当たった。その観点から、当時の舟が着く港の所在を求めてみた。その場所は、小倉区の「到津」という所だった。それは、なんと「イトウツ」と読むではないか。それは、私の仮説――「海の伊都国」にとって、この上ないほどピッタリとした名前だ。

「奴国（な）」が豊前・中津という高木氏の比定は、そのままでいいと思う。「伊都国の東南」という条件に適合している。中津なら「ナの国の港」ということになる。そして、「不弥国（ふみ）」が豊前・長洲という高木説も、まず合格だろう。そこは、「海（うみ）」に面している。

ところで、高木氏は「地名の発音には留意しない」ということを『邪馬台国の秘密』の中で言っている。しかし、私に言わせれば、地名の保存性の見地から、そういう態度は取るべきでないと思う。現に、伊都国は「イトダ」と「イトウツ」という具合に昔の呼び名の響きをそのまま残しているではないか。「ナカツ」にしても同様だ。問題は神湊がどうして「末盧（まつら）」に通じるのか、ということだ。しかし、その難問も簡単にクリヤーできた。神湊のすぐ西の玄海町の海岸地帯の名前が「松原」だったからだ。

松原にある年毛神社（福岡県宗像郡津屋崎町）

こうして、私は魏の使者が来た当時の邪馬台国があったと思われる宇佐に至る経路と、途中の国々の所在地を確定することができた。その大部分は高木彬光氏の力によるものだが、伊都国が『魏志』の記述にピッタリの場所に比定できたことは、まさに感激的だ。

世間の邪馬台国論者は、依然として成立不能な「通説」にしがみついている。それは比定地の発音の類似が最大の根拠となっているが、多くの場合、遺跡の発掘から得られる考古学上の知識で補強しようとしている。そして、「邪馬台国・宇佐説」に対しては、「その周辺の弥生遺跡の出土物は貧弱だ」と批判している。

ところが、私に言わせると、その批判はまるで見当はずれということになる。博多湾周辺の弥生遺跡は、ほとんどが一〜二世紀のもので、肝心の「魏使が来たころ——三世紀の半ば」の遺跡はそれほど多くはない。それはなぜだろうか？　その理由は、これから検討することだが、結論的に言うなら、邪馬台国連合の主流が筑紫(ちくし)国から豊(とよ)の国へ引っ越しをしたからだ。

●邪馬台国は宇佐に移った

私の見解では、「天孫降臨とは、筑前・甘木からの天神族の豊前・中津への逃避行だ」という以上、それと同時に、邪馬台国の旁国の相当部分も東に移動した、としなければ首尾一貫しない。つまり、二世紀末の「倭国大乱」は、松浦半島にあった末盧国を神湊付近の松原に、怡土郡の糸島にあった伊都国を内陸の糸田に、福岡の那の津にあった奴国を中津にと、それぞれ大移動させたというわけだ。これは詭弁などではなく、二世紀末の倭国に関する『魏志』の記述を正しく裏づけるものだ。むしろ、こう解釈することによってはじめて『記・紀』と『倭人伝』は結びつくし、私が志す「日本古代史の完全復元」という作業も内容のあるものになってくる。

方位と距離による推理からは、邪馬台国は豊前地方が有力だということが判明した。そこで、肝心の三世紀半ばの邪馬台国の所在地を確定しなくてはならなくなった。それは、高木氏のいうよう

宇佐神宮の若宮神社（大分県宇佐市）

に「宇佐にあった」としていいのだろうか？　私も、結論として「それでよい」と思う。

このことに関しては、しばしば説かれる批判について先に答えておこう。考古学者から「豊前には弥生遺跡は乏しい」という指摘がある。しかし、「弥生銀座」と言われる博多湾周辺の出土物は多くは二世紀までのものであり、三世紀のものはむしろ少ない。ところが、豊前の弥生遺跡は、逆に、そのころからのものが目立ってくる。これが「邪馬台国の引っ越し説」を支持してくれる。邪馬台国・豊前説を考古学的に否定する根拠はない。

また、「邪馬台国・畿内説」に対しては、植生の環境のことを見れば「九州説」が『倭人伝』の記事に合致していることがわかる。宇佐八幡一帯の樹木は櫟（いちい）や赤樫（あかがし）が多く、『倭人伝』に記されている「杼（とち）」・「橿（かし）」などはあらかた生えている。邪馬台国が九州にあったことは、気候の面からも確実だ。「夏冬生菜を食い、裸足で暮らし、潜水して魚を取る」という温暖な気候は九州のものであって、近畿地方のものではない。

その「九州説」の中でも、『倭人伝』に明瞭に記されている「女王国の東、海を渡りて千余里、また、国あり。みな倭種」という記述に合うのは、有明海を控えた島原半島か、豊前・豊後・日向の東海岸しかない。大和の東は伊賀の山地、伊勢の平野で、海などない。

さて、そういう条件を満たす土地の中で、「邪馬台国はここだ」という決定的な証拠となると、それこそ「親魏倭王」の金印でも発見されない限り、どの比定地についても、確実な認定は不可能ということになる。ただ、「宇佐説」の場合、八幡の社殿がある丘の形がなんとなく前方後円墳を思わせるものがあり、高木氏は、「昭和八年から十七年にかけて行なわれた社殿の大改修の時に、その下から立派な石棺が発見されたことを目撃した人に会った」と言っているから、それが事実だとすると、宇佐八幡こそ、邪馬台国の宮殿の後の姿であり、その石棺の中には女王卑弥呼が眠っているということになるわけだが、そのためには、宗教上のタブーが破られ、発掘が行なわれなくてはならないが、そういうことを期待することは無理だろう。

私が「邪馬台国は宇佐である」とする最大の根拠は、卑弥呼が用いたという「鬼道」のことだ。それは女シャーマンが神憑(かみがか)りになって口にする神託のことをいうと解されるが、日本でそういう神事が行なわれていた神社は全国にたった一つ、宇佐八幡があるだけだ。例の道鏡事件の際に、和気清麻呂が受けた神託の話がそのことを物語っている。

ということは、卑弥呼が死んでから、数世代の邪馬台国は辛うじて女王国として続いていたが、やがて女王を取りまく政治的状況が変わり、王国としては存在を続けることができなくなり、とうとう宗教的な信仰の対象となり、それが神社として残されたということになる。

私としては、方位論と考古学的な論拠だけで邪馬台国の位置を決定しようとするのでは、結局のところ水掛け論に終わってしまうと思う。もし、どうしても決着をつけたいというのなら、唯一正しい方法は、「邪馬台国の性格を判定し、それが歴史的にいつごろ、どのようにして成立し、しかも、いつごろ、どのようにして消滅していったかを論証することでなくてはならない」と思う。

私が、いま採用している「日本古代史の完全復元」の作業こそ、そのための手段であって、復元された「歴史」の中に邪馬台国の姿が完璧に描き出されれば、それが「邪馬台国宇佐説」の動かすことのできない証拠となるだろうというのだ。

宇佐八幡が、天皇家から「宗廟」として尊崇されてきた事実には、それなりの理由があったはずだ。それは、「この神社に先祖の応神天皇が祀られるようになったから」というだけでは説明されたことにはならない。なぜ、応神天皇が祀られるようになったのか、そして、その応神天皇とはどういう人物であり、どういうわけで宇佐に関係しているのかまで明確に説明できなくてはいけない。しかも、宇佐という土地が応神天皇以前にどういう場所であったかも明瞭に示す必要がある。

全国十数万もある神社の四分の一が八幡宮であり、その総元締めが宇佐神宮であるという事実の重味のことを考えても、この土地が太古以来の聖地であったことがわかる。その由来は何だったのだろうか？　それは、実はこの土地に邪馬台国があり、女王卑弥呼が「鬼道」を行なっていたからではなかろうか？

●已百支国と五百木入彦

宇佐と応神天皇についての追究は、以下の章でゆっくりと検討することとし、話を進めていくことにしよう。

ただ、私として是非とも確定したい旁国名がある。それは「已百支国」だ。なぜかというと、最初に掲げた『海部・尾張氏系図』にあるように、誉田真若の父に五百木入彦があり、それが已百支国の王だという可能性が高いからだ。この想定は、発音上の一致だけが理由と理解されては困る。そうではなく、誉田真若は九州の北部のどこかに有力な地盤を持っていたのでなくては、宇佐女王と結婚したり、その娘たちが後に応神天皇の后妃になったりすることができないからだ。そこで、私は懸命になって已百支国の所在を探ってみた。では、これからその宿題に答えてみよう。

私は、『姓氏家系総覧』（秋田書店）によって、「五百木部」について調べてみた。それは五百木入彦の名前を後世に遺すために設けられた御名代部（皇族の名前をつけて記念とし、その収入源を支える氏族）で、全国に十か所ほどあった。「五百木」と書いて「イホキ」と訓をつけるが、「イオキ」と発音する。ところが、これと同じ発音するものとして「伊福部」あるいは「廬城部」が全国に二十二か所もあった。これらはすべてイホキ入彦の御名代部だという。

これは驚くべき事実だ。その「イオキ部」の分布を見ると、美濃（岐阜県南部）が最も多いが、常陸（茨城県）から薩摩（鹿児島県）にまで広く及んでいる。

このように、イホキ入彦は絶大な人望があった人物だったことがわかる。では、その人望の根源は何なのだろうか？　それば已百支国の所在を明らかにする手懸かりともなるはずのものに違いない。「イオキ部」の由来について、一部に「笛吹部」であるとするものもあるが、それには何の根拠もない。その答えは、谷川健一氏の『青銅の神の足跡』（集英社）という名著に出ている。

それによると、「イオキ」とは「息吹き」の意味で、金属精錬のために、鞴で息を吹くことによ

香春岳遠望

るものだという。つまり、「イオキ部」の人たちは、金属精錬の技術者集団だということになる。だとすれば、イホキ入彦はその長だったことになり、巳百支国は金属の生産地だったに違いない。私はそう確信することができた。

「イオキ部」が最も多く存在する美濃の西の国境地帯には伊吹(いぶき)山があり、その山麓では古代の銅の精錬が盛んに行なわれていた。谷川氏によれば、伊吹山から吹きおろす西風が金属精錬に適していたからだという。ところが、丹後と豊後の地名の一致について調べている時、その双方に福知山・福智山という地名があることに気づいた。これは伊吹山を連想させる名だ。つまり、「イブキ」が「イオキ」になるように、「イブキ」の「イ」の音が落ちて、「フクチ」に変じたのではないか、と考えたのだった。

丹後の福知山は、「大江山行くの（生野）の道の遠ければ……」と歌われた生野鉱山からそれほど遠くない盆地にあり、丹後山地からは北風が吹きおろし、付近では古代から銅の精錬が盛んにおこなわれていた。豊前・筑前の国境にある福智山も、その真南には香春(かわら)があり古代のわが国では屈指の銅の精錬地で、伊吹山、丹後の福知山と共通する条件を備えている。

こうしたことから、私は、この福智山を控えた「香春の地こそ已百支国があった所だ」と確信するに至った。イホキ入彦を王とした已百支国の人たちは、その後、集団で丹後に移住し、フクチ山の名前とともに銅の精錬技術を伝え、同じく製銅技術者たちがイオキ部の名を頂いて、丹後の福知山と美濃の伊吹山の山麓に移り住むようになったのだという結論を下した。

邪馬台国に魏の使者が来たころ、豊後・宇佐には海部氏の「日女命」がいて、王国連合の女王卑弥呼として君臨しており、豊前・京都（宮処）郡つまり今日の行橋市には、ニニギノミコトの子か孫あたりの人物が王として存在していたわけだ。そして、古代の銅の生産地である香春の地が已百支国であり、後にその国の王にイホキ入彦がなり、さらにその子の誉田真若が、やがて「トヨの国」の歴史を大きく動かすことになるというのが、これから私が展開しようとしている「日本古代史復元」の構想なのだ。

●邪馬台国の旁国を比定する

では、これ以外に邪馬台国の旁国として挙げられている国で、その所在地が比定できそうなものはないだろうか？　ここでは、そのすべてについて検討を加えることは避け、本編のこれからの展開に関係のありそうなものだけにしぼって、目を向けてみることにしたい。

『倭人伝』で、卑弥呼と対抗して戦っていたという「狗奴国（くな）」は、常識的に考えても、今日の熊本県あたりにあったと思われる。「クナ」の音は「クマ」や「クメ」と通じる。熊本県には球磨（くま）郡があるし、久米（くめ）郷もある。『倭人伝』では、「狗奴国」は邪馬台国の宿敵だったが、熊襲（くまそ）は大和王朝

水縄山地より筑後川を隔てて甘木市を望む

に脅威を与える存在だから、イメージ的にも共通点がある。そして、どちらも熊本方面に住んでいたと思われる。熊襲については、第九章以下でもう一度考えたいが、「狗奴国」については熊本県の一帯の広い範囲を支配しており、特に、筑後（福岡県南西部）と接する菊池郡あたりに根拠地があったとして、まず間違いはないと思う。

次に、「弥奴国」について見ることにしよう。この国は「ミヌ」と読むことができる。だとすると、北九州の地名としてすぐに頭に浮かぶのは、筑後川の西岸に沿う耳納（みのう）（水縄）山地だ。前に、かつて「ヒムカ（日向）国」は筑後川の流域にあったと言った。そのほぼ中央の田主丸町には水縄（みのう）という地名がある。耳納山地は「ヒムカ国」の南の防衛線の役割を果たしている。しかし、「弥奴国」の領域となると、もう少し広い地域ではなかろうか。

私が比定する「弥奴国」があった場所は、筑後川の左岸の久留米市の南方の筑前・三潴（みつま）郡と右岸の肥前・三根（みね）郡をおおう一帯だ。

この三潴郡には、かつて「水沼（みぬま）の君」という豪族がいた。『紀』によると、景行天皇が九州を巡行した時、「水沼の県主・猿大海(さるおおあま)」という人物が現われている。この水沼氏は、安曇・宗像氏と並ぶ古代の三大海人族の一つとして有明海を漁場とする大勢力だった。前に述べた、宗像神社の祭神についての『日本書紀』の記事のうち、「一書」では、この神のことを「これ筑紫の水沼君らが祭る神、これなり」とあるから、宗像氏とは同族と考えられる。

肥前国の東部には、北から基肄(きい)郡・養父(やぶ)郡・三根(みね)郡があった。この三郡は、今日では統合されて「三養基(みやき)郡」とされ、養父郡は鳥栖(とす)市になっている。ところが、一九八九年に、その西の神埼(かんざき)郡の吉野ケ里(よしのがり)で、弥生後期の巨大遺跡が発掘され、これが「邪馬台国の旁国の一つであろう」というので、にわかに脚光を浴びるようになった。そこは、鳥栖市と佐賀市のちょうど中間に位し、周囲に深い環濠をめぐらした集落と有柄細型銅剣などの豪華な副葬品を入れた王者のものと思われる甕棺(かめかん)も発掘され、弥生時代前期から銅戈の鋳造が行なわれていたことも確認され、邪馬台国と同時代に、この地方には相当な勢力者がいたことが実証されたことになる。こうして、「邪馬台国・九州説」は決定的に有利になってきた。

では、この「吉野ケ里」には、何という国があったのだろうか? それを比定するためには、その近隣の国について先に考察しておくことが全体像を描くのに役立つと思う。そこで、まず、北東の基肄郡について見ることにしょう。

そこには天智四(六六五)年に築かれた椽(きい)(後に、基肄、現在は基山)城という朝鮮式山城があるので有名だ。私は、ここは邪馬台国の旁国としては、「鬼国(きい)」か「支惟国(きい)」があったとしたい。そして、三世紀ごろまでこの土地を支配していて、後に近畿地方に進出して行ったのが、紀伊（和歌山県）の有力な豪族の紀氏（きい）だと思う。

次に、養父郡だが、そこは現在の鳥栖市に相当し、「対蘇国（とそ）」があったと考える。ただし、名前の類似以上の根拠は挙げられないし、そこにかつていたと思われる氏族も指摘できないのが残念だ。そして、三根郡は、対岸の筑前・三潴とともに「弥奴国（みな）」に属しており、海人族の水沼君が勢力を有していたが、肥前側の三根郡には、『倭名類聚抄』によると、「物部郷（もののべ）」と「葛木郷（かつらぎ）」がある。五、六世紀の大和王朝で権勢を張った物部氏と葛城氏の祖先はかつてこの土地にいたものと思われる。

さて、吉野ケ里のある神埼郡に入る前に、その西隣の佐嘉郡（さが）を見てみよう。ここは現在の佐賀市に相当し、平野部の中心に位置しているから、邪馬台国の旁国のどれかがあったと考えたくなるが、三世紀当時は有明海が深く湾入していたから、八世紀以後とは違い、相当部分は居住に適しない低湿地だったのかもしれない。名前の類似からは旁国名は判定ができない。というわけで、邪馬台国のどの旁国に属していたかは判断しにくい。ただ、佐嘉郡には、巨勢郷（こせ）があり巨勢川が流れていて、現在も巨勢町の名が残っているから、五～六世紀に大和王朝で有力だった巨勢氏の先祖がかつてここに住んでいたのは確かだと言える。また、この郡には八田という地名もある。

●吉野ケ里は華奴蘇奴国？

ところで、これまで出てきた地名の中に、紀・葛木・巨勢・八田という名前があることが気になる。これに、基肆郡の北の背振山の向こうの筑前・早良郡にあった平群郷の名を加えると、それらはすべて武内宿禰の子とされている氏族の名と一致することだ。こんな偶然がありうるだろうか？しかも、武内町は佐嘉郡の南西の杵島郡の武雄市にあり、武内宿禰を祀る武雄神社もその土地にあることを思うと、ここに「日本古代史の謎」を解く極めて有力な鍵が隠されているのではないかと思われる。この件についてでは、第十三章であらためて検討したい。

いよいよ問題の神埼郡だが、ここには昔、「宮所」という郷があったと『倭名類聚抄』にあるから、何かの小国の都があったとは確かだと思うが、この郡にあったとされている平安時代の郷の名前を見ると、蒲田・三根・神埼・宮所の四つしかなく、後に発展していった豪族の名前は見つからない。ただ、三根という地名があることから、古代には神埼郡の地域も東の三根郡と一緒だと考えれば、三根郡にある物部郷か葛木郷の名前に因む氏族のどちらかの支配が及んでいた、という推定が可能となってくる。

強いて結論を出すとすれば、物部氏のほうが有力と思う。その地から筑後川を挟んで対称の位置にある高良社（高麗玉垂神社）の宮司家が物部氏であり、さらに南の筑後・生葉郡（現在の八女市）にも物部郷があったから、物部氏の祖先がある時代——つまり今回発掘された「吉野ケ里遺跡」の栄えていたころ、神埼郡を含め、肥前・筑後にわたる広大な地域を勢力下に置いていたということも考えられよう。ただし、物部氏は最も早い時期に一族の相当部分を引き連れて近畿地方に進出して行ったと考えられるから、あるいは、葛木（城）氏がその地盤を受けついでいたかもしれない。神埼郡の名前から、邪馬台国の旁国の名前を引き出すとすれば、発音の上から、「華奴蘇奴国」が有力な候補として挙げられるだろう。

なお、「邪馬台国」の読み方については、「台」は「臺」ではなく、「壹」であり、「ヤマタイ」ではなく「ヤマイチ」と読むべきだとする意見も一部に見られる。しかし、『海部氏系図』では「日女命」を「小止与命」とし、『尾張氏系図』では「乎登与命」という書き方をしているから、「台与」は「トヨ」としか読めない。したがって、邪馬台国も「ヤマト」ということになる。それは、宇佐にあった邪馬台国が近畿地方に遷って大和になったことを思えば、当然のことだ。

本書では、通例通りに「ヤマタイ」と読んでいただいてかまわないという立場でいる。

ところで、「邪馬台国＝近畿説」は依然としておこなわれている。この立場の論者からすれば、已百支は磐城、郡支は越、姐奴は信濃、呼邑は甲斐、斯馬は志摩、為吾は伊賀、好古都は河内、鬼もしくは支惟は紀伊、巴利は播磨、対蘇は土佐、伊邪は伊予だというようなことになるのだろう。

しかし、こういう国名は、大和王朝が地方へ進出して行った四世紀以後に命名されたものに違いない。三世紀半ばに全国の地理を大和にあった邪馬台国が知っていたかどうか疑わしいし、それほど広範囲の国に君臨できたなどとは到底考えられない。最も可能性の高い考え方は、大和に進出して行った勢力が、その後さらに各地を支配下に置く場合、かつての先祖たちが九州にいたころの国の名前を借用して命名するというのが自然ということだ。邪馬台国の旁国の名らしいものが全国に広く分布していることは、かえって逆に「邪馬台国＝九州説」を支持していることになるとさえ言えると思う。現に、大分県の国東半島には、武蔵や安芸という地名があるし、日田の名前は地形の似ている飛騨に付けられたということにもなるだろう。他にも、そういう例はある。

『魏志倭人伝』に書かれた三世紀半ばと、それより半世紀前とでは、小国の統合や東方への移動もあったと思われるから、以上の比定は必ずしも時代を限定して言うことはできない。しかし、筑後平野や佐賀平野に五つや六つの弥生時代の小国があったことは確実だろう。大切なことは、その一つ一つを邪馬台国の旁国のどこに比定するかということではなく、そこにあったと推定される国とその王者が、以後の歴史の中で、どのように活動するようになったかということだ。つまり、「謎の四世紀」にどんな出来事があったかを、合理的な推論で埋めていくことでなくてはならない。私が試みているのは、そういう仕事であり、その作業は次章からいよいよその核心に迫ろうとしている。

八、宇佐・香春・行橋を結ぶもの
――金属精錬と天の日矛

●三つの聖地

三世紀には邪馬台国は豊前・宇佐にあったと考えられる。この宇佐には、「宇佐神宮（八幡宮）」、があり、この神社は奈良時代にはなぜか「天皇家の宗廟」とされ、何かの時には、勅使が派遣されている。七六九年には、有名な「神託事件」が起こっている。このことが示すように、当時は宇佐神宮の権威は伊勢神宮とは比べものにならないほど高かった。

では、なぜ、そういうことになっていたのだろうか。この謎を解くことは「日本古代史」の本当の姿を知る上で最も重要な意味をもってくる。しかし、それについて語るためには、古代の「トヨ（豊）の国」についての知識を増やさなければならない。「トヨの国」というのは、豊前（福岡県東部と大分県北部）と豊後（大分県中南部）のことだ。この国について探求の眼を向けるに当たって、まず、私は三つの場所を指摘したい。それらは、どれも謎を秘めた聖地だ。

その第一は、前の章で私が「已百支国（いほき）があった」として挙げた古代の銅の精錬所だった香春（かわら）だ。第二は、天孫ニニギノミコトの子孫が一時定着した場所だとした豊前・京都郡（みやこ）（現行橋市）だ。そ

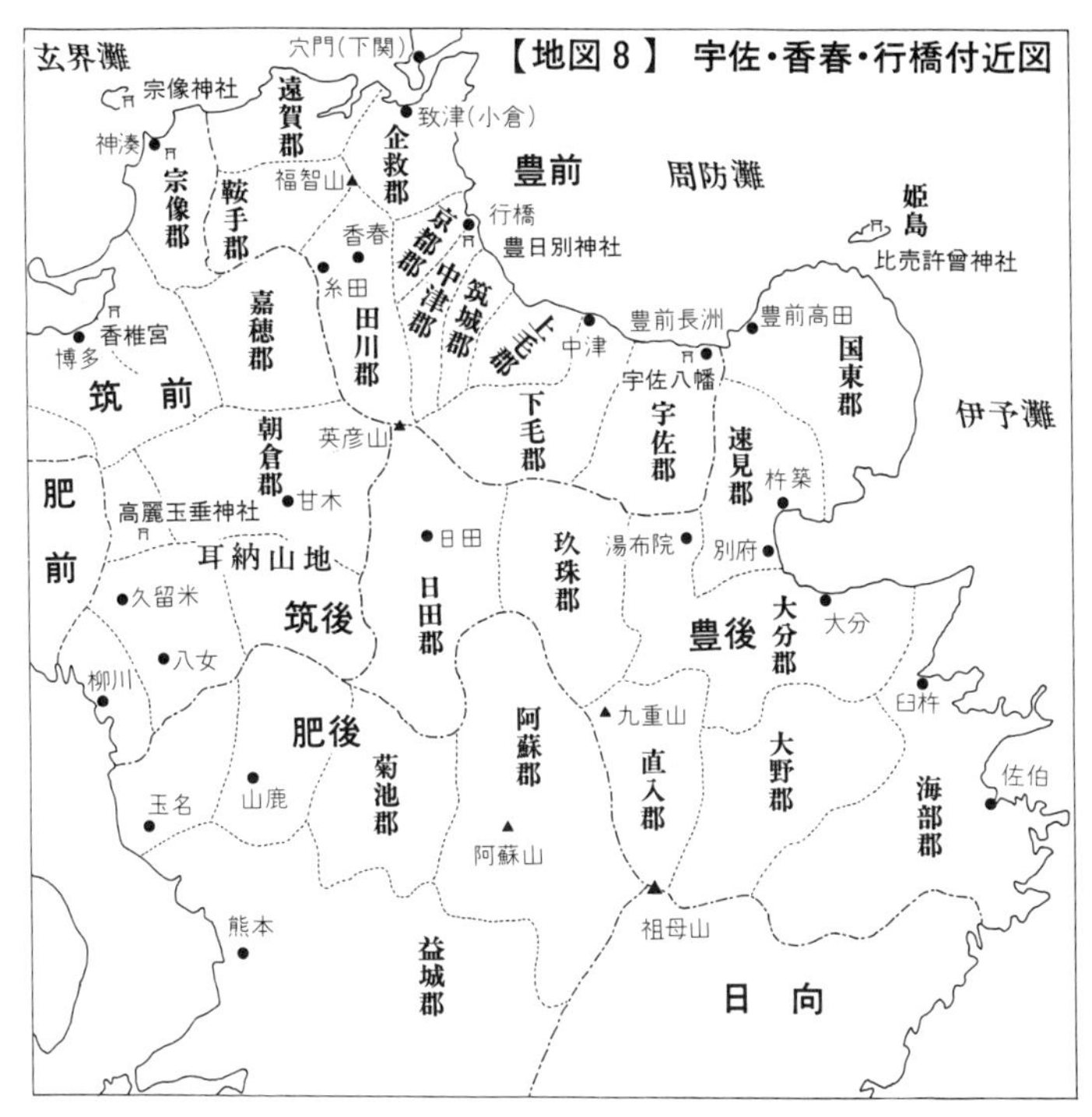

して、第三が八幡宮のある宇佐だ。この三つの場所は、あたかも一本の糸によって結ばれているかのように密接な関係を保っていた。本章では、そのことを取り上げることにする。

この宇佐神宮には、千年来行なわれている重要な祭りが二つある。そのうちの一つの「放生会」について紹介する。この祭りは、宇佐神宮の『社伝』によると、「神亀元(七二四)年、宇佐八幡は、その年に起きた大隅隼人の反乱の鎮圧に協力して多数の隼人を殺したことの罪滅ぼしとして、隼人の霊を慰めるためのものである」としている。ところが、その実態はそういうものではなく、宇佐神宮への神鏡の奉納の儀式になっている。

放生会は、旧暦の八月十三日から十五日にかけて行なわれる。まず、豊前の国司が勅使となり、香春の採銅所に行き、小川で禊をしてから、宮柱の長光家で行なわれる鏡の鋳造に参加する。鏡が出来ると、それはひとまず豊日別神社に運ばれる。それから鏡は、山国川以北の六郡の氏子たちが御輿に乗せて行列を組んで七日がかりで宇佐の隼人塚まで運んで来る。

その後、鏡は山国川以南の三郡の氏子の手で近所の和間浜に運ばれ、供養や神事を行なってから、宇佐の本宮に納められる。その間に、豊後と日向の二国の対抗相撲などの行事も組まれている。

宇佐神宮の放生会

ところで、豊日別神社のある現在の行橋市一帯は、昔、「京都（宮処）郡」と呼ばれていた所だ。そして、『日本書紀』の「景行紀」の中に、天皇が熊襲を討つために九州に来た時のこととして見落とせない記事がある。それは「豊前国の長峡県に到り行宮を建て、〝京〟と名づけた」というものだ。もう一つ、『豊前国風土記』には、「宮処の郡。古え、天孫ここより発ちて、日向の旧都に天降りましき。蓋し、天照大神の神京なり」とあることと結びつけると、この土地の意味はますます重要になってくる。

●天祖の都と豊日別神社

豊前には、四世紀の古墳として、苅田町の石塚山古墳、宇佐市の赤塚古墳などが知られているが、近ごろ、この行橋市の南部を流れている祓川の右岸の豊津町徳永の川の上遺跡で、椎田バイパスの建設工事中に、三世紀の墳墓群が発見されて話題になっている。その面積は一二、五〇〇平方メートルに及ぶもので、一九八九年四月現在、幅三〇メートル、長さ二〇〇メートルの範囲に、石棺墓、石蓋土壙墓、土壙墓、甕棺墓など計五十八基の墓が発見されている。その墳墓群からは、後漢から三国時代の中国製の銅鏡、勾玉、鉄刀などの副葬品が多数発見されている。

このことから、この地域には、邪馬台国に卑弥呼がいたころ、相当に発達した国家が存在したことの有力な証明になっており、ようやく考古学や歴史の研究者の目が向きつつあると言える。

このあたりは、仲津郡に属し、そこの古代の郷の名に中臣というのがあることから、この墳墓の主は中臣氏の祖先であった可能性も考えられるだろう。また、祓川という川の名は、中臣氏が神祇を職としていたことに通じるとする見解も行なわれている。いずれにしても、私が立てた仮説、すなわち、ニニギノミコトで象徴される天神族が筑前方面から豊前に遷って来て、京都郡あたりに国家をつくったとする想定にとって、その隣接地域にこれだけの墳墓の遺跡が見つかったことは、きわめて力強い傍証になっていると言っていいだろう。

景行天皇の九州巡行そのものについては、それが虚構であるか否かを第十一章で検討するが、こ

格式高い古社・豊日別神社（福岡県行橋市）

のあたりは、私が「天孫降臨」——つまり、甘木にいた「ニニギノミコト」が日田を経てやって来て一時定着した「トヨの国」の中津の近くだから、しばらくそこを本拠とし、その後、いつの日か近畿地方に進出して行き、「欠史八代」の王朝を開いたのかもしれないだけに、右の記事はいかにも暗示的だ。もし、そうだとすると、その王朝を倒して後継者となった崇神天皇の孫である景行天皇の軍隊が、「トヨの国」にやって来れば、きっと以前の都があった場所に本営を構えることは十分考えられる。その意味で、この『豊前国風土記』の記事は真実を伝えていると考えたくなる。しかも、この宮処（京都）郡には豊日別神社があり、それは宇佐神宮と兄弟か夫婦を思わせる密接な関係——放生会の儀礼——があるのだから、ことは重大だ。この豊日別神社の『社伝』には、次のように書かれている。

「豊蘆原中津国草場官幣大神、元豊日別命は神代伊弉諾、伊弉冉の尊の御子豊日別大□□国□□□済祖大神一宮なり。英明の霊神にして、国を治め、民を育て、西国の守護なり」

欠字はあるが、格式の高い神社だということがわかるだろう。ただし、この『社伝』は明治以後に作られたもので、本来の祭神はイザナギ・イザナミではない。

また、豊日別神社に伝わる『古文書』によると、この神社は第三十代の欽明天皇の即位二年に、大伴神牟奈里(かむなり)に神託があって創建したとされているから六世紀の前半のことになる。そして、「欽明二十八年に諸国で洪水や飢饉があったので、天皇は豊日別の神のために宮殿を建てて祈った」という。その宮殿は「天照大神宮に準じるものだった」としている。

一方、全国十数万ある神社の約四分の一を占める八幡宮の総本山である宇佐八幡の創建も、欽明年間とされている。その起源は、「宇佐の池のほとりに、応神天皇が三歳の童子の姿をして現われた」という奇妙な話になっているが、二つの神社の出来たのが同じ時代であるということは、両者の間に何らかの関係があることを暗示しているように思われ興味がそそられる。

ところが、この神社の祭神は何と驚いたことに、猿田彦になっている。「トヨの国」で格式の高い豊日別神社の祭神が猿田彦だなどとは予想外のことだ。これはいったい何を意味するのだろうか？　それは、とりもなおさず、天(あめ)の八衢(やちまた)である日田に現われた猿田彦が、京都郡のこの土地まで「ニニギノミコト」を道案内して来たことの証拠だ。そのことは、筑前・甘木を脱出して、豊前にあった葦原中国にやって来た「天神族」が落ち着いた場所が京都郡だったことが、ここに確定したことを意味している。この件については、第十二章でもう一度考えたい。

このように、香春の製銅技術を媒介として、京都郡の豊日別神社と宇佐八幡宮とは、古代から放生会の儀式を介して堅く結びつけられていた。このことの意味は極めて重要であり、「日本古代史復元」の決め手になることが期待される。

●香春神社祭神と天の日矛

ところが、ここにもう一つ香春と宇佐を媒介するものがある。それは「神功皇后」すなわちオキナガ・タラシ（息長足・息長帯）姫だ。というのは、宇佐八幡の祭神は、「一の御殿」が誉田天皇（応神天皇）で、「二の御殿」が比売大神（その神については後に説く）で、「三の御殿」が息長帯姫ということになっているからだ。なぜ、この三つの御殿にこれらの人物が神として祀られているかの謎の本当の意味は、一九八六年まで、誰も解いていなかった。それについては後に述べるとして、香春神社の祭神のほうに目を向けてみよう。

それは、『大宰府解』によると、「辛国息長大姫大目命・忍骨命・豊比咩」の三神になっている。

そして、『香春神社縁起』には、採銅所現人神社の祭神は、「角鹿現人」であるとしている。この「角鹿現人」とは、越前の敦賀市にある気比神宮の祭神である「都怒我阿羅斯等」と同じであることも興味がある。しかも、ツヌガアラシトとは、『記・紀』が伝える謎の人物――「天の日矛（日槍）」のことだから、ますますもって奇妙なことになってくる。

「天の日矛」については、ここでは概要だけを箇条書きにしておく。

① ヒボコは、『古事記』では応神天皇の記事の終わりのほうに、「昔のこと」として載せてあり、『日本書紀』では第十一代の垂仁天皇の三年に渡来した新羅の王子ということになっている。

② ツヌガアラシトは一代前の崇神天皇の時代に敦賀に来た「額に角のある人」とされている。

③ ヒボコは、鏡・玉・剣などの「七種の神宝」を持って渡来したとしている。その内容は、大和

の石上神宮に伝わる物部氏の神宝とそっくりである。

④ヒボコは、船で播磨（兵庫県）に上陸し、『播磨国風土記』によると、土地の神である葦原志挙乎（大国主命）や伊和大神と戦っている。

⑤その後、ヒボコは宇治川を遡り、近江（滋賀県）や若狭（福井県）を経て、但馬（兵庫県北半）の出石に定着した。現在でも、出石の周辺には、ヒボコに関係する神社が多い。

⑥ツヌガアラシトは、新羅から白玉が女に変じたというアカル（阿加流）姫を追って渡来したとしているが、豊後の国東半島の突端の沖にある姫島と摂津（大阪府）には、この姫を祀る比売許曽神社がある。

出石神社の茅ノ輪くぐり（兵庫県出石郡）

⑦『記・紀』には、ヒボコの系図が載っている。一方、オキナガ・タラシ姫すなわち神功皇后はヒボコの子孫ということになっている（一一〇ページの系図２参照）。

⑧神功皇后が夫の仲哀天皇と熊襲の反乱を鎮圧のため筑紫に来た時、「伊覩県主の祖の五十迹手」という人物が出迎えに来ている。『筑後国風土記』には、このイトデのことを「高麗の国の伊呂山に天

より降りまし日鉾の末」と記している。

⑨ ツヌガアラシトも、穴戸（今の下関）に来た時、伊都都比古と称する男に会っている。

⑩『日本書紀』には、垂仁天皇八十八年に、天皇は但馬にある「ヒボコの神宝」をヒボコの子孫の清彦から収奪した話が載っている。ただし、小刀だけは天皇の庫から抜け出し、スガヒコの手もとに帰って来たとしている。

姫島の比売許曾神社（大分県東国東郡）

⑪ 垂仁天皇の九十年、ヒボコの子孫の田道間守は、天皇の命令で常世国まで非時香菓を求めに出かけ、十年後に帰国したが、すでに天皇は亡くなっていたので、タジマモリはそれを悲しみ、天皇の墓の前で自殺してしまった。

⑫『古事記』では、ヒボコの話に続けて、イズシオトメ（伊豆志袁登売）をめぐる秋山のシタビオトコ（下氷壮夫）と春山のカスミオトコ（霞壮夫）との話が載っている。イズシオトメとは、言うまでもなく、出石王女つまりヒボコの娘のことだ。

『播磨国風土記』にある「ヒボコの話」というのは、例えば、揖保郡でヒボコとアシハラノシコオが戦闘を交えた時、「口から飯粒がこぼれたので、粒丘という名前がついた」というような、一見すると他愛もない地名起源説話になっている。ただ、その中に「ヒボコの軍勢が八千人いたので八千草という地名がついた」というようなものもあり、ヒボコの勢力が播磨の人にとって脅威と感じられたことを物語るものもある。

ヒボコやその子孫を祀る神社としては、但馬の国には、出石神社など十社以上がある。その他、若狭（福井県西部）の静志神社などもヒボコを祀っている。また、ヒボコと同一人物と思われるツヌガアラシトを祀るものとしては、越前（福井県東部）の角鹿神社や石見（島根県西部）の大飯彦神社がある。そして、ヒボコの五代の孫のスガカマ・ユラドミ（菅竈由良度美）でさえも、越前菅浜の須可庭神社に祀られている。

このように、天の日矛は明らかに実在人物であるのに、世の歴史家はほとんどその存在について言及しようとせず、わずかに民俗学者の一部が庶民信仰の一例として見ている、というのが学界の実情だと言ってよいだろう。つまり、ヒボコとは朝鮮から渡来した集団のシンボル的存在に過ぎず、「日本古代史」にとっては、ほんのエピソード的な扱いしかするに値しないという差別的偏見がこうした傾向の底に潜んでいるとしか思えない。

では、「天の日矛」の子孫の系図を示そう。ただし、『古事記』と『日本書紀』とでは若干の違いがある。そこで、『古事記』のほうの系図**【系図2】**（次ページ）を掲げ、コメントを加えることにする。

『日本書紀』のほうの系図では、ヒボコは「日槍」と記され、その子は諸助、次いで、日楢杵、清彦、田道間守となっており、斐泥に相当する一代が欠けており、スガヒコとタジマモリが親子となっている。

【系図2】

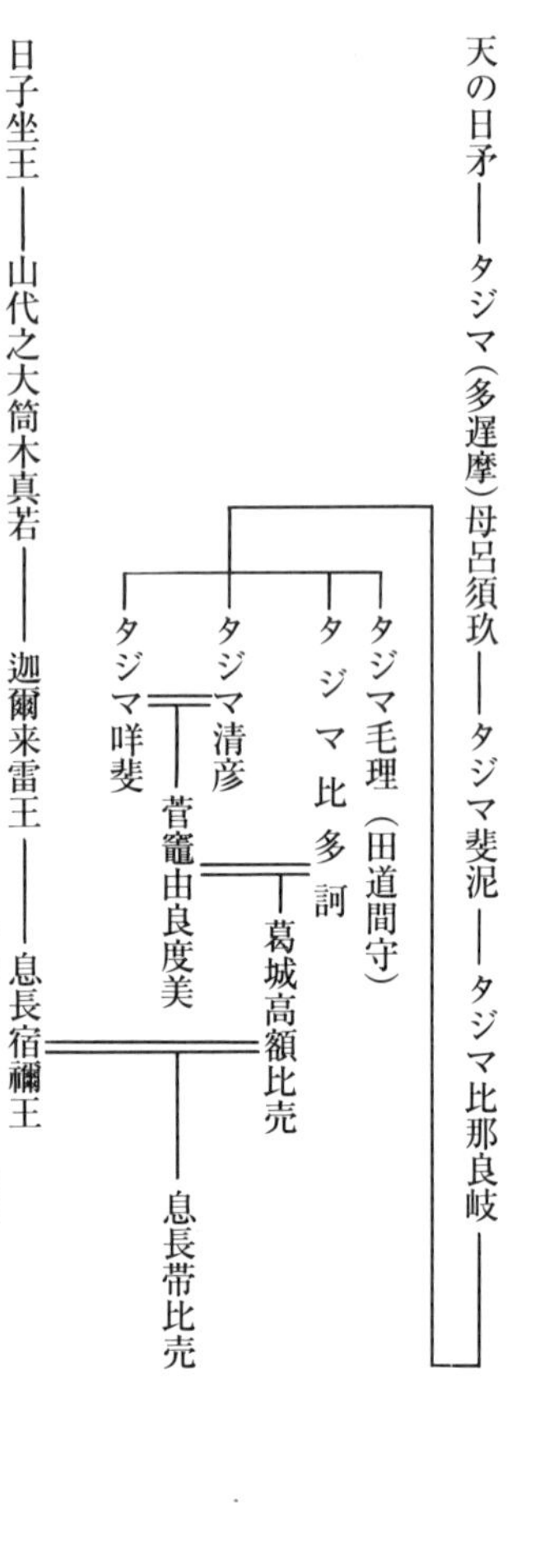

また、日子坐王（彦坐王）は、第九代の開化天皇と和迩臣の祖の姥津命――『古事記』では、ヒコクニ・オオケツ（日子国意祁都）――の娘の姥津媛（『古事記』では意祁都比売）との間に生まれた王子ということになっている。つまり、『記・紀』では、この王は第十代の崇神天皇とは異母兄弟ということになるわけだ。この王については、いろいろと問題があるので、次章でその点については考察することにしたい。

●伊都国は日矛の建てた国だ

さて、宇佐八幡の祭神と香春神社の祭神のどちらにも、息長帯（足）姫すなわち神功皇后があることに注目し、香春には「角鹿現人」を祀る神社もあることから、謎の人物「天の日矛」について目を向けることになった。

すると、オキナガ・タラシ姫はヒボコの子孫であることがわかり、彼女を出迎えたという五十迹手（いとで）が伊覩（いと）県主の祖であり、しかもヒボコの子孫であることが出てきた。そして、ヒボコと同一人物と思われるツヌガアラシトも伊都都彦（いつつひこ）という人物に会っていることが記録されている。そうなると、『魏志倭人伝』の伊都国は、どうやらヒボコと無関係ではなさそうだ、ということになってくる。というよりも、大胆に結論づければ、「ヒボコが朝鮮半島の新羅から海を渡って九州に上陸した時、その子あたりが建てたのが伊都国だ」ということになる。この想定は私に言わせれば、最も可能性が高いものだということになる。

それというのは、伊都国は三世紀には金属精錬のメッカともいうべき香春のすぐ西隣にあったと判定したからだ。つまり、ヒボコの子孫が伊都国王なら、香春の神がヒボコと同一人物のツヌガアラシトであることは少しも不思議ではない。そして、ヒボコについては、谷川健一氏が『青銅の神の足跡』（集英社）で精密に論証しているように、当時としては最高の金属精錬技術を持つ集団を率いていたというのだから、香春とヒボコの子孫の結びつきは完璧に裏づけられることになる。『日本書紀』には、「近江（滋賀県）の陶人（すえひと）は日槍（ひぼこ）の従人なり」と書いているが、須恵器（すえき）を焼くのに必要な熱は鉄器の精錬のための一、三〇〇～一、五〇〇度という温度とほとんど同じだ。

というわけで、オキナガ・タラシ姫は香春という土地と密接に関わっていることが確かめられた。また、この姫が新羅に渡ったことも、『記・紀』が説くように「熊襲の背後勢力を討つため」だとか、「金銀彩色の多い宝の国だから征服しよう」ということよりも、「懐かしい自分の先祖の国に行く」といった意味が大きく浮かび上がってくる。

また、古代の「トヨの国」の住民に新羅系が多かったことは、泊勝美氏が『古代九州の新羅王国』（新人物往来社）で詳しく論じている。

オキナガ・タラシ姫を祀る香春神社のある香春の名前の起源について、『筑前国風土記』には、「河の瀬が清いので清河原と名付けた」からだとしている。それは故事つけだが、それに続けて、「昔、新羅の神、自ら度り到来りて、北の河原に住みき」と記している。この香春のすぐ東隣の豊前・仲津郡から三毛郡にかけての八世紀の戸籍を見ると、圧倒的に秦氏と勝姓の者が多い。秦氏は、『記・紀』には応神天皇の時代に百済から渡来した弓月君の子孫であるかのように書かれている。『新撰姓氏録』には、「秦の始皇帝の子孫」とし、「漢系帰化族」としている。また、勝姓の者は金属の鋳造工人がほとんどになっている。

秦氏の出自については、李進熙氏や上田正昭氏など学界でも「新羅系」とするものが多い。泊勝美氏は、「トヨの国」の仏教遺物を調べ、寺の瓦や仏像の形式から「新羅系」が主流であると判定している。そして、宇佐神宮の禰宜（神官）の辛島氏は新羅系だとも述べている。

辛島氏の先祖はスサノオ（素戔嗚尊・須佐之男命）だとされている。この神は、アマテラス（天照大神）の兄弟とされているが、神話では新羅に渡り、木の種をわが国にもたらしたことになっているから、辛島氏が新羅系であるということを支持していることになる。

秦氏に関連して、秦王国のことにも触れておくべきだろう。『隋書倭国伝』には、次のような記事が載っている。

「上（皇帝）、文林郎裴清を遣わし、倭国に使せしむ。百済を度り、行きて……竹斯（筑紫）国に至り、又、東して秦王国に至る。其の人、華夏（中国）に同じ。もって夷洲（台湾？）となすも、疑うらくは、明らかする能わざるなり、又、十余国を経て海岸に達す。竹斯国以東は、皆倭に付庸す」

つまり、「九州に上陸してしばらく東に行った場所に〝秦王国〟があり、そこには中国的な人たちがすんでいた」ということだ。これは七世紀初めのことだから、奇怪なことだとも思えるが、その場所が豊前・仲津郡あたりであり、秦というのが、秦氏だったとする可能性はかなり高いのではなかろうか？　つまり、彼らの先祖は、紀元前二〇二年に滅んだ秦王国の王族であり、それが辰韓に亡命してのち、九州に移り、長く中国的文化を維持し続けてきた、ということになる。八〇〇年という期間は長すぎるとも思えるが、『隋書』の記事が正しいとすると、それ以外の解釈は逆にむずかしいのではないだろうか？

ところで、私が立てた仮説――ニニギノミコトが京都郡に入った――は、どうなるのだろうか？この「天神族」は、本来、朝鮮半島のどこかから北九州に上陸して来たのだし、「日神」信仰を持っていたと思われる。だから、新羅系の「日矛」とは必ずしも対抗的ではない、とまでは言える。

もう一つ、早い時代に九州から大和に遷って行ったと思われる物部氏も、石上神宮に伝わる神宝がヒボコの神宝とよく似ているから、やはり、渡来系の氏族であることは確実だ。ただし、物部氏の祖先は新羅系であるのか、それとも百済系であるのかということは断定できない。

なお、五十迹手がオキナガ・タラシ姫を出迎える時、木の枝に玉・鏡・剣を懸けた、とあることから、「三種の神器」が連想される。しかし、このことは旧い朝鮮系の風俗だと理解できよう。ここでは、民俗学的には、日本の神道儀礼の起源を新羅の旧い宗教と結びつける人もいることを、指摘しておくだけに留めたい。

このように、宇佐八幡の祭神であるオキナガ・タラシ姫は、同時に製銅の神として香春に祀られている。そして、香春で鋳造された神鏡は宇佐に納められる前に豊日別神社に運ばれる。その神社のある京都郡は、どうやら天孫ニニギノミコトと関係があるらしい。この豊日別神社には重要な事実があるが、話の混乱を避けるため、それについては、第十章で述べることにする。

また、オキナガ・タラシ姫は、ヒボコの子孫だというから朝鮮と深い関係があるし、宇佐八幡もまた朝鮮との結びつきがあるらしい。このように、いくつかの〝筋〟がからみ合ってきた。何となく推理小説を読むような感じがしてくる。

そのへんの事情を整理して、一本の〝筋〟を通すことができれば、「日本古代史」は固有名詞を伴った史実によって充たされたものとして復元できそうに思える。

九、初国しらすスメラミコト
——邪馬台国の分裂と崇神天皇

●歴史的叙述の出発

『魏志倭人伝』によれば、三世紀の半ば近く、邪馬台国は狗奴国と戦闘状態にあり、魏の皇帝は卑弥呼の要請に応じて張政らを派遣し、邪馬台国を応援した。しかし、二四七年、卑弥呼が死ぬと邪馬台国は混乱に陥り、男王を立てたが国中が服さず、千人もが殺される状況になったので、「宗女・台与」が立てられ、ようやく安定を取りもどした、と記されている。

その卑弥呼と台与については、私は、最初に提出した『海部・尾張氏系図』の中にある二人の「日女命」であるとした。この海部氏の本拠地は豊後の南部の海岸地帯の海部郡であるから、邪馬台国のある宇佐からは遠くない。では、『魏志』がいう一時的に立てられたという男王はどういう人物だっただろうか？ それを特定することは、もとより不可能だ。しかも、「その後の邪馬台国」については、『魏志』は何も語っていない。僅かに、卑弥呼の死後二十年近く後の西晋の泰初二（二六六）年に、「台与が使者を派遣して朝貢した」という記事があるだけである。

一方、三世紀後半から四世紀いっぱいの大和の状勢については、『日本書紀』の記す「天皇」が在位したとして、その紀年を修正して当てはめてみると、ほぼ第十代の崇神天皇あたりから、第十四代の仲哀天皇あたりに相当することになる。しかし、その「天皇」は果たして実在したか否かについては、学界では否定的な意見が一般的だ。とは言うものの、「古代史の復元」を志す以上、そのすべてを虚妄として捨て去るわけにはいかない。というよりも、『記・紀』の記事が「無から有を創作した」と見るべきではなく、それなりの根拠のある伝承を適宜綴り合わせ、それに若干の創作あるいは他国の歴史記事を借用して編集されたと解すべきだろう。そこで、その見地から「歴史の復元」を試みたいと思う。

●水沼王＝崇神の東遷

わが国には、二人の初代天皇の名前が記されている。その一人は、『日本書紀』が大和の畝傍山の麓の橿原の宮で即位したと記している「神武天皇」で、「始馭天下之天皇」と書き、「ハツクニシラス・スメラミコト」と読ませている。もう一つは、『古事記』が第十代の「崇神天皇」の記事の末尾に、「その御世を称へて、初国しらしし御真木の天皇と申す」としているものだ。「神武天皇」のことについては、『記・紀』ともに九州から軍勢を率いて「東征」して来たとしているが、その実像については、本章と第十四章で分析するが、『古事記』が何故に「崇神天皇」のことを初代天皇であるとしたかについて考えると、七〜八世紀の大和の人の間では、「ミマキイリ彦という王がいて、大和地方や周辺を統一して連合国家を建設し、その大王になった」というような伝承が広く信じられていたからだ、と考えるしか理解のしようがない。

ところが、この「天皇」に関する『記・紀』の記事には多くの疑問点が挙げられる。

① 崇神天皇は「ミマキイリ（御間城入）彦」というが、皇后は「ミマキ（御間城）媛」といい、夫婦が同じ名なのは不可解だ。つまり、この「天皇」は「入り婿」だったからではないのか？

② 「初国しらす」というように、この天皇は新王朝を開いたのだという認識があったはずだ。

③ 崇神天皇は、それまで宮殿に祀ってあったアマテラス大神を外に出してしまう。これは、「神勅」に違反する。その理由として、土地の神である「倭大国魂神」と合わないというが、それは崇神が外来者だったからではないか。もし、この天皇が真実、開化天皇の子で、母が物部氏のイカガシコメだったとすれば、土地の神とアマテラスの不和など起こるはずはない。

④ 『記・紀』にある崇神天皇の治績は、四道将軍の派遣・武埴安彦（たけはにやす）の叛の平定・出雲の神宝の収奪の他に、戸籍と調（労役）の制定や二、三の開発事業があるが、後に見るように真実性はほとんどない。つまり、崇神天皇の時代については記録も伝承も乏しかったことになる。ただ、政権を獲得した「強い大王」というイメージだけが伝えられていただけだろう。

⑤ 宮殿があったという磯城（しき）の瑞籬（みずがき）（水垣）の宮の場所は確認できないが本当かもしれない。山辺の道上の陵も真実のものかもしれない。そうだとすると、それは大和地方では纏向（まきむく）古墳についで最も古い前方後円墳であり、それまでの墓制を変革したことになり、外来者の墓にふさわしい。

以上のような間接的な推論しかできないのは残念だが、致し方ない。いずれにしても、逆に崇神天皇を、『記・紀』が述べているような大和地方に最初から住んでいた王で、父から大王の地位を与えられたとすることは、極めて不自然であり、それを信じることは到底できることではない。
ということは、「崇神天皇」とは、外からやって来て大和王朝を征服した人物だということを意味するわけである。「崇神天皇」になった征服者があったとすれば、やはり九州のどこかの王だったとするのが自然だと思う。もし、それを邪馬台国の旁国の王に求めるすると、「ミマキ」の発音にも通ずる弥奴(みぬ)国王が最もふさわしいと思う。第七章で「弥奴王は水沼(みぬま)君だった」としたが、そうだとすると、崇神天皇の孫の景行天皇が九州を巡行した時、水沼県主に会ったのは、「祖父の生地を訪問した」ということになるわけだ。

それ以外の根拠として、崇神天皇の妃の一人に尾張大海媛(おおあま)がいることも指摘できる。彼女は『海部・尾張氏系図』の第七代に名前がある大海姫(おおあま)のこととされるが、崇神天皇の時代より三代ほど古い。『紀』には、それを「水沼県主の大海宿禰の女」とする説も別記しているから、水沼君系統の娘のことだとしたほうが筋が通ってくる。

私は、邪馬台国の卑弥呼が死んだ後、風雲に乗じて邪馬台国連合を離脱した「弥奴国王イコール水沼王」が近畿地方に進出して「崇神天皇」になったのだと推定する。そして、『記・紀』が伝える「神武東征」の記事は、この「崇神東遷」を踏まえて創作されていると考える。

だが、いかに「弥奴国王＝水沼君」の力が九州において強大だったとしても、単独で近畿の諸王たちを征服することは無理だろう。それには、必ず同盟者がいたはずだ。それが何氏だったかは、『記・紀』の「神武東征」の記事を見ればすぐにわかるはずだ。「神武軍」の先導者が大伴(おおとも)氏の祖先の道臣命(みちのおみ)だと記されていることから、大伴氏が「崇神東遷」の同伴者だったと判断できる。

大伴氏といえば、五～六世紀の大和王朝では、物部氏と並んで「大連（おおむらじ）」の地位にあって、大王（天皇）家の最高の支持勢力だった。そして、奈良時代の歌人の大伴家持（やかもち）が「海行かば、水漬く屍……」という歌で、「大君の辺にこそ死なめ、かえりみはせじ」と唱えたように、天皇家の忠実な守護者をもって自認していた家柄だ。

ところが、この大伴氏の祖先は、家持の歌に、「大伴の遠つ神祖（みおや）の　その名をば　大来目主（くめ）と負いもちて……」とあるように、久米（くめ）氏とは同族になっている。そして、この久米氏の本拠地は、肥後（熊本県）の球磨（くま）郡の久米郷だ。ということは、久米氏は『記・紀』に出てくるヤマトタケル（日本武尊・倭建命）によって征服されたという勇猛な種族である熊襲のいた地域と同じ場所から出て来たことになる。しかも、「クメ」と「クマ」とは通音だ。

そうなると、久米氏――そして同族の大伴氏は「熊襲と同族だ」としか考えられなくなってくる。片や「天皇家の番犬」、此方「天皇家にとって猛獣」――そういう矛盾をどう解釈したらよいだろうか？　それは極めて単純なことだ。邪馬台国の動乱の際に、「東遷」を決意したミマキイリ彦に対し、積極的に協力した「狗奴国」の人たちは、後に大伴・久米氏となったが、それに反対した一派は以後、「熊襲」という蔑称を付けられ、征伐の対象とされたというだけのことだ。逆に言うならば、狗奴国の主流派は邪馬台国連合と対抗していたのに、大伴・久米氏となった一派は同族を裏切って分派となり、弥奴国の王と同盟したので、その経歴を隠すためにも、ことさらに天皇家に対して忠勤を励んだのはきわめて自然なことということになる。

なお、この「崇神東遷」には、筑後や肥後だけではなく、「トヨの国」からも参加したものは当然いたと思う。豊前・仲津郡にいた中臣氏の先祖はその例に数えていいと思う。と言うのは、「神武紀」に、宇佐で中臣氏の祖の天種子命(あめのたねこ)が菟狭津媛(うさつ)と結婚する話があるからだ。また、「神武東征」の道案内をしたという椎(しい)(槁)根津彦(ねつ)は、後に倭(大和)の国造(くにのみやつこ)になっているが、これも九州からの同行者だろう。

さらに、私は肥前の基肄郡(きい)にいた紀氏の祖先も同様だと思う。『先代旧事本紀』の「国造本紀」には、「紀氏の祖の天道根命(あめのみちね)は、神武天皇から紀伊の国造に任ぜられた」とあるからだ。このことについては、第十四章でもう一度触れる。

そして、ミマキイリ彦の大和入りは実現するが、それはかならずしも武力による征服だけだったと考える必要はない。いつの場合にも、どこの社会にも、内部分裂や対立はある。近畿地方にあっても、例えば、北部の支配者が九州の勇敢な勢力を導入して、対抗関係にあった大和王朝を牽制したというようなことも十分に考えられる。そのへんの事情については、次章で考察したい。

●「崇神紀」の史実性

では、崇神天皇に関する『記・紀』の記事について、その内容は史実として信用できるかどうかを検討してみることにしよう。結論を先に言うと、そのほとんどは「史実」というより、「史実らしく書き上げた作文」ということになる。もう少し正確に言うと、断片的に伝えられていた史実の伝承を素材とし、「統一国家の創立者なら当然しただろう」と考えられる事業を「崇神天皇」の業績として描いたものだ、ということになる。

まず、崇神天皇の行なった最初の事業として「四道将軍」の派遣があるが、それは現実性に欠けている。それを表にすると、

将軍の名	派遣された地方　（　）内は『古事記』による
大彦命（大毘古命）	北陸（高志の道）
武渟川別命（建沼河別命）	東海（東方十二道）
吉備津彦（なし）	西道（なし）
丹波道主命（日子坐王）	丹波（旦波の国）

崇神十年の秋、「四方平定」の詔勅が出され、翌年の四月には各将軍から帰還報告が出されている。この間には、武埴安彦の反乱の鎮圧がなされている。真冬を挟んで、このようなスピーディーな平定事業などできるわけはない。また、崇神天皇の系譜を正しいとすると、四道将軍の人選はおかしなことになる。吉備津彦は天皇の曾祖父の子であり、時代がかけ離れている。大彦命も天皇の伯父で、しかも皇后の父だから、最も危険な北陸に派遣されるなどということは信じられない。

では、『記・紀』が、内容に多少の差異はあるものの、どちらもこういう記事を載せているのはなぜだろうか？　まったく根拠がないことだったのだろうか？　その点については、こう考えるのが適切だろう。丹波と吉備（岡山県南半分と広島県東部）地方については、四世紀ごろ、崇神天皇の政権がそれと親交関係を樹立したという事実があったので、その実力者の名を記した。北陸と東海方面については、何世代かにわたって征服が行なわれたので、その指揮を取った人たちの代表的人

物の名を記した。このくらいのことが真相だと考えていいのではなかろうか。

丹波地方については、崇神天皇の父ということになっている第九代の開化天皇の妃に、丹波の大県主の由碁理（ゆごり）の娘の竹野媛（たかの）がいるから、敵対的な地域ではないはずだ。また、吉備地方については、吉備津彦が第七代の孝霊天皇の子ということになっているから、これまた、大和王朝とは親戚関係にあったことになっている。ただし、こういう系譜が正しいものとは限らない。丹波（丹後）・吉備の両地方ともに、大和と並んで大型前方後円墳が発達している所だから、大和王朝との間には二～三世代にわたる激烈な対抗関係にあったかもしれない。むしろ、そうあって当然だ。

というわけで、いずれにしても、「四道将軍」が一気に平定したなどということは考えられない。

次に、崇神天皇の時代の事件として、「出雲の神宝収奪事件」の記事が『日本書紀』に詳しく載っているので、その概要を示し、それがどういうものか考えてみよう。

①即位六十年、天皇は「出雲の神宝が欲しい」と言い、矢田部造の祖の武諸隅（たけもろすみ）を出雲に派遣する。
②出雲の王者の振根（ふるね）は、当時、筑紫に行っていて不在だったので、弟の飯入根（いいいりね）は神宝を献上する。
③帰って来た振根は、そのことを怒り、川原で水浴し、欺いて弟を殺す。
④その事実が天皇側に伝わったので、新たに吉備津彦と武渟河別（たけぬなかわわけ）が出雲に派遣され、振根は殺されてしまう。この振根の子孫が後に、出雲臣（いずものおみ）として大和王朝に仕えることになる。

この記事は、『日本書紀』に載っている記述の中で、地域・人名の伴った歴史的事件として最初のものだ。話が具体的なだけに真実を語っているように見えるが、果たして崇神天皇の時代の出来事をそのまま伝えているかどうかは、にわかに判定できない。実は、四～五世紀にかけて行なわれた大和王朝による出雲征服戦争のことを、一つの事件として描いたものかもしれない。しかし、まったくの虚構ではなく、確実な伝承を素材として綴った作文という考えも成り立つだろう。

ところが、この話は「天孫降臨」に先立つ神話として、「出雲の国譲り」として語られているものとよく似ている。そこで、「出雲神話」の筋を見てみよう。それは次のようになっている。

① 高天原は、「出雲の統治権を譲れ」というので、アメノホヒ（天穂日命・天菩日命）を出雲のオオクニヌシ（大国主命）のところに派遣する。
② ところが、アメノホヒは命令を果たさなかったので、フツヌシ（経津主命。『古事記』では天鳥船）とタケミカヅチ（武甕槌命・建御雷之男神）が出雲に派遣され、剣を誇示して談判する。
③ オオクニヌシは、息子のコトシロヌシ（事代主命）と相談して国譲りに応じる。
④ コトシロヌシの兄弟のタケミナカタ（建御名方神）は、国譲りに不満だったので力比べを挑んだが敗れ、信濃（長野県）の諏訪まで逃れ、その土地の神になってしまう（『古事記』）。

この二つの話は、全く同じとは言えないが、明らかに前者を下敷きにして後者の「神話」が構成されていることは間違いない。現在も出雲大社の神官である千家の祖先の出雲臣家は、神話に出てくるアメノホヒの子孫だとする系図をもっているからだ。

ともかくも、大和王朝が武力を用いて出雲を征服したことは事実だろう。だから、『記・紀』にある「出雲神話」なるものの実体は、現地の歴史とは無関係だったとしなくてはならない。つまり、「国譲り」の話だけではなく、「稲葉（因幡）の白兎」をはじめとするオオクニヌシ命の物語やスサノオによる「八岐大蛇（八股遠呂智）退治」などの話は、どれ一つとして山陰の出雲（島根県）とは関係がない。しいて言うなら、「トヨの国」の出来事に基づいている。後に見るように、ヤマトタケルの話についても同じことが言える（第十九章参照）。

「出雲神宝収奪事件」には、吉備津彦の名前が出てくる。これは、「大和王朝が吉備の勢力に命令して出雲を征服させたものだ」とも解釈できるが、実は、吉備勢力による出雲支配の後に、大和が吉備を征服あるいはそれと連合したに過ぎないとも言える。いずれにしても、出雲の征服には吉備勢力が関係していることは間違いない。

その吉備勢力には、ヒボコ系が関係していることも無視できない。『太平記』には、児島高徳が「自分は新羅王の子の天の日矛の子孫である」と言っているが、児島とは岡山の南の島（現在は陸続き）で、その一族はすべて吉備氏系だということがその証拠の一つだ。そして、『出雲国風土記』の執筆者に、ヒボコの子孫である神宅全太理の名前があることも、出雲の支配のために、ヒボコ系の人間が入り込んでいたことを物語っている。

ところで、「国譲り」の談判の舞台が、イザサ（伊耶佐。別説では稲佐）の浜になっている。この「イザサ」はヒボコが新羅から持って来たという神宝の中にある膽狭浅の太刀に通じることにも注目したい。『日本書紀』の本文には、この太刀の名はないが、「一書」のほうにだけ記されている。そんなことに何の意味があるか、という人が多いだろう。しかし、この「イササ」あるいは「イザサ」という言葉は何か重要な意味をもっているようだ。というのは、応神天皇の幼名が「イザサワケ（去来紗別・伊奢沙和気）というからだ。この件については、第十二章で論じる。

だから、大和王朝による出雲支配は、応神天皇以後の出来事という可能性も出てくる。ともあれ、大和王朝が山陰の出雲を武力で征服した事実があることは、奈良時代に出雲国造家が平城京に出向き、『神賀詞(かみのよごと)』を言上し、「出雲は、先祖以来、大和に臣属しており、今後も天皇家を守護する」ことを誓っていることから、それがいつのことにしても歴史的事実だったことは明白だ。

●イリ王朝の謎

ところで、崇神天皇の名前は「ミマキ・イリヒコ」だ。そして、その近縁には「イリ」が付く名前の者が多い。この天皇には、三人の后妃がいる。皇后は、祖父とされる孝元の子のオオヒコ（大彦命）の娘のミマキ（御間城。『古事記』では、御真津(みまつ)比売）姫で、その子には、次の垂仁天皇になったイクメ（活目・伊玖米）イリヒコと他に五人（『古事記』では十一人）の皇子・皇女がいる。次に、紀伊（和歌山県）のアラカワトベ（荒河戸畔・戸弁）の娘のトオツアユ・メマグワシ（遠津年魚眼眼妙）姫との間に、トヨキ（豊城・豊木）イリヒコとトヨスキ（豊鍬）イリヒコの二人の皇子がいる。そして、尾張のオオアマ（大海）媛との間に、ヤサカ（八坂）イリヒコとヌナキ（渟名城・沼木）イリヒメとトイチニ（十市瓊）イリヒメの二人の皇女がいる。

この「イリ」の意味については、「入り婿」のように、他の家に入るという解釈は無理だろう。何人かの学者が、「イリ」とは憑依(ひょうい)という意味に解釈し、三輪山信仰と結びつけようとしている。しかし、「地名の大遷移」について見たように、「三輪」という地名は、もともと筑前・甘木地方のもので、それが大和に遷ったものだから、崇神天皇の新王朝のことを、その所在地が三輪山の麓にあるからと言って、「三輪王朝」と名付けるのは無理を伴う。まして、倭大物主（やまとおおものぬし）の祟（たた）りを受けた天皇の名前を「憑依」に関係づけることには賛成できない。

したがって、「イリ」の意味については、ここでは不明ということにしておこう。

ところが、ツヌガアラシトに対して、崇神天皇が自分の名前を与え、「汝の本国の名を改めて、ミマナ（任那）とせよ」と言ったという記事が『日本書紀』にある。このことに関して、それは逆であって、ミマキ入彦は、もともと任那すなわち朝鮮南部の王であったが、倭国に進出して国を開いたので、祖国の「ミマナの城から入って来た」という意味で「ミマキ入彦」と称したのだ、とする意見もある。俗にいう「騎馬民族説」を唱える人の中にその例が多い。しかし、崇神天皇が本来は大和の出ではないことは認めないわけにいかないものの、それが「倭韓連合王国」の王だったとする積極的な論証はなされていない。

以上、見てきたように、ミマキ入彦は三世紀の半ばに、邪馬台国の混乱に乗じ、九州のどこか、多分、筑後川の下流の水沼（三潴）の王だったものが、大和に進出したのだとした私の想定は必ずしも的はずれではなかったことになる。この「崇神東遷」の際の同行者として大伴・久米・中臣氏などを挙げたが、それ以外に、どういう氏族があったのだろうか？　その点については、『日本書紀』で、崇神王朝の下で活躍した氏族を挙げるしか知ることはできない。

それは、物部・穂積・三輪などの旧勢力と、皇子のトヨキ入彦と関係のある上毛野・下毛野氏などの氏族の名が見られるくらいのものだ。ということは、それまであった王朝を排除したということになる。排除された王朝はどうなったのだろうか？

その謎に答えるヒントは、「四道将軍」として、北陸・東海に派遣されたというオオヒコ（大彦命）とその子のタケヌナカワワケ（武渟河別命）のことだ。系譜としては、オオヒコは崇神天皇の伯父で、皇后の父ということになっている。先年、武蔵の埼玉・稲荷山古墳から出てきた剣の銘に、このオオヒコと思える名前が彫られていた。また、東北地方に多い「安倍氏」の祖先はタケヌナカワワケになっている。もしかすると、「四道将軍」とは、崇神天皇によって地方を征服することを命じられたのではなく、反対に、大和から追放された氏族の長のことだったかもしれない。安倍氏については、第十四章の末尾で、もう一度考察する。

以上のように、崇神新王朝は開化以前の原始大和王朝に代わり、以後、一世紀半にわたって大和を支配することになる。

十、日子坐王の謎——近畿北部の対抗勢力

●「垂仁紀」の虚構性

「初国しらすスメラミコト」——第十代崇神天皇ミマキ(御間城・御真木)入彦イニエ(五十瓊殖)の次には、その子とされるイクメ(活目・伊玖米)入彦イサチ(五十狭茅・伊沙知)が即位して垂仁天皇となったと『記・紀』は記している。しかし、崇神が「入り婿」であったと同じく、この天皇も、ただちに崇神の子だったとしてよいというわけにはいかない。その実在性についてさえ大きな疑問がある。それは、次のような理由があるからだ。

① この天皇の宮殿は、父のいた磯城(しき)の瑞籬(みずがき)宮から遠くない纏向(まきむく)の珠城宮(師木の玉垣宮)とされているが、その陵墓はそこからはるか遠くの奈良市内の菅原伏見(御立野)陵とされており、なぜそのような離れた場所に葬られたのか不思議だ。

② この天皇についての『日本書紀』の記事は、父の崇神天皇のものを、固有名詞を変えただけのものだと言いたくなるほど、そっくりになっている。すなわち、名前も父がイニエで子がイサチであるのはいいとしても、父の崇神が叔父の埴安(はにやす)彦の反逆を受けたのに対し、子の垂仁は妻の兄の狭穂(さほ)(沙本)彦に叛(そむ)かれている。前代には出雲の神宝の収奪があったが、今度は天の

日矛の神宝を奪っている。その他、法制を整えたり、池溝を開発したりしていることは両者に共通しているし、アマテラス(天照)大神に皇女を付けて他の土地に遷したことも同じだ。崇神が「四道将軍」を派遣したのに対し、垂仁は、内容的には少し異っているが、田道間守(たじまもり)を常世(とこよ)国に派遣して非時香菓(ときじくのかぐのみ)を求めに行かせている。前者には、ツヌガアラシトの来朝の記事があり、後者にはヒボコが来たという話が載っている。崇神と垂仁は同一人物だとさえ言いたくなる。

③ 垂仁の皇妃は、第二十六代の継体天皇の后妃とそっくりだ。どちらも三尾氏の祖とされる男(垂仁の場合は刈羽田刀弁＝カリハタトベ、継体の場合は加多夫＝カタブ)の娘をそれぞれ二人ずつ妃にしている。これは偶然の一致とは言えない。それだけではなく、后妃の数は同じだし、子の数もほぼ共通している。第十六章に掲げる継体天皇の后妃と対比していただきたい。

つまり、垂仁天皇についての伝承はほとんど無に等しかったのだろう。そこで、『記・紀』の編者は崇神の記事を換骨奪胎して「垂仁紀」を飾り、継体の系譜の固有名詞を入れ換えて垂仁の係累に当てはめたのだと言いたくなる。したがって、こと『日本書紀』に関する限り、この天皇の記事の内容をいくら分析しても、三世紀後半から四世紀初めのわが国の状況を導き出すことは不可能だということになる。

とは言っても、それぞれの「事件」が全く史実と無関係なはずはない。それぞれは別の時代に起こった何らかの事実をもとにしているに違いない。例えば、前に述べたように、「サホ彦・サホ姫の悲劇」とは「隼人焚殺事件」のことだといった具合に、一つ一つを歴史的事件として復元できそうに思える。特に、ヒボコ関係の記述は重要だ。この点については、さらに検討してみたい。

●ヒコイマス王に操られた大和王朝

垂仁の后妃が継体の后妃とそっくりだということは、必ずしも「継体のほうが真実で垂仁のほうが虚偽だ」ということにもならないだろう。むしろ、「北陸の王者だった男が大和に担ぎ出されて皇位についた」という継体天皇のほうが、「謎の人物」たるにふさわしいかもしれない。時代の新しいほうが確かで古いほうが疑わしいという根拠はない。

そこで、垂仁の后妃と皇子・皇女を表にしてみよう。

后妃の父	后妃の名	皇子・皇女の名　（　）内は『古事記』による
丹波道主王（美知能宇斯）	日葉酢媛命（氷羽州比売）	五十瓊敷入彦・大足彦・大中姫・倭姫命・稚城瓊入彦（印色入比古・大帯日子淤斯呂和気・大中津日子…）
沙本大闇見	狭穂（沙本）姫	誉津別（品牟都和気）
	渟葉田瓊入媛	鐸石（沼帯）別命・膽香足（伊賀帯）彦
	薊瓊入媛	池速（伊許婆夜）別命・稚浅津（阿邪美都）姫
山代大国の淵（三尾）	刈羽田戸弁	祖別（落別）命・五十日足命・膽武（伊登志）別命
	弟刈羽田戸弁	磐衝（石衝）別・石衝別比売

最初の皇后がサホ姫で、二度目の皇后がヒバス姫だ。そして、前に述べたように、サホ姫が兄のサホ彦の指図で天皇の暗殺をはかり、失敗して稲城の中で焼き殺される時、焔の中で生まれたのがホムツワケという唖の皇子だった。そして、サホ姫の推薦で丹波から五人（『古事記』では四人）の

女を召し、顔の醜い竹野姫一人（『古事記』では歌凝比売と圓野比売の二人）を返したという。そこで、ヒバス姫の父の丹波道主王の家系を調べてみよう。それを系図化すると【系図3】――

【系図3】

丹波大県主・由碁理――竹野媛
　　　　　　　　　　　＝＝彦湯産隅（比古由宇牟須美）命――丹波道主王
　　　　　　開化天皇
姥津媛（意祁都比売）＝＝彦坐王（日子坐王）
　　　　　　　　　　　　　＝＝沙本毘古
春日の建国勝戸売――沙本の大闇見戸売　袁耶本
　　　　　　　　　　　　　　　　　　沙本毘売

ただし、これは『日本書紀』の「一説」によるもので、その本文と『古事記』の系譜【系図4】によると、

【系図4】

（淡海の天御影神）――息長水依比売
　　　　　　　　　日子坐(ヒコイマス)王　＝＝比古多須美知能宇斯(丹波道主)王
　　　　　　　　　　　　　　　　　　　　　　　　　＝＝日葉酢媛（比婆須・氷羽州比売）
　　　　　　　　　　　　　　　　　　　丹波河上の摩須郎女

となっている。

いずれにしても、垂仁天皇は、日子坐王の娘に裏切られ、二度目の皇后として、またしても日子坐王の孫娘を迎えたことになる。これは奇妙なことではないだろうか。どうして、それほどまでにヒコイマス王の血筋にこだわらなくてはならないのだろうか？　それには何か理由があったのではないだろうか？　いずれにしても、ヒコイマス王は不可解な何かを秘めているように思えてくる。

ヒコイマス王について論ずるためには、その系譜を調べることから始めなくてはならないだろう。それは『古事記』には詳しく載っているが、なぜか『日本書紀』には開化天皇の子であることと、丹波道主王について述べた個所で、「開化天皇の孫で、彦坐王の子」と記しているだけで、系譜は一切載せていない。そのことは大いに気になるので、後にその理由について考えることにする。

日子坐王の妃の父	日子坐王の妃	日子坐王の子（十五柱）
（山代）	荏名津比売（刈幡戸弁）	大俣王・小俣王・志夫美宿禰王
春日の建国勝戸売	沙本の大闇見戸売	沙本毘古王・袁耶本王・沙本毘売・室毘古王
淡海の天御影神	息長水依比売	比古多須美知能宇斯王・水穂真若王・神大根王・水穂五百依比売
母の弟	袁耶都比売	大筒木真若王・比古意須王・伊理泥王

『古事記』には、日子坐王のそれぞれの子の子孫の氏の名前が載っている。それらは伊勢・甲斐・若狭などの各地に分かれており、大勢力と言っても過言ではないほどだ。その中で注目すべきなのは、反逆者として殺された沙本毘古の子孫が甲斐の国造家として日下部連（くさかべむらじ）を称していることだろう。このことは注目に値する。

日下部氏というのは、仁徳天皇の皇子の大草香（日下）皇子のために設けられた御名代部だ。その由来は、雄略天皇の十四年、根使主という男が髪に付けていた玉縵が、皇后がかつて兄の大草香皇子に貰ったものであったことがわかり、その罪が露見したため、根使主は斬られるものと観念して稲城を築いて立て籠ったが、ついに殺されてしまう。そこで、彼の所領の民の半分が「日下部」と名付けられて皇后に与えられた、ということになっている。この日下部氏は河内の日下（北東部の生駒山麓）の氏族とされている。

もう一つ、「顕宗紀」に、雄略天皇に殺された市辺押磐皇子の二皇子――後の仁賢・顕宗天皇となったオケ（億計・意富祁）・ヲケ（弘計・袁耶）王が難を避けて丹後の余社（与謝）に逃げた時、日下部連使主と子の吾田彦が皇子たちに仕えた、とある。このことは、丹後を含む丹波地方が日下部氏の根拠地だったことを物語っている。というわけで、ヒコイマス王が丹波に強大な勢力を持っていたことと関連させて考えると、サホ彦の子孫が日下部氏となったとする伝承も理解し易くなってくる。

日下部・草壁氏は近畿地方に最も多く、全国八十か所近くに分布している。豊後の日田にも日下部氏はいたし、その土地には田島という地名があり、但馬（兵庫県北東部）の国造も日下部氏だ。この日下部氏の先祖は、『丹後国風土記』によると、竜宮城に行ったという例の「浦島伝説」の主人公の筒川の嶼子（島子）ということになっている。そして、筒川というのは、丹後半島の東北部の現在の伊根町のあたりとされている。「浦島伝説」の背後にはオケ・ヲケの二皇子の与謝郡への逃避行がからんでいることは十分に考えられる。また、豊後の海部郡の蒲江町（同じ名前の町は丹後にもある）のすぐ南にも島野浦島（宮崎県の最北端）という地名があることも何かと暗示的だ。もしかすると、「浦島伝説」は九州で発祥したのかもしれない。

●ヒコイマス王はヒボコの孫か

さて、ヒコイマス王にもどって、この王の姻戚は丹波・山城（いずれも京都府）と、息長氏の根拠地が通説のように近江（滋賀県）だとすると近畿北部の広い範囲にわたっている。そして、一方、垂仁天皇の姻戚も『記・紀』の系譜が正しいとすると、この天皇は大和とは関係が薄く、むしろヒコイマス王の家に入り婿になったかの感じがする。もっとも、丹波（実は丹後）の竹野姫を妃としたのは垂仁天皇の祖父とされている開化天皇だったから、大和王朝は早くから北方に姻戚関係をもち始めていた、とも言えそうだ。そうしたことから、当然、その団結の中心となった象徴的人物ないしリーダーはヒコイマス王だ、としないわけにいかなくなる。

　ところで、前に見た天の日矛の系図を思い出そう。そこには『古事記』と『日本書紀』で僅かな相違があった。『古事記』では三代目に「斐泥」という人物がいるが、『日本書紀』にはその名がない。また、『新撰姓氏録』には、極めて有力な氏族だったはずのヒボコの子孫とされるものは、三宅氏と糸井氏の二つしかない。これも奇妙なことだ。そして、『書紀』では「日槍」が来たのは垂仁三年としているが、斐泥を含めれば五代目のタジマモリ（田道間守）が常世国に旅立ったのは垂仁九十年のこととしている。もとより『日本書紀』の年代を信用することはできないが、後者を正しいとすれば、ヒボコがわが国にやって来たのは垂仁時代より一世紀ほど前でなくてはならないはずだ。つまり、二世紀後半ころということになるだろう。

また、スガヒコやタジマモリが垂仁天皇と同時代だとすれば、その祖父の斐泥はヒバス姫の祖父のヒコイマス王と同時代ということになる。そして、ヒコイマス王の勢力範囲とヒボコの関係する地域とは完全に重なっている。どちらも、近畿北部最大の実力者だ。そうだとすれば、「ヒコイマス王とは、ヒボコの孫の斐泥のことだ」という推論が極めて自然に浮かんでくる。

「日子」と書いて、「ヒネ」と読もうと思えば読める。だから、もしかすると、「日子坐王」という名前は、斐泥から出たのではないか、と考えたわけだ。

オキナガ・タラシ姫（神功皇后）の母の葛城高額比売の曾祖父が、ヒボコの孫のヒネ（斐泥）だが、そのことを「日子」とも書くことができる。一方、オキナガ・タラシ姫の父の息長宿禰の曾祖父は日子坐王とされている。この両者はちょうど、世代が同じだ。だから、同一人物だとしてもおかしくない。もし、そうだとすると、『古事記』が根拠とした文献には、オキナガ・タラシ姫の母方の祖先のほうには「斐泥」という文字が当てられており、父方の祖先のほうは同じ人物なのに、「日子」と書かれていたので、それに「坐」を付けて「日子坐」というふうに記して区別したのだと言えそうだ。そこで、『日本書紀』の編者はそれを「ヒコイマス」と読み、「彦坐」と書いたことになる。そして『古事記』が「日子坐王は開化天皇の子だ」としているのを見て、『日本書紀』のほうは、それを「彦坐王」と記したが、その妃や子たちのことは書かず、ヒボコの系図からもヒネの名を除いてしまったということになる。また、『古事記』によると、ヒコイマス王の大伯父に吉備諸進がいる。ところが、斐泥の父は母呂須玖（諸助）という。世代は一代違うが、名前は余りにもよく似ている。それは偶然とは思えない、やはり、同一人物臭い。

ヒコイマス王の父は開化天皇だが、母はヒボコの住んでいた但馬の出石の隣の国の丹波の竹野媛だ。そして、ヒコイマス王は山城・近江と広い範囲の女を妃としている。祖父のヒボコが金属精錬の技術をもって近畿北部の大王的な勢力者だったとすれば、この「ヒコイマス王イコール斐泥」という仮説は、あながち荒唐無稽な妄想として斥けるわけにはいかないだろう。ヒコイマス王の子孫の日下部氏が丹波に勢力をもったことも理解しやすい。

こう考えれば、『日本書紀』が彦坐王の系譜を省略し、ヒボコ（日槍）の孫の斐泥の名を隠したことも理解できるし、あれだけの勢力をもっていたヒボコの子孫が極めて少なく、ヒコイマス王の子孫が多いことも皇統を尊重したからだと納得がいく。また、ヒコイマス・ヒボコ・ヒネそして日下部氏は、すべて「ヒ（日）」の文字を共有していることも自然だということになるだろう。ついでに、『姓氏録』には、和泉に新羅系帰化人の日根氏の名があることも指摘しておこう。このように、「ヒコイマス＝ヒボコ説」が正しいと考えれば、「垂仁紀」の記事は貧弱とか偽作とかいうべきものではなく、「存在した真実の記録の隠蔽」だったことになる。私は、そう解釈したい。

こうして、垂仁天皇は実在したとしても、実権をもっていたのは、ヒボコ系だったと私は考える。奈良市の佐紀の丘には、ヒボコの子孫の神功皇后の陵墓とヒコイマス王の孫ヒバス姫（やはり「ヒ」の字が付く）陵墓とが美しい堀に囲まれて壮麗に築かれてある。それに対して垂仁天皇の陵とされるものは、その近くの低地に小ぢんまりと営まれている。

十一、「タラシ王朝」の足跡――大和王朝の拡大

物部氏に支えられた初期大和王朝は、邪馬台国の動揺に乗じて「東遷」した水沼王ミマキ入彦が「初国しらすスメラミコト」として入り婿の形で参入し、新王朝を建てることによって様相を一変した。そのころ、丹波・山城・近江さらには播磨・吉備にまで勢力を張りつつあった天の日矛の王朝に、イクメ入彦が入り婿として迎えられた。これが、私の描く「日本古代史」の実像だった。

では、その後の歴史はどう動いたのだろうか？　また、分裂した邪馬台国はどうなったのだろうか？　それについて、さらに考察を進めていくことにしよう。

●全国平定者としての景行天皇

『記・紀』が垂仁天皇に続く天皇として掲げているのは、オオタラシヒコ（大足彦・大帯日子）オシロワケ（忍代別・淤斯呂和気）、すなわち景行天皇だ。『古事記』では、この天皇については、多数の后妃と皇子・皇女がいたことと、ヤマトタケル（倭建命）の西国と東国への遠征の話以外には、田部を定めたことと若干の開発事業をしたことに触れているだけだ。一方、『日本書紀』も、ほとんど同様だが、違う点は、天皇自身の九州の熊襲（くまそ）征討と巡行の話が加わり、さらに晩年の東国

への巡行も記されている。つまり大和王朝の領土拡大の記事を除くと「景行紀」は、天皇家に関する系譜だけの空虚なものになってしまう。

四〜五世紀ごろに、大和王朝によって武力を用いた周辺の征服・統合が行なわれたことは疑いないと言ってもいいだろう。だとすると、景行天皇とかヤマトタケルというのは実在の天皇（正確には大王というべきだが）や皇子ではなく、彼らが行なったとされていることは、すべて多数の武将たちが行なった戦闘行為を集約的に表現したものだ、というふうに考えたくなる。また、その考え方は基本的には正しいと言えるだろう。

しかし、「オオタラシ彦と呼ばれた大王がいて、その時代に各地が大和王朝の軍に征服された」という伝承は、六〜七世紀の人々に信じられていたことは確かだろう。八世紀に『記・紀』とは別に各地からの報告の形で作られた『風土記』にも、オオタラシ彦とヤマトタケルの名前は随所に出てくる。例えば、『常陸国風土記』には、「倭武（やまとたける）の天皇、天下を巡狩（めぐりみそなわ）し……」というふうにヤマトタケルを天皇として記しているほか、「大足日子の天皇」の東国巡行のことも話題にしている。ただし、話の内容は地名の起源説話などが多く、事実をふまえた記録というに足りないものがほとんどだ。千葉・茨城県の各地にはヤマトタケルの伝承がある。

また、「斯貴（しき）の瑞垣（みずがき）の宮の天皇（崇神天皇のこと）」の時代に、「タケカシマ（建貸間）命が常陸に派遣された」と記している。このタケカシマというのは、『古事記』では、綏靖天皇の兄のカムヤイミミ（神八井耳）の子孫とされているから、『常陸国風土記』の作者は、相当程度以上に『記・紀』を読んでいることがわかる。つまり、常陸の国の固有の伝承をそのままに書いたというのではなく、『記・紀』に合うように「常陸説話」を創作した形跡がある。このことは、『肥後国風土記』に「大足彦の天皇、球磨噌唹を誅ひし時」という形で景行天皇の九州征討に関係する話を記載しているのと対応している。

九州の記事では、熊襲のことを肥後の球磨郡と大隅の曾於郡の名前をつないで表現していることを見ても、この筆者が『記・紀』を読み、「熊襲とは景行天皇に征服された肥後と大隅の賊である」という認識をもっていたことの証拠だと考えておこう。

八世紀の常陸と肥後には、その土地の固有の伝承として、「大和の勢力が征服に来た」というものがあったのだろう。と言うより、すでにその土地の住民になっている人たち自体が何世紀か前に大和から征服者として移住して来た者の子孫であったので、八世紀に大和から赴任した役人たちにその伝承を話したところ、それに脚色や創作が加えられ、すでに完成していた『記・紀』の知識によって征服者のリーダーの名前をヤマトタケルあるいはオオタラシ彦と記したのだ、と解釈することができるだろう。それが、今日まで土地の伝承とされているわけだ。

●熊襲征討説話の真相

ところで、『日本書紀』が景行天皇十二年に始まる史実として述べている「熊襲征討」の記事を、事実とみなしていいのだろうか？　また、景行天皇が九州に出兵した動機は何だったのだろうか？　それを、例えば、宇佐の邪馬台国が危機に陥っているというような情報を受けた大和王朝が救援軍を派遣したと考えてみることはできないだろうか？　あるいは、宇佐の付近で天皇に帰服した神夏磯姫という女酋の名前が出てくるが、それを「卑弥呼の宗女台与の子孫だ」とするような解釈は可能だろうか？　そういう疑問がつぎつぎと湧いてくる。

確かに、景行天皇は崇神天皇の孫だということだから、祖父は二代前まで邪馬台国連合の構成国の一つの弥奴国の王だったとすれば、彼が九州の政治状況に絶大な関心を払わなかったとしたら、むしろおかしい。だから、右のような解釈をする余地は十分にあると言うことはできる。しかし、だからといって、これらが正確な記録に基づくものだったとまで言うことは無理だ。せいぜい断片的な真実を背景にして構成されたものとすべきだろう。

ところで、オオタラシ彦すなわち景行天皇やヤマトタケルが討伐したという熊襲とは、いったい何なのだろうか？　この「熊襲討伐」の話は、『記・紀』ともにヤマトタケルのしたこととして述べられているが、『日本書紀』には、それとは別にオオタラシ彦自身による討伐の記事を載せている。いずれにしても、大和王朝に頑強に敵対する賊ということになっている。

私は、第四章で「甘木にあった高天原イコール第一次邪馬台国は、狗奴国の圧迫を受けて日田に脱出して行った。その狗奴国が熊襲だ」と述べた。また、第九章では、熊襲とは大伴・久米氏の祖先のことで、その一部が隣の弥奴国すなわち水沼君と協力して『東遷』して近畿に入り、崇神王朝となった」とした。そして、「九州に残って大和にあくまで対抗を続けた旧狗奴国系の残党のことを熊襲と呼んで差別した」とした。

この解釈に従えば、熊襲はかつての同族だった大伴氏の裏切りによって賊とされ、彼らの手引きによって討伐されたことになり、筋の通ったものとして理解できる。

九州の中部から南部にかけて住んでいた反大和勢力としては、熊襲のほかに隼人（はやと）があるが、この両者は、人によっては同一視する向きもある。球磨郡にいた「クマ」と曾於郡にいた「ソオ」を合わせて「クマソ」としたもので、「ソオ」のほうのことを「ハヤト」とも呼んだというのだ。どちらも、「天神族」に対抗して戦ったことがあり、「熊襲・隼人同一説」の立場に立つ者は、「熊襲・隼人は、大和の人たちとは違う民族だった」というふうに理解しようとしている。

しかし、『記・紀』では、隼人は「海幸」になぞらえられ、「山幸」の子孫である「天神族」に降伏して支配されたとしている。ところが、熊襲のほうは、ヤマトタケルやオオタラシ彦に討伐されたものの、二代後の仲哀天皇の時、再び反乱を起こし、天皇みずからその討伐に向かったとしている。しかし、その結果は書かれていない。

つまり、熊襲の名は、「景行紀」と「仲哀紀」にしか出ていない。以後、掻き消されたように、歴史の舞台に姿を現わして来ない。それはなぜなのだろうか？　まさか、全滅させられたのではあるまい。「仲哀紀」の「一書」では、「仲哀天皇は熊襲と戦い、戦死した」としているくらいだ。だから、最終的に熊襲は完全に滅亡させられたわけではない。

この疑問に対する答えは、彼らは次第に抵抗を止めたからだ、というふうに一応は理解できる。しかし、私に言わせれば、すぐ後に述べるように、仲哀天皇の時代の熊襲の反乱などという事実はなく、そもそも「熊襲」というのは大伴・久米氏の同族なのだから、一時は、狗奴国として邪馬台国と対抗関係にあったり、その一部は「崇神東遷」には同行したが、それを拒んで九州に残って反抗した者があったにせよ、もともとは近隣諸国とは異民族であったわけではないから、比較的平穏に和解したのだ、ということになろう。

とは言うものの、『万葉集』などに「肥人（こまびと）」という言葉があって、大和とは違う風俗だったとしているから、肥後（熊本県）地方の人たちは、元来、それより北の住民とは文化的には相当に違うものをもっていたと思われる。また、八世紀以後も、大和系の政治体制に徐々に組み入れられてはいったものの、『記・紀』が「その地方には熊襲がいた」と記していることからも窺われるように、中央からはある程度の差別を受けてきたことは間違いないだろう。隼人のほうは、奄美大島などの南島系の住民と同族と思われ、「天神族」と激しく戦い、結果としては完全に制圧され、その支配下に入り、近畿地方にも集団移住をさせられたりしたため、大和側からはある意味で同情されていたとも言える。こうした事情から、現在では、「薩摩隼人」という言い方は誇りある呼び名とさえ言えるが、「熊襲の子孫」という言い方は自嘲的な響きをもつようになっている。

ヤマトタケルの「熊襲征服」の話は、賊の酋長（『古事記』では熊曾建＝クマソタケル。『日本書紀』では川上梟師＝カワカミタケル）から「タケル」という名前をもらったという話で創作の臭いが強い。それは何らかの伝承に基づくものだっただろうが、史実性は乏しいと思う。

『紀』によると、「景行天皇」は、即位十二年に、熊襲の征討に九州に出向き、神夏磯媛（かむなつしひめ）のために、鼻垂（はなたり）・耳垂（みみたり）などの「賊」を討ち、京都郡の長峡（ながお）に行宮（あんぐう）を建てる。その後、豊後の国の土蜘蛛（つちぐも）という穴居民を討ち、日向（ひゅうが）（この場合は、現在の宮崎県）に入り、高屋宮という行宮に住まい、翌年にかけて、熊襲を征服する。そして、十七年から十九年にかけて、九州を巡行する。まず、諸県（もろあがた）（現宮崎県南部）から西に向かい、熊県（くまのあがた）を経て海路で葦北（あしきた）に出、不知火（しらぬい）の海を渡り、八代・高来・

玉杵名（玉名）・阿蘇・御木（三池）を経て、八女に至り、ここで前に触れた「水沼県主」の猿大海に会う。そして、九州巡行の終点は的（浮羽）になっている。

この巡行が、もし、事実だとすれば、「祖父のミマキイリ彦が水沼の王だった」とする私の想定にとっては都合のよいものになる。

しかし、オオタラシ彦は大和王朝の各地征服の史実を集約的に象徴した伝説的人物に違いないから、この巡行も「一人の大王の仕事」とみるべきではなく、水沼王のミマキイリ彦の子孫の軍勢による九州統一事業を圧縮して表現したものと考えるべきだろう。だから、水沼の地名が出てくることは重要な意味をもってくる。

【地図9】 大足彦(景行)天皇の九州討伐経路

●ヤマトタケルの実像

次に、ヤマトタケルの「東国征討」について考えてみよう。『古事記』では、熊襲を討った後、ヤマト

日本武尊伝承地の草薙神社（静岡県清水市）

タケルは出雲建を討ったことになっている。しかし、この話の筋――川で水浴している間に、敵の剣を木剣にすり替えて撃ち殺す――は、『日本書紀』の「出雲神宝収奪事件」の際の、出雲振根が弟の飯入根を殺す話とまったく同じだし、そこに載っている歌謡まで一致しているから、このことからも、「ヤマトタケル＝架空人物説」は裏書きできる。

『古事記』では、西国から帰って来たヤマトタケルに対して、すぐに「東国を討て」という命令が父の景行天皇から出たことに対して、彼は「天皇すでに、吾れに死ねと思ほしめすなり」と嘆く話を載せ、「悲劇の英雄」としてヤマトタケルを極めて文学的に叙述している。

「東国征服」のコースや記述内容は、『日本書紀』と多少違うが、命令を受けたヤマトタケルは、伊勢に寄り、叔母の倭姫から「天叢雲の剣」をもらい、東海道を通り、関東地方の各地（『紀』では東北地方も）を巡り、越路を経て帰還する。その途中、尾張の国に立ち寄り、国造家のミヤズ姫（美夜受比売・宮簀姫）と婚約する。そして、相武の国（『紀』では駿河の焼津）の草原で「賊」の火攻めに遭った時、叔母からもらった剣で周囲の草を薙ぎ払って危機から脱出したので、以後、この剣を「草薙剣」と称するようになったという。

ヤマトタケルは、帰路、尾張の婚約者の所に剣を預けて、伊吹山の神を討ちに出かけるが、氷雨にあうなどの苦難をこうむり、山を降りて三重の村では「足が三重に曲がる」ほど疲れ果て、ついに伊勢（三重県）のノボノ（能煩野・能褒野）で亡くなる。遺体は現地で埋葬されたが、ミコトは白鳥の姿となって陵から飛び立ち、故郷を目ざして飛んで行ったとしている。

この「ヤマトタケル物語」は、言うまでもなく、一人の人物のしたことではありえない。四〜六世紀の大和王朝が何世代もかけて実行した「東国征服」の成果を、一人の英雄に集約して叙述したものであることは誰でも納得できるはずだ。『古事記』では、この部分が最も迫力のある物語になっている。ということは、『古事記』が書かれるより百年も前に、「ヤマトタケル物語」が悲劇性を帯びた一大叙事詩として完成していたことを意味している、としていいだろう。

伊吹山頂の日本武尊像　日本海、太平洋
そして琵琶湖、富士が一望できる

では、現実の「東国征服」は、どういう人たちによって行なわれたのだろうか？　それを知るために、五〜六世紀以後に全国に置かれた「国造（くにのみやつこ）」（地方長官）の氏族の名を、『記・紀』や各国の『風土記』あるいは『先代旧事本紀』などによって調べてみよう。ここには、その名前の一端を紹介しておく。ただし、それぞれ資料によって異説がある。

石城＝イワキ（陸奥）　天津彦根命
信夫＝シノブ（陸奥）　久志伊麻命の孫（阿部系）
白河＝シラカワ（陸奥）　天降由都彦命（阿部系）
多珂＝タカ（常陸）　天津彦根命
胸刺＝ムサシ（武蔵）　兄多毛比命（出雲系）
尾張＝オワリ（尾張）　宮簀姫（天火明系）
参河＝ミカワ（三河）　知波夜命（物部系）
盧原＝イオハラ（駿河）　意加部彦命（吉備系）
角鹿＝ツヌガ（越前）　建功日命（吉備系）

阿尺＝アサカ（陸奥）　天湯津彦命（阿部系）
染葉＝シメハ（陸奥）　足彦命（阿部系）
岐閉＝キヘ（陸奥）　建御狭日命（出雲系）
筑波＝ツクバ（常陸）　阿閇色命（？）
上毛野＝カミツケ（上野）　彦狭島命（皇統）
穂＝ホ（三河）　菟上足尼（葛城系）
久努＝クヌ（遠江）　印播足尼（物部系）
三国＝ミクニ（越前）　若長宿禰（蘇我系）
能登＝ノト（能登）　彦狭島命（皇統）

言うまでもなく国造は近畿や西日本にも配置されている。これを見て気づくことは、これらの国造家は大和王朝やそれに協力した葛城氏などの天火明系に関係した氏族と、吉備氏などのヒボコ系の氏族が目立つことだ。彼らが東日本にまで勢力を伸ばして行った事実を背景に持ち、ほぼ四〜六世紀の出来事の結果として国造になれたのだということができよう。その過程で、多くの血が流されたに違いない。

ヤマトタケルの物語は、それを一人の英雄の活躍として描いたものだが、その伝承の素材を提供したのは、熊襲については、同族を討伐した大伴氏が考えられるが、「東国」については、『記・

紀』の物語の中に宮簀姫の名があることから、尾張氏の資料が用いられたことがわかる。この尾張氏は、「天女伝説」――白鳥伝説と同じ――をもつ丹後の海部氏と同族であることは、ヤマトタケルが最後に「白鳥」になって飛んで行くことと考え合わせると興味深い。

ヤマトタケルの妃には、まず両道入姫がいる。その子が稲依別で、その子孫に犬上・建部氏がある。また、吉備穴戸武媛から武卵王――讃岐の綾氏の祖――と十城別王――伊予別王の祖――がいる。もう一人、海神のために身を投げたという弟橘姫がいるがその子孫はいない。このようなヤマトタケルの子孫とされる氏族からも、「英雄物語」の素材が提供されたに違いないし、口伝えに世間にも普及していく手助けをしたことだろう。

『日本書紀』では、ヤマトタケルは蝦夷（エミシ・エゾ）の住む日高見国にまで行き、彼らを討ったと記している。この国の位置は、「日高見国より還りて西南のかた常陸」とあるから、東北地方ということになる。この日高見国については、『紀』では、ヤマトタケルが「東国征討」の命を受けた景行四十年より十三年前に、武内宿禰が東国から帰還して、「東夷の中に日高見国あり。その国人、男女並びに椎結、身を文（入れ墨）し、人となり勇悍なり。これをすべて蝦夷という」と報告している。

また、ヤマトタケルに東国を討つことを命じた時、父の景行天皇は、「朕聞く」として、「東夷は、識性暴強、凌犯を宗とす」と述べ、「男女は交居し、父子別無し。冬はすなわち穴に宿り、夏はすなわち樔に住む。毛を衣、血を飲みて、昆弟あい疑い、山に上ること飛禽のごとく、草を行くこと走獣の如し……」と言い、彼らを野獣のように野蛮な人間としている。これらの記事には、多分に偏見が混っているとしても、近世以後にアイヌとして知られるようになった日本列島の原住民のことをさしているとしていいだろう。つまり、四〜五世紀には東北地方にはアイヌの祖先が住んでいたことがわかる。

そして、五世紀後半に、雄略天皇と比定される「倭王武」が中国の南宋の皇帝に出した「上表文」には、「毛人を征すること、五十五か国……」とあるが、「毛人」というのは「蝦夷」と同じものだろう。そして、斉明天皇の時代（七世紀後半）の遣唐使の帰還報告には、向こうの皇帝から「蝦夷」についての質問を受けたの対し、「蝦夷には三種あり、最も遠いものを津加留（つがる）といい、次が麁蝦夷（あらえびす）、近いものが熟蝦夷（にぎ）という。熟蝦夷は毎年、朝貢してくるが、麁蝦夷は五穀を作らず、山に住み肉食する人たちである」と答えたと記している。このように、『記・紀』が作られたころの大和の人にとって、「蝦夷」とは、未開ないし野蛮な異人種といった認識をもっていたことがわかる。

『日本書紀』に「夷」という文字が出てくる最初のものは、「神武紀」の「久米歌」の中で、「エミシを一人、百（もも）な人……」と歌いながら、「賊」を殺戮する場面だ。

「蝦夷」と書いても読み方は三通りある。「エミシ」には、「敵対する賊」というニュアンスがあり、「エビス」というときは、「異人種」という響きが感じられるが、「エゾ」という言葉は、「王化に浴しない東北地方の住民」という意味で使われている。

では、「蝦夷」とは何だろうか？　どういう経過によって、いつごろから東北の「蝦夷」が大和王朝の「征討」を受けるようになったのだろうか？　この件については、その一端に第十四章で触れ、最終章で他の被征服原住民といっしょに検討することにしたい。

●タラシ王朝の役割

さて、景行天皇の名前には「タラシ」という文字が付く。その子とされる成務天皇は「ワカ(稚)・タラシ彦」、その次の仲哀天皇は「タラシ・ナカツ(仲)彦」であり、神功皇后は「オキナガ(息長)・タラシ姫」という名だから、崇神・垂仁の「イリ王朝」についで「タラシ王朝」という別の系統の王朝が出来たのだとする見方がある。

人によっては、これらの王朝を朝鮮渡来の征服者によるものだとし、「イリ」を朝鮮語の「天・日」を表わす語だとしたり、「タラシ」を「多羅」として朝鮮南部の弁韓(べんかん)諸国に通じるものだとか、新羅の阿達羅(あたら)王のことだとする意見もある。しかし、歴史時代に入ってからの倭国への渡来者が倭国の大王になったとするこれらの見解は、前後関係の説明が欠けているので、確実な論証は不可能であり、ここでは採用するわけにいかない。大和王朝をつくっていた人たちの住んでいた場所が朝鮮半島にあったことは間違いないとしても、彼らの祖先が倭の国土に上陸したのはもっと古い時代のことで、九州に根拠地を築いて数世代を過ごして後に大和に進出して行った、というのが真相だと考える。

景行天皇には、播磨のイナビ(稲日・伊那毘)オオイラツメ(大郎女)という皇后のもとに、オオウス(大碓命)・オウス(小碓命)の二人の皇子がいて、弟のオウスがヤマトタケル(日本武尊・倭建命)だとされている。そして、その他にヤサカ(八坂)入姫らから八十人もの皇子・皇女が生まれ、日向のカミナガ(髪長)姫やミハカシ(御刀・美波迦斯)姫とさらに三人の女性に子を生ませたとしている。しかし、そのように多数の后妃を持ったとか、皇子・皇女がいたということは到底信じられない。

これらの名前は、「タラシ王朝」とでもいうべき王朝があって、それに属する複数の王についての話を一人の象徴的人物――オオタラシ（大足）彦に投射したものだと考えることにしたい。つまり、崇神王朝を継承し、中央集権国家の完成という役割を担う王朝として、『記・紀』が象徴的・集約的に描き上げた王朝ということになる。

『日本書紀』では、景行天皇は国土統一事業を行なったこと以外に何一つしていないし、次の成務天皇に至っては、各国の国造を定め、県邑の長官を任命しただけの治績しかない。景行天皇は、いわば「叛徒鎮圧戦車」であり、成務天皇は「辞令製造器」とでもいうべき存在になっている。つまり、前者は武力による政権の確立、後者は行政的体制の整備という仕事を達成したということであり、この二人が『記・紀』の中で占める役割は「新王朝の安定」という象徴的行為に留まる。

しかも、『日本書紀』では、この二人の天皇の在位には、どちらも辛未（かのとひつじ）から庚午（かのえうま）までの干支一巡六十年を配している。このようなことは、あまりにも作為的であり、その在位年数が事実ではないことを自ら告白しているようなものだ。特に、成務天皇には皇后も皇子も記載されていないから、この天皇は明らかに架空の存在と断定できる。それに、ワカタラシ（稚足・若帯）彦という成務天皇の名前も実質がないもので、安易な創作名という感を避けられない。

とは言うものの、『先代旧事本紀』の「国造本紀」には、「志賀高穴穂（たかあなほ）の御世……」という書き出しで、各国の国造が任命されたと記している。志賀高穴穂というのは、成務天皇の宮があったとされる場所だから、その意味では「成務天皇」に相当する大王は実在したことになる。この宮の名前は、『古事記』には載っているが、なぜか『日本書紀』には記載されていない。これは何とも不可解なことだ。まさか記載洩れということはないだろう。その理由は何だろうか？

私に言わせれば、高穴穂宮には「成務天皇」とは別の人物がいたからだと思う。それはいったい誰だったのだろうか？　その答えは『日本書紀』にヒントだけ書かれている。「天皇、武内宿禰と同じ日に生まれたまう」というさりげない一行がそれだ。たったこれだけのことから、私は「成務天皇」というのは、志賀高穴穂宮にいた「武内宿禰」のことだと推定する。

こう言うと、それは無謀な推論だと思う人が大多数かもしれない。しかし、この考えはそれほど突飛なものではないと思う。というのは、その「武内宿禰」というのは、景行天皇から神功皇后・応神天皇にまで仕えたという長寿の忠臣のことではない。それは、第十四章で詳しく論ずる「本来の武内宿禰」のことだ。だから、当否の判断は先に行ってからにしていただきたい。

というわけで、『日本書紀』は彼の本当の名前を書くことができないので、ワカ・タラシ彦＝「成務天皇」という架空の人物を創作したということになる。

●仲哀天皇は架空の大王

ところで、景行天皇の子はあまりにも多過ぎる。特に、八坂入姫の産んだ子が多い。ワカタラシ彦もそうだし、私が「イホキ（已百支）国の王になった」としたイホキイリ彦もそうだ。八坂入姫は、『日本書紀』には、「美濃（岐阜県）で景行天皇に見出された」とされているが、それは本当だろうか？　その疑問に対する私の解答は「ノー」ということになる。

本当は、オオタラシ彦すなわち景行天皇が九州巡行中に「弥奴国（みぬ）で関係した多数の女性のことを八坂入姫という一人の名前に集約して象徴したものだ」ということになる。ただし、より正確に言えば、「オオタラシ彦（景行天皇）とは新大和王朝系の王者の象徴」であり個人のことではない。こう解釈すれば、『記・紀』が伝える皇子・皇女が八十人もいたという記述も無理なく理解できることになる。

この解釈によれば、新大和王朝の天皇の子のイホキイリ彦が九州の已百支国の王になったということも説明できる。一方、生まれた皇女の中に、高城入姫・弟姫の名前があるが、それは応神天皇の后妃の名前と同じだ。これも、『記・紀』の記事の作為と思う。つまり、景行天皇の子には大きな混乱があるということになる。

次のタラシ・ナカツ（足仲・帯中津日子）彦、すなわち仲哀天皇に至っては、明白に架空の人物だ。第一、その父はヤマトタケルという幻の英雄だし、『日本書紀』による仲哀天皇の誕生は西暦の一四九年になっているが、父のヤマトタケルが死んだのは一一三年とされているから、タラシ・ナカツ彦は、父が死んで三十六年後の生まれだ。こんなバカげた話はない。『日本書紀』の編者がこの矛盾に気がつかないはずはない。それなのに、なぜ敢えてそのような記述をしたのだろうか？その答えは明白だ。それは、応神天皇の父が「天皇であった」とする必要から、架空の天皇を創作してみせたものの、後世の人に「歴史の偽造の証拠」を故意に残すことによって、心ある人に真相に気づいてもらいたいという「修史者の良心の証（あかし）」だったからだ。この点については、後にもう一度取り上げることにする。

こういうわけで、「タラシ王朝」なるものは完全な虚像に過ぎず、崇神天皇が開いたという新大和王朝の継承者の治績にふさわしいと思われる事項を史実として並べ立てたものに過ぎない。それならば、「謎の四世紀」の史実はどういうものだったのだろうか？ それは、やはり『記・紀』がいうように、近畿地方にあった政治権力による国土の統一事業が進められていたのだ、ということになるだろう。各地方には国造とか県主などの長官が任命されていたことだろう。ただ、『記・紀』の記述とは違い、その命令を発したのは「タラシ王朝」として象徴的に記されている王たちではなく、政治の実権は垂仁時代と同様に母方の近畿北部を根拠地とする「ヒボコ系」が握っていたとすべきだろう。だから、その大王たちの本当の名前を書くわけにいかず、「大タラシ彦」・「稚タラシ彦」・「タラシ仲彦」というふうな実名が欠けた形でしか記せなかったことになる。また、その治績や事件も、伝承の断片を綴（つづ）り合わせてもっともらしい物語として書き上げるに留められたわけだ。

このように、「タラシ王朝」に相当する王朝は確実に存在はしたし、着々と周囲に勢力を伸ばして行ったが、その実態は隠されたままになっているわけだ。

十二、宇佐女王の秘密――その後の邪馬台国

三世紀の半ばに宇佐にあった邪馬台国連合は、女王卑弥呼が死んで後に分裂し、そのうちの弥奴国王がリーダーとなり狗奴国（大伴氏の祖）や中臣氏・紀氏の祖先らとともに近畿地方に進出し、崇神王朝を建設した。そして、その二代後の景行天皇は九州に遠征し、卑弥呼や宗女台与の後継者と思われる神夏磯姫を帰服させたらしい、と考えられる。

最初に、私は丹後の海部氏と愛知県海部郡の尾張氏の系図を提出し、そこに名前がある二人の「日女命」こそ卑弥呼と台与であり、当時、海部氏が豊後にいたことを「地名の一致」によって証明した。その卑弥呼が死ぬと、宇佐にあった邪馬台国を盟主とする諸国連合はもろくも崩壊し、「当時、千人を殺す」という動乱となり、「宗女台与が立てられてようやく安定した」と『魏志』は記しているが、それ以後、中国の史書には、台与の使者が派遣されたという記事が一つあるだけで、倭国の情報は姿を消してしまう。いわゆる「謎の四世紀」となるわけだ。

しかし、私は、筑後川の下流地域にあった弥奴国王――水沼君が、狗奴国の一族――大伴氏の祖先や豊前にいた中臣氏の祖先たちと一緒に九州を抜け出して近畿地方に進出して行き、ミマキイリ彦――崇神王朝を建設したのだ、というふうに歴史を「復元」してみた。

その崇神天皇の孫とされる景行天皇とは、特定の個人と考えるべきではないと思う。それは象徴的人物――新大和王朝の軍勢の九州遠征の指揮者群を一人の天皇として描いたものだと解したい。大和から九州に出兵があったことは事実だと思う。豊前の京都郡にその本営が置かれたことは史実だろう。そして、遠征軍の指揮者たちが現地で多数の女性と結ばれたことがあり、景行天皇の妃とされる八坂入姫とは、そういう多数の女たちを一人の女性として描いた象徴的人物だろう、というのが私の判定だった。そういうわけで、『日本書紀』の記述はそのままでは信じがたいとした。

●八岐大蛇退治は宇佐の出来事だ

さて、卑弥呼の死後一世紀半の間の邪馬台国はどうなっていたのだろうか？　そのへんのことについて考えてみよう。その手がかりとなるのは『海部・尾張氏系図』しかない。

卑弥呼はその系図で七代目に相当し、台与は九代目に当たる。そして、十代目の建稲種命（たけいなだね）は、大和王朝で言えば景行天皇かその次の時代ということになる。ところが、この建稲種命については『古事記』には、応神天皇の后妃となった三人の女性の父であるホムダ・マワカ（品陀真若。『日本書紀』では、誉田真若）について、「五百木入日子命が尾張連（むらじ）の祖の建伊那陀（たけいなだ）宿禰の娘の志理都紀斗（しりつきと）売（め）とみあいして産んだ」と記されている。そして、『海部・尾張氏系図』には、建稲種命の子に志理津彦というのがいるのだから、『古事記』の記事も信頼できることがわかる。さらに、ホムダ・マワカは建稲種命の娘の金田屋野（かねだやの）姫と結婚している。

もし、その時代まで邪馬台国で女王の伝統が続いていたとすれば、志理都紀斗売や金田屋野姫は、やはり宇佐の女王として君臨していたとしていいだろう。

ところで、視点を変えて「日本神話」に目を向けてみよう。アマテラス大神の弟とされているスサノオ命の「八岐大蛇(やまたのおろち)退治」の話を見ると、アシナヅチ・テナヅチという老夫婦の娘の名前がクシイナダ(奇稲田・櫛名田)姫になっている。これは、何となくタケイナダネ命を連想させる名前だ。この姫が「高志(こし)(越＝北陸方面)の八岐大蛇」の犠牲にされそうになっているのを知ったスサノオは、大蛇を斬って姫を救い出して彼女と結婚する。この神話は何を意味しているのだろうか？ それは、よくある話とも思える。世界各地に伝えられる「ペルセウス・アンドロメダ型神話」の一種に過ぎないのだろうか？ それとも何か具体的事件の伝承があって、それを神話化したものなのだろうか？

そこで、「このスサノオ命とは、ホムダ・マワカのことであり、クシイナダ姫とは宇佐女王の金田屋野姫だ」と仮定すると、当時の実情がみごとに復元されてくる。つまり、宇佐女王は「八岐大蛇」を思わせるような難敵によって危険な状態にさらされていたのを、ホムダ・マワカが出現して救ってやったというわけだ。そして、マワカは姫と結婚することになる。

『古事記』では、五百木入彦と志理都紀斗売の間に生まれたホムダ・マワカには三人娘が生まれ、彼女らは後に応神天皇の后妃になったとしている。これを系図の形で示してみよう【系図5】。

では、このシナリオは真相を穿(うが)ったものと言えるだろうか？ 果たして、現実に、宇佐に危機的な状況などがあったのだろうか？ 卑弥呼に相当する海部氏の「日女命」の子孫である女性は、やはり宇佐女王だったと考えることは自然だし、彼女をアマテラスに擬(なぞら)えるのはいいとして、本当に、

【系図5】

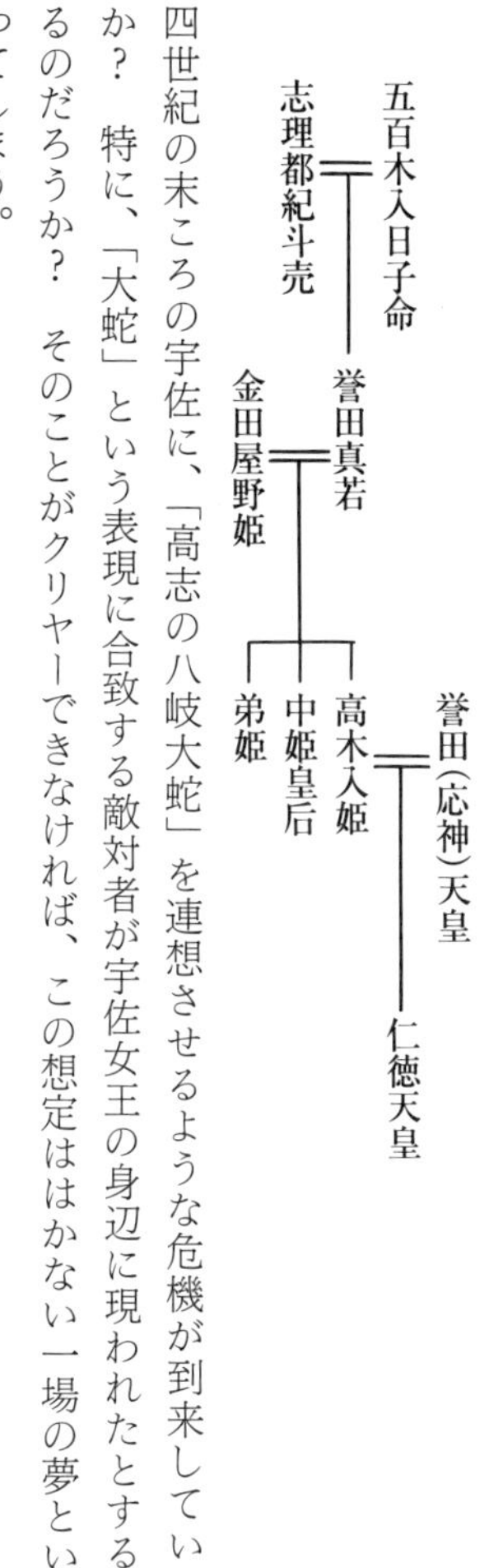

四世紀の末ころの宇佐に、「高志の八岐大蛇」を連想させるような危機が到来していたのだろうか？　特に、「大蛇」という表現に合致する敵対者が宇佐女王の身辺に現われたとすることができるのだろうか？　そのことがクリヤーできなければ、この想定ははかない一場の夢ということになってしまう。

　この点については、宇佐八幡の神官の三家——宇佐氏・辛島氏・大神（おおが）氏のうち、大神氏がどうやら「蛇神族」と言えそうなのだ。それというのは、大神氏の本貫地は大野郡だが、大野川の源流は祖母山に発しており、そのあたりでは、現在でも蛇のことを「ヤアタ・ロ」と呼んでいるという。そして、その山麓には、「富の尾」・「飛の尾」・「登尾」という名前の多くの蛇神を祀る神社がある。「ヤアタ・ロ」は「八頭」に通じるし、大神氏が蛇神信仰の盛んな土地の出となると、彼らは「八岐大蛇」にたとえられる資格は十分にあることになる。この大神氏だけでなく、祖先が大野郡から出ている賀來（かく）氏にも「八岐大蛇」に関する言い伝えがあるという。賀來氏も宇佐八幡の神官をしていたから、右の想定——宇佐女王を蛇神族が脅かしたというのは、けっして根拠の欠けた妄想ではないことになる。

なお、大和の三輪山にも、「蛇神信仰」がある。そして、三輪山麓にある大神(おおみわ)神社の祭祀を司っているのは、大神(おおみわ)氏だ。宇佐のオオガ氏と大和のオオミワ氏とは無関係のはずはない。ただし、三輪という地名は筑前・甘木から大和に遷ったものだから、「トヨの国」とは直接にはつながらない。『筑前国風土記』には、オキナガ・タラシ姫が新羅(しらぎ)に出陣しようとした時、それを妨害しようとした神があったと記されている。その名前が大三輪(おおみわ)となっている。これは甘木にある大三輪神社の起源についての話だ。

もう一つ、大野郡の北西は玖珠(くす)郡になっていることにも注目したい。ここが「八岐大蛇」の住んでいた高志(こし)の国に通じるとも言えそうに思えるからだ。こうなると、「八岐大蛇」の話は「トヨの国」の出来事であり、山陰の出雲とはまったく無関係なことになる。

大野川の源流・祖母山遠望

では、この仮説について何か傍証となるようなことはないだろうか？　神話では、退治された大蛇の尾から天叢雲剣(あめのむらくも)が出てくる。この剣はアマテラス大神に捧げられるが、どういうわけかヤマトタケルに渡される。そして、彼が焼津の野で敵に火攻めにされた時、周囲の草を薙ぎ払って危地を脱出するのに用いられる。そのため、以後、この剣は「草薙剣」と呼ばれるようになり、東征の帰途、ミヤズ（宮簀）姫に預けられ、それが熱田神宮に祀られ、天皇家の即位のレガリアたる「三種の神器」の一つに数えられることになったわけだ。

こうしたことから、「なぜスサノオからアマテラスに贈られた剣がミヤズ姫の手に渡ったのか」ということが、スサノオに助けられたのが、海部・尾張氏の金田屋野姫であり、ミヤズ姫は彼女の叔母なのだから、極めて自然なこととして理解できることになる。

また、ヤマトタケルが死ぬ前に「足が三重に曲がったので、その土地を三重と呼ぶようになった」としているが、尾張氏の原郷の豊後の海部郡の西隣には大野郡があり、そこには三重という地名が実在している。この地名も尾張氏が隣の伊勢の国に運んだに違いない。それに、ヤマトタケルが荒ぶる神を討つために上って行った伊吹山も、前に已百支国の位置について検討した時に判明したように、豊前と筑前の国境にある福智山だったと理解できる。

こうして、「八岐大蛇」の話と「ヤマトタケル」の話は、どちらも「トヨの国」の出来事であるというのが本当だとしてよさそうになってきた。

●宗像三女神は応神天皇の后妃

そこで、アマテラスとスサノオとが関係するもう一つの神話にも目を向けてみよう。それは二人の間で行なった「誓約」の話のことだ。これと今のホムダ・マワカと宇佐女王との結婚を重ね合わせて考えることは無理だろうか？

『記・紀』では、父のイザナギから「海原を支配せよ」と命じられて不満を持ったスサノオは、泣きわめいたために高天原からいったんは追放される。しかし、自分の潔白を証明しようというのでアマテラスの所に再びやって来る。そして、二人の「誓約」が行われる。

まず、アマテラスがスサノオの佩剣（はいけん）を三段に折り、天の真名井（まない）に振りすすぐと、吹き捨てる息吹きの狭霧の中から三人の女が生まれた。そして、今度は、スサノオがアマテラスの髪の鬘（みずら）に付けてあった勾玉（まがたま）を同じく真名井の水ですすぐと五人の男が生まれた。そこで、スサノオの持ち物から生まれた三人娘たちは彼の子とされ、アマテラスの持ち物から生まれた五人の男たちはアマテラスの子とされた。

この時生まれた、三女神の名前は、タギリ（田霧・多紀理）姫・イチキシマ（市杵嶋・市寸嶋）姫・タギツ（湍津・田寸津）姫となっている（『日本書紀』の本文では、タギリ姫ではなく、タゴリ＝田心姫となっている）。

この三女神は、宗像神社の祭神で、タギリ姫は沖之島にある沖津宮に、イチキシマ姫は中津宮に、そして、タギツ姫は海岸にある辺津宮に祀られている。「一書」には、水沼君の神となっている。

そして、『日本書紀』の「一書」には、「日神の生（あ）れませる三女神を以って、葦原中国の宇佐に降居さしむ」と記している。このことは、宇佐八幡の「二の御殿」の祭神が「比売（ひめ）大神」であることと対応している。この「比売大神」こそ宗像三神なのだ。

さて、このアマテラスを宇佐女王、スサノオをホムダ・マワカにたとえてみると、どういうことになるだろうか？　つまり、「誓約」とは結婚のことであるとするわけだ。そうすれば、必然的に

生まれた三姉妹すなわち宗像三女神は、後に応神天皇の后妃となった三人ということになる。それを系図で示すと【系図6】、

【系図6】

スサノオ（誉田真若）
アマテラス（宇佐女王）
　├ タギリ姫（高木入姫）＝オオクニヌシ（応神天皇）
　├ イチキシマ姫（中姫皇后）
　└ タギツ姫（弟姫）

ということになり、前に掲げた系図とピッタリ一致する。

　こう解釈すると、宇佐八幡宮の「一の御殿」に応神天皇が祀られ、「二の御殿」に宗像三女神が比売大神として祀られる理由が実に明快に説明できることになる。神功皇后が「三の御殿」に祀られるようになったのは、奈良時代の中期以後のことだし、神功皇后すなわちオキナガ・タラシ姫は応神天皇の母でもあり、宇佐に鏡を納める香春神社の祭神だから少しも不思議なことではない。因みに、ここにオオクニヌシの名が出てくるのは、「出雲神話」でオオクニヌシがタギリ姫と結婚した、としてあるからだ。

　アマテラスとスサノオとは姉弟ということになっているが、そこは神話のことだから何もこだわる必要はない。この二人の「誓約」をホムダ・マワカと宇佐女王の結婚だとする想定は、系図上の

一致によるものだが、何かそれを裏づける証拠はないものだろうか？　ところが、それらしい事実が見つかった。それは「真名井（まない）」という言葉だ。「真名井」とは飲料水の湧く井戸のことかと思われる。ところが、この言葉はどこかで見たことがあるはずだ。

それは丹後の比治（ひじ）山の真名井で、トヨウカノメという天女が舞い降りた場所の名前だった。しかも、豊後の日出（ひじ）町に真那井という地名があった。その場所は、海部郡から宇佐に向う途中になっている。この地名の一致は、豊後から丹後へ海部氏が移って行ったことの決め手となったもので、その発見は実に感動的だった。

それが今、宇佐女王が已百支国王と結婚したことの証拠として再び登場してきたわけだ。

海部氏が豊後から移住して行った先の丹後にも比治の真名井があり、そこに降りた天女の名前は「トヨウカノメ」だった。それは、アマスラスを祀る伊勢神宮の外宮の神である「豊受大神」と通じる名前だった。こうなると、アマテラスすなわち宇佐女王とスサノオすなわちホムダ・マワカが「豊後の日出の真那井の水で結婚の誓約をした」ということは、海部氏にとって忘れることのできない歴史的大事件であり、その記憶が丹後への集団大移動の際に、持ち運ばれたのだ、というふうに解釈されてくる。ということは、海部氏の豊後から丹後への大移住は、応神天皇が生まれたころのこととなってきそうだ。しかし、実際には、もっと早い時期に海部氏の集団大移住は行なわれており、この時の移住は、最終的なものだったことだろう。

ともあれ、宇佐八幡宮に応神天皇と宗像三女神が祀られることの意味が判明しただけでも大収穫と言えるだろう。しかも、その背後には、ホムダ・マワカという人物が介在しており、大きな役割を果たしたことも浮かび上ってきた。

●イザサワケの名前交換

これまでの推定で、重要な視点は「宇佐女王をアマテラスと比定した」ことだった。その発想の原点は、「宇佐が邪馬台国であり、その女王が邪馬台国連合で絶大な支持を受けていたらしい」というような漠然とした期待によるものだった。しかし、よく考えると「宇佐が天皇家の宗廟である」という認識が奈良時代の人々にあったとすれば、その理由は何だったのだろうか？　また、前に見た宇佐神宮の「放生会」の儀礼の意味はどうなるのだろうか？

放生会では、豊日別神社は香春から「神鏡」をいったん受け入れ、宇佐に送り込む姉妹的神社ということだった。その場合、「宇佐がアマテラス」ならば、「豊日別はトヨウケ（豊受）」という図式が成り立つことになる。「トヨヒワケ」は「トヨウケ」と発音も似ている。また、『古事記』の「天孫降臨」の随行者の中に「登由宇気神」の名があり、「こは外宮の度会（わたらい）に坐す神なり」とあるから、ニニギノミコトが筑前・甘木の高天原から豊後・日田を経て豊前の国に来たのだとすると、トヨウケもまた宮処（みやこ）（京都）郡にいたことになってくる。

伊勢神宮の内宮と外宮との関係と、宇佐神宮と豊日別神社との関係は、どちらも姉妹的なパラレルな面がある。その関係について考えるとすると、「伊勢神宮の外宮の神のトヨウケ大神はアマテラスの御神饌神（みけつかみ）——食事の世話をする神だ」ということがポイントになってくる。だから、「御神饌」を意味する伝承が宇佐と豊日別との二つの神社のうちのどちらにあるかを調べることが必要になってくる。

　そこで、このことに関連して、『古事記』の「仲哀天皇記」の終わり近くに面白い話があるので見てみよう。それは、タケノウチ・スクネ（建内宿禰）が生まれて間もない皇太子（応神天皇）を連れてツヌガ（角鹿。今の敦賀）のケヒ（気比）の大神の所に行き、名前を交換させたという話だ。『日本書紀』では、これは「応神紀」の最初のところに、神功皇后が皇太子を連れていくことになっている。こうして、これまでイザサワケ（伊奢沙和気・去来紗別）だった皇子はホムダワケ（品陀和気・誉田別）となり、ホムダワケだったケヒの大神がイザサワケになったという。

　『古事記』によると、その時、大神は「明日の朝、浜に来てくれれば、名前を交換したお礼に贈物を差し上げます」と言ったという。翌朝、皇太子たちが浜に行くと、一面に鼻の破れた入鹿魚が打ち上げられていた。そこで、皇太子は「われに御食給えり」と言い、以後、ケヒ大神のことを御食津大神と称することにしたという。この奇怪な話の意味は、何なのだろうか？

　その答えを得たいと思うならば、この話の舞台が越前の敦賀（ツヌガ＝ツルガ）のこととなっているが、その固定観念を捨てなくてはいけない。そういうふうに思いこんでいる限り、絶対にこの謎を解くことはできない。では、真相はどうなのだろうか？　まず、その解答のための手がかりを幾つか挙げておこう。

　それは、宇佐神宮にも、外宮――一名「御炊殿」があること、宇佐の近くの駅館川は本来は御炊川といったこと、山国川の河口近くの中津市には、角木とか御食門という地名があること、また、この付近は上毛・下毛郡で、その一帯は三毛野ともいったことなどだ。神饌に関する「ミケ」、神社名にちなむ「ケヒ」、敦賀に通じる地名などが、豊前の一帯に備わっていることがわかってきた。つまり、越前の敦賀の気比神社のこととして『記・紀』に描かれていることは、どうやら越前のことではなく、豊前のことらしいということになってくる。

そこで、一つ注目したいことがある。それは「イザサ」という言葉の意味についてだ。「イザサ」によく似た「イササ」という言葉は、天の日矛（あまのひぼこ）が新羅から持って来た神宝の一つである太刀の名前だった。そして、もう一つ、「出雲の国譲り」の談判が行なわれた場所が「イザサの浜」だった。それを「稲佐の浜」と書いている本もあるが、『日本書紀』では「五十狭の小汀」と書いているから、「イナサ」のはずはない。では、「イザサ」とは、いったいどういう意味なのだろうか？

私は、この「イザサ」あるいは「イササ」という言葉には、土地の支配権ないし君主権に関する象徴的な意味がこめられているのではないかと考えてみた。イザナギ・イザナミという「国産み」の神の名前も、こう解釈すると意味が通じてきそうだ。そこで、この解釈を「名前の交換」の話に適用すると、どういうことになるだろうか？

イザサワケという名前をもらったケヒ大神のもともとの名前は、ホムダワケだった。だから、この神というのは実はホムダ・マワカのことではないかと仮定してみよう。そして、「イザサ」の意味を「支配権」だとすると、この「名前の交換」が何を象徴しているかが少し見えてくる。

イザサの神――実はホムダ・マワカは、なぜ生まれたばかりの皇子と名前を交換し、その礼として御食を贈物にしたのだろうか？　それは、彼が皇子の母のオキナガ・タラシ姫に対し、「自分が支配している食料が豊かに取れる領地を献上しますから、その代わりに、『イザサワケ』という名前――大王位を自由にする権利――をください」と言ったのだと考える。
　もっとも、ホムダ・マワカがオキナガ・タラシ姫の息子に献上した財産は、もともと彼の物だとは限らない。豊前のどこかの土地の所有者から取り上げたものかもしれない。もし、そうだとすると、「出雲の国譲り」の神話は、実はホムダ・マワカによる土地の収奪のことだったことになってくる。『記・紀』の説く「出雲神話」が、実は「トヨの国」の出来事だったらしいことについては、第十九章でもう一度触れることにする。

闇無浜神社（大分県中津市）

●伊勢神宮の起源はトヨの国

　このような推定によれば、ホムダ・マワカは、この交換を機会に、自分の娘を将来この皇子の后妃に仕立て、自分は舅の地位につき、政治の実験を握るという野望をもち、オキナガ・タラシ姫を支援して近畿地方に進出し、その幼児がいつの日か大王になるよう盛り立てていくことになる。

　一方、気比神社のほうは「イザサワケ」、つまり「神饌の管理という抽象的な権威」を神として祀るようになったのだ、というわけだ。この推定が正しければ、宇佐の近くに、「ミケツ（御食・

御神饌）の神」を祀る神社がなくてはおかしい。その原始ケヒ神社が後に越前の敦賀に遷され、今日まで伝わる気比神社になったということで話の筋は通ってくるからだ。

では、それらしい神社があるだろうか？　中津市の角木の海岸には、闇無浜（くらなしはま）神社——別名龍王神社という古い社がある。その祭神は豊日別国魂神となっているから、豊日別神社と同系のものと考えられる。そして、その付近に高家（たけい）とか城井（きい）という地名があるから、この土地がケヒ神社の起源だったとしてもおかしくなさそうだ。

この解釈からすれば、豊日別神社は「御神饌神」であり、越前の気比神社は「トヨの国」から遷されたものだというふうに思えてくる。気比神社は、ヒボコの本拠地の但馬（たしま）（兵庫県北部）の城崎郡にもある。祭神は、どちらも「イザサワケ神」となっている。イササの太刀がヒボコの神宝の中にあり、しかも応神天皇の幼名でもあることを考え合わせ、「御神饌神」でもあることを思えば、「トヨの国」にあった「原始ケヒ神社」を越前や但馬の国に遷したのは、海部氏やヒボコ系の氏族だっただろうことが推定できるはずだ。そして、トヨウカノメが丹後の比治の真名井に舞い降りた天女の名前であるのだから、「豊受大神」つまり伊勢神宮の外宮の起源も、この線でつながってくることになる。つまり、気比神社が本来、「トヨの国」にあった豊日別神社系と一応考えられる。

しかし、宇佐神宮のほうが本来のケヒ神社につながるとする見解も可能だ。というのは、ホムダ・マワカが宇佐女王と結婚した時の贈物の財産管理をした者ならば、宇佐女王の一族の海部・尾張氏系の人物だっただろうと思えるからだ。現に、宇佐神宮には「御炊殿」もある。付近には、御炊（駅館）川が流れている。だとすると、海部氏の系図に名前のあるアメノムラクモ（天牟羅雲）

命の子孫だという度会氏——伊勢神宮の外宮の神官の祖先がその管理を司っていたというわけだ。

それに、豊日別神社は「日神」を祀っているし、その所在地は京都郡だからアマテラス大神に通じるものがある。ところが、たまたま『記・紀』ではスサノオと「誓約」したアマテラスのモデルとして宇佐女王を利用して描いたので混乱が生じてしまった。実は、ホムダ・マワカが宇佐から連れ出した女王は、丹後に舞い降りた天女であり、トヨウケ大神とされた女神だったのだというふうに考えることもできそうだ。この解釈のほうが自然だと思う。

ともあれ、伊勢神宮の内宮と外宮とは、豊日別神社と宇佐八幡宮と二つの神社と深く関係していることだけは確実だ。

駅館(御炊)川河口付近（大分県宇佐市長洲）

そこで、思い出すのは豊日別神社の祭神が猿田彦だったことだ。この神は、『紀』の「一書」によると「伊勢の狭長田の五十鈴の川上に到ります」と記されている。そこで大胆な想像をすると、猿田彦が行った「伊勢」というのは、三重県のことではなく、豊前のことではなかっただろうか。そして、その後に豊日別神社や宇佐八幡を尊崇する人たちの手によって、これらの神社が丹後に遷され、元伊勢皇大神宮となったのだとすると、話の筋が通ってくる。

危機にあった宇佐女王を、已百支国の王だったイホキ入彦の子のホムダ・マワカが救い出して結婚し、そのころ生まれたばかりの幼児を抱えたオキナガ・タラシ姫を支えて近畿地方に進出して行き新王朝を築いた、という想定は、ここにますます有力な根拠を得たことになる。しかも、それが伊勢神宮の起源とも関係してきた。それとともに、『記・紀』に出てくる角鹿は越前の敦賀ではなく豊前の土地であり、「敦賀」と縁が深く、応神天皇の母でもあるオキナガ・タラシ姫もまた、「トヨの国」の人間ということになってきて、その実像もすっかり変わってくる。その本当の姿をこれから探ってみなくてはならないわけだ。また、天の日矛と同一人物と思われる都怒我阿羅斯等（つぬがあらしと）が渡来したという場所も、同じく越前ではなく豊前であることになる。したがって、彼を追ってやって来た姫の伝承地が国東半島の沖の姫島にあることも納得がいく。

それら点については、次章でゆっくり検討することにしよう。

十三、息長足姫と武内宿禰——作られた巨人の像

第十代の崇神天皇は「初国しらすスメラミコト」とよばれ大和地方に最初の統一王朝を築き、その子孫は東国方面にまで勢力範囲を拡大して行ったことは事実と認定できる。しかし、『記・紀』に書かれている「史実」は、到底そのまま信用するわけにはいかない。特に、第十三代の成務天皇と第十四代の仲哀天皇とは実在の天皇ではありえない。したがって、仲哀天皇の皇后とされるオキナガ・タラシ姫の実像は『記・紀』が描くものとは全く異なったものだと言うべきだろう。

前の章で、オキナガ・タラシ姫は、ホムダ・マワカに対して、自分の子である皇子——後の応神天皇を近畿の大王に盛り立ててもらう代わりに、「ホムダ・マワカが宇佐女王との間にもうけた三人の娘を皇子の将来の后妃にする」と約束したという仮説を提起した。

そういう約束が、前もってあったか否かは論議してもはじまらないが、結果として、その皇子は天皇となり、その后妃にはホムダ・マワカの娘たちがなっていることは事実だ。そして、この三人の娘の名前は、『記・紀』では、タカギ（高木）入姫・ナカ（中・仲）姫・オト（弟）姫ということになっているが、その本名は宗像三女神の名前——タギリ姫・イチキシマ姫・タギツ姫だったに違いない。そこで、宇佐八幡宮の「二の御殿」には、この三人は「比売大神（ひめ）」として、「一の御殿」

にいる夫の応神天皇と並んで祀られている。

●オキナガ・タラシ姫はヒボコの子孫

では、オキナガ（息長）タラシ（足・帯）姫の実像を探ることにしよう。まず、『記・紀』ではどう記しているだろうか。それによると、この姫の父はオキナガ・スクネ（息長宿禰）王で、例のヒコイマス王の三代末とされている。また、その母はカツラギ（葛城）タカヌカ（高額）姫で、天のヒボコの五代目のタジマ（多遅摩）ヒタカ（比多訶）の娘ということになっている。

もし、私が立てた仮説――「ヒコイマス王とは、ヒボコの孫のヒネ（斐泥）のことだ」とすれば、オキナガ・タラシ姫には二重にヒボコの血が流れていることになる。

父方の息長氏については、ヒコイマス王の系図【系図4】で見たように、近江（滋賀県）の御上（三上）山の神であるアメノミカゲ（天御影神）の娘のミズヨリ（水依）姫がヒコイマス王の妃になっているのが最初だ。そして、後に、近江の坂田郡（琵琶湖の東北岸）に息長氏が住むようになる。

因みに、応神天皇も、その子の二俣王も息長氏の娘を妃としている。ただし、それは「応神東遷」の後のことだ。だから、オキナガ・タラシ姫が近江で生まれたという根拠にはならない。

母方は葛城氏だが、『記・紀』には、武内宿禰（たけのうちすくね）を始祖とする葛城氏が登場しているので、まず、その系譜を示しておこう。それは次のようなものだ【系図7】（次ページ）。

山下影日売は、紀（きい）の直（あたい）氏の遠祖の宇豆比古（うずひこ）の妹とされている。また、葛城襲津彦（そつ）は、仁徳天皇の皇后の磐之姫（いわの）の父であり、『日本書紀』によると、神功皇后の五年、新羅に人質の微叱許智（みしこち）を返す

【系図7】

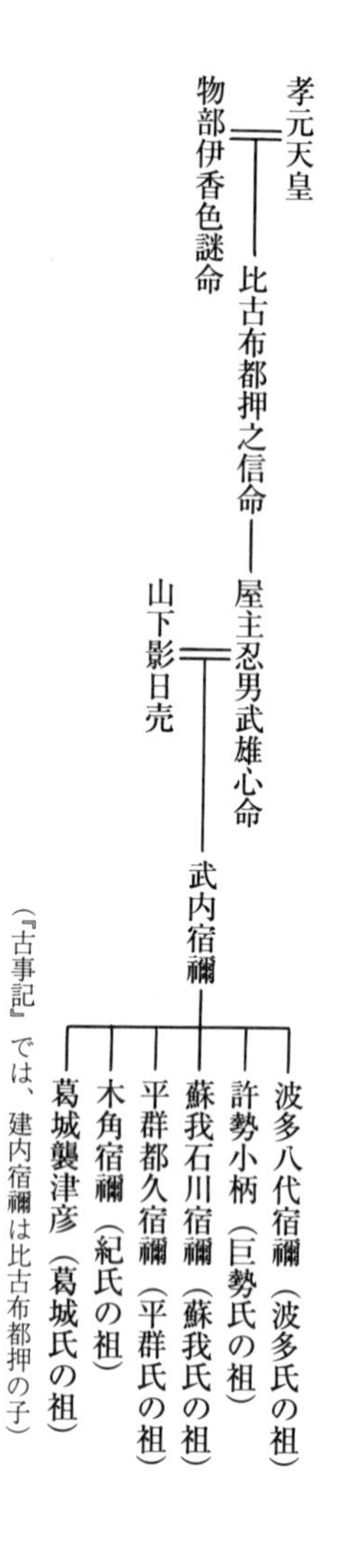

（『古事記』では、建内宿禰は比古布都押の子）

ための使者の役を務めている。ところが、朝鮮の『三国史記』に実聖王の元（四〇二）年に「未斯欣を倭に質として送る」とあり、『紀』が引用する『百済紀』には「倭が沙至比跪を遣わして新羅を討った」とあるから実在の人物だ。

そして、襲津彦の子の葦田宿禰以後、葛城氏は玉田宿禰、円大臣と相次いで大和王朝の重臣を出しており、履中・雄略天皇や市辺押葉王の妃にも彼らの娘たちがなっているという名門として、四〜六世紀に大いに栄えた。また、武内宿禰の子は、右以外にも三人の名が掲げられているが、これらの氏族はすべてこの時代の最高権力者となっている。

ところが、オキナガ・タラシ姫の母の葛城氏は、前に見たように、天の日矛の子孫とされているので、一見、これとは別のように思える。しかし、そうとばかりも言えない。

というのは、筑後一宮の高良神社——一名、高麗玉垂神社の祭神の玉垂神命は、高群逸枝女史に言わせると、オキナガ・タラシ姫の姉妹であり、この神社には他にもソツ彦が合祀されているという。そして、著書の『母系制の研究』次のような系譜を掲げている【系図8】。

【系図8】

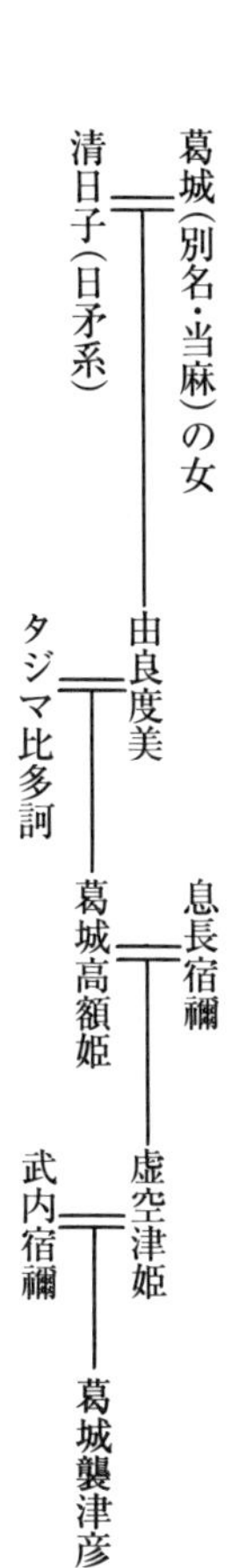

この系譜は、たぶん正しいと思う。だとすると、オキナガ・タラシ姫は「虚空津姫(そらみつひめ)の姉妹」であり、「葛城ソツ彦の伯(叔)母だ」ということになる。このことは記憶しておいてほしい。

もう一つ、大和国造になった葛城氏というのがある。これは、「神武紀」に、「大和の高尾張の山地で土蜘蛛(つちぐも)(土着の穴居人)を征伐したという剣根(つるぎね)を表彰して葛城国造とした」というものだ。その子孫は、葛木氏を称している。

さらに、『海部・尾張氏系図』の最初の方を見ると、三代の天忍人命は異母妹の葛城出石姫と結婚しているし、弟の天忍男命は葛木賀奈良知姫を、その子の建額赤命は葛木尾知置姫を、四代目の天登目命は葛木避姫を妻としている。

このように、カツラギ氏は「武内宿禰系」・「ヒボコ系」・「国造系」・「海部系」と四つあるようだが、私に言わせると、すべてが一つの糸によって結ばれている。

●武内宿禰の出自を探る

では、その根拠を示そう。第一は、武内宿禰の子とされる波多（羽田）・巨勢（許勢）・蘇我（曾我）・平群・木・葛城氏を表わす地名が、すべて筑前・甘木の周辺と奈良盆地の一帯に存在していることだ。そのうち、「キイ」以外については、奥野正男氏が『邪馬台国の東遷』で地図入りで挙げている。「キイ」は、肥前（佐賀県）東部の基肄郡として見出される。ここは、天智天皇四（六六五）年に、朝鮮式の山城が築かれたことで有名だ。近畿地方には、大和の隣に紀伊（和歌山県）がある。

この二つの地域に共通する地名が九十組ほどもあるということは、前に、「地名の大遷移」として述べ、それは「人間集団の大移動の証拠だ」とした。そこで、注目すべきことは、四〜六世紀に奈良盆地にいた氏族のうち、武内宿禰の子の名前だけがセットとなって甘木からそう遠くない地域の地名として存在しているという驚くべき事実だ。

このことの意味は極めて重要だ。それは、これらの六氏族がかつて甘木を取り巻く地域にいたことの証拠であり、大和に移住して後も、彼らは共同して政権を支えている以上、同族意識を有していたと考えていいだろう。そのことを『記・紀』は、彼らの祖先を「武内宿禰の子であり、兄弟だった」として記したのだと思う。つまり、右に掲げた系図は事実そのものではなく、あくまで武内宿禰という三百年くらい生きたとされる巨人に託して創作された「擬制」に過ぎない、と私は判断するわけだ。

ただし、紀氏だけは武内宿禰と無関係ではない。紀氏は、紀伊の日前の国懸神社に祀られる天道根命を始祖とするとされ、その先祖に宇豆比古という男がいて、その妹の山下影日売の子に武内宿禰という人物がいたという系譜は正しく伝承されていたと思う。そして、この人物について、『記・紀』は多くの「創作」を付け加え、景行・成務・仲哀・応神・仁徳の五代にわたり二四四年間も天皇に仕えたとしてしまった、というのが真相だろう。恐らくは蘇我氏がその巨人を自分の祖先を皇統に結びつけるために利用し、それと同族意識をもつ他の氏族も同調したことだろう。

そうだとすると、紀氏の姫の婿になった「本来のタケノウチ・スクネ」は、いったいどこに住んでいたのだろうか？　それは当然、紀氏がいた肥前（佐賀県）の基肄の近くでなくてはおかしい。それは、佐賀県の南西部の杵島郡の武雄市だったはずだ。この市は武雄村を中心に六か村を合併したもので、ここには奈良時代に伴朝臣行頼という者が営んだ武雄神社がある。その主祭神は武内宿禰で、その他に仲哀天皇・神功皇后・応神天皇を合祀している。その名前に、武内宿禰の父の屋主忍男武雄心命の名の一部が付いていることも興味深い。この神社には総計二三九通もの古文書（主として中世以後のもの）が伝えられていることで有名だ。武内宿禰の生地は武雄だとしていいだろう。

ここで問題なのは、波多・巨勢・蘇我・平群・紀・葛城の諸氏が近畿地方に移住したのは、いつごろかということだ。第七章で考察したとおり、彼らのいた地方は、邪馬台国の旁国の支惟・弥奴国などがあったところだ。そして、私は、筑前・甘木地方から大和への大移動があったとした。しかし、それは何回かに分けて行なわれたに違いないと思う。最初の大移動は、二世紀より早い時期に行なわれただろう。ニギハヤヒ（饒速日）に率いられた物部氏を中心とするもので、それが第一波だった。甘木市にあった三輪山信仰は、その時に奈良盆地の東の山地に遷ったはずだ。地名の相当部分はこの時に大和に移植された。

第二波は、二世紀末に「天孫降臨」に比定される移動が起こり、主力は豊後・日田を経て豊前・中津に移動した。この際にも、直接近畿への移住はあったとしていいだろう。

ついで、第三波として、三世紀の半ばの卑弥呼の死後、「崇神東遷」に伴う大移住が起こった。この時には、大伴氏などが同行しているが、彼らの定着地は大阪湾の沿岸だった。河内（大阪府北部）の住吉の近くには、『万葉集』に出てくる「大伴の三津の浜」があるし、和泉（大阪府南部）から紀伊（和歌山県）の北部にも大伴氏の支配地があった。

私の考えでは、紀氏はこの時に紀伊に移住していることになる。そのことは、『先代旧事本紀』の「国造本紀」に、「橿原朝御世、神皇産霊命五世孫天道根命、国造と定め賜う」とあるからだ。この天道根命が紀氏の祖だ。橿原朝というのは「神武天皇の世」ということだ。それは、大伴氏が随伴して行なったとされる「神武東征」の結果ということだ。そして、紀氏の勢力は大伴氏と並んでいた事実からも推定できる。「本来の武内宿禰」は、この時期に近畿地方に移り、第十一章で考察したように、志賀の高穴穂宮において政治的権力を行使したと推定する。『記・紀』は彼のことを成務天皇として描いたのだと考える。

また、この「神武東征」とは「崇神東遷」のことだから、崇神天皇の妃の一人に、紀伊国造・荒河戸畔（かわとべ）の娘がいるのも、紀氏が「東遷」に同行していたと考えれば納得がいく。また、この妃が生んだ二人の子の名前が豊城入彦と豊鍬入姫といい、「トヨ」の字が付いていることは、「崇神天皇」

が九州から移住して来たことの有力な証拠と言うことができよう。さらに、葛城氏の一部もこの時に大和に入り、剣根は土蜘蛛を討ち、葛城の国造となった。大阪府と奈良県とを分ける生駒・葛城の連山があるが、その葛城の名は、この時に付いたとする。

葛城氏のもともとの本拠地は、『倭名類聚抄』で肥前の三根（みね）郡にその名がある「葛木」という郷にあったことは確実と言ってよいだろう。その三根郡は基肆郡の隣にあったから、葛城氏と紀氏とは親しかったはずだ。

しかし、私は、葛城氏の主流と他の諸氏は、第二波の時、「トヨ（豊）の国」に移住していたと思う。その結果として、葛城氏と海部氏とは姻戚関係を持つようになったということになる。そのことは、大分市に葛木という地名があることからも証明できる。また、丹後の舞鶴市にも葛城通りがあることから、葛城氏の一部は海部氏とともに丹後にも移住していることになる。

こうして、「武内系」・「国造系」・「海部系」の葛城氏はすべて筑前・甘木の周辺にあった高天原の勢力圏内に発していることが判明した。オキナガ・タラシ姫の属する「日矛系」の葛城氏は、前に掲げた高群女史の系図にあるように「武内系」と同じだから、四つの葛城系が一本であることが確定した。しかも、武内宿禰の子とされる巨勢・平群氏なども、この葛城氏の本拠地の近くにいたことも証明されたことになる。

そして、九州から近畿地方への集団大移動の第四波は、「ホムダ・マワカが宇佐女王を危機から救って彼女と結婚し、オキナガ・タラシ姫とともに行なったもの」というわけだ。

●神功皇后は非実在、オキナガ・タラシ姫は実在

そこで、いよいよ本論に入ろう。その前に、この女性の架空人物説に触れなくてはならないだろう。なぜなら、「四世紀の末ころに、倭国には朝鮮半島に遠征して、新羅・百済を征服するなどという実力はなかったから、その主人公である神功皇后は実在するはずはない」という見解が有力だからだ。「神功皇后像は、新羅出兵を熱願した斉明女帝や、同じく、新羅に脅威を感じていた持統天皇の想念を結晶させたフィクションにすぎない」とするものだ。

『日本書紀』の編者は、『魏志倭人伝』に卑弥呼という女王がいることを承知していたので、ちょうどその時代に合わせて「神功皇后」を創作して配置し、『百済記』などの新羅関係の史実を、干支二巡（一二〇年）だけ遡らせて、適当に配置して史実らしく編集した、というのだ。

この「神功皇后非実在説」は、論理的であり、大いに説得力がある。私も、その大筋には賛成だ。ただし、だからと言って、「オキナガ・タラシ姫という女性が実在しなかった」とすることはできない。なぜなら、応神天皇には母がいたことは確実だからだ。また、もし、応神天皇を美化したければ、その母の系図をもっと格の高い家柄にするか神懸り（かみがか）的なものにすれば良さそうなものなのに、「ヒボコの子孫である」としているのだから、「系譜は創作されたものではない」と判定する。

それに、日本全国にある「神功皇后を祭神とする神社」のリスト（『神功皇后発掘』高橋政清著・叢文社）を見ると、その数の多いのに驚かされる。その分布は次のようになっている。

北海道	二	東北	三二	関東	五〇	中部	一二四
近畿	一二九	中国	一六五	四国	一二七	九州	一九六
合計	八二五						

その中で、最も多いのは山口県の一三八社で、圧倒的に他を抜いている。そして、福岡県から大阪府までの瀬戸内海沿岸の諸県に約五〇〇社があり、オキナガ・タラシ姫伝承の分布とも重なっている。なお、中部以東のものは、多くは八幡神社の祭神としての神功皇后だから、『記・紀』が普及し、八幡信仰が各地に展開して行った後世になってから建てられたものに過ぎない。特に注目すべきことは、通説で「息長氏の根拠地」とされている滋賀県には僅かに四社しかオキナガ・タラシ姫を祀る神社がないことだ。それはこの姫が近江とは無縁なことの証拠だ。

また、『風土記』を見ると、豊前・筑前・肥前のものには、オキナガ・タラシ姫が新羅に渡ったということに関係のある話が載っている。そして、摂津・播磨の『風土記』にも、「神功皇后」の航海途中の滞在の話がある。そして、『万葉集』にも鎮懐石（姫が出産を抑えるために腹に当てたという石）の話が歌とともに載っており、その所在地や石の寸法まで書かれている。

その他、オキナガ・タラシ姫伝説は北九州の各地に数多くあり、「妊娠中の女性が海を渡り、九州に帰ってから出産した」という話は、奈良時代以前から伝えられていたもので、けっして『記・紀』の編者が勝手に創作したものではない。それは確実だと言える。

では、ここで『記・紀』が記す「神功皇后」なる人物についての記事の概略を見ることにしよう。

まず、夫はタラシ・ナカツ彦（仲哀天皇）といい、ヤマトタケルの皇子ということになっている。そして、この天皇には、景行天皇の娘の子のヒコヒトオオエ（彦人大兄）王の娘のオオナカツ（大中）姫との間に生まれたカゴサカ（麛坂・香坂）王・オシクマ（忍熊）王という二人の皇子がいたが、オキナガ・タラシ姫を立てて皇后にしたとしている。

仲哀天皇の即位の翌年、熊襲が叛いたというので、天皇は筑紫に出陣すべく穴戸（今の下関）に出向く。そして、角鹿（ツヌガ＝ツルガ。敦賀）の笥飯（気比）の宮にいた神功皇后を呼び寄せる。その後、二人はその土地に豊浦の宮を建てて六年間を過ごす。そして、八年になると、いよいよ筑紫に向かい、崗（遠賀川河口）で熊鰐や五十迹手の出迎えを受ける。

かくて、カシイ（橿日・香椎）の宮で神功皇后は「新羅を討て」という神託を受ける。しかし、仲哀天皇はそれを信ぜず、熊襲と戦う。その翌年二月、天皇は頓死してしまう。『古事記』では、神託を聴こうとしない天皇は、神に「一つ道を行け――死んでしまえ」と言われ、神功皇后とタケノウチ・スクネのいる傍で琴を弾きながら息絶えていたとしている。

その後、神功皇后は新羅に渡り、王を降伏させ朝貢を約束させる。筑紫に帰った皇后は皇子を産むや、天皇の死を秘して近畿に帰り、反抗するカゴサカ・オシクマの二王をタケノウチ・スクネらに命じて撃破し、皇子の摂政となり六十九年間その地位に留まり、やがて皇子は即位して応神天皇となる。


オキナガ・タラシ姫は間違いなく実在の人物だ。しかし、『記・紀』が描く「神功皇后」となるとそうはいかない。夫の仲哀天皇自体が架空の存在だからだ。では、「神功皇后」の「三韓遠征」は史実だったのだろうか？　「タラシ姫伝説」でも、彼女は朝鮮半島に行っているから、海を渡ったことは事実だろう。しかし、それがいつの時代のことで、向こうに行ってどういうことをしたのかとなると、にわかに判定はつかない。そこで、『日本書紀』の「神功皇后紀」の朝鮮半島関係の記事がどのように作られたのだろうかを、年表ふうに記してみよう。

『三国史記』の記事			『日本書紀』の記事	
二一四	百済	肖古王歿。仇首王即位		
二三四	百済	仇首王歿。古爾王即位		
二四九	新羅	倭人が舒弗邯于老を殺す		新羅王を海岸で斬り殺す
三七五	百済	近肖古王歿。近仇首王即位	二五五	肖古王歿。
三八四	百済	近仇首王歿。枕流王即位	二六四	貴須（仇首）王歿。枕流王即位
三九一	百済	泰和四年の銘刀を倭王に贈る	二五二	百済王、七支刀を神功皇后に贈る
三九二	百済	辰斯王歿。阿莘王即位	二七二	辰斯王を殺し、阿花王即位
四〇二	新羅	倭と親交。未斯欣を人質に	二〇〇	新羅の微叱己知波珍干岐を人質とする
四〇三	新羅	倭の使者を厚く遇する	二五〇	使者の千熊長彦ら百済より帰る
四〇五	新羅	倭兵、明活城を攻める	二〇五	質の微叱許智伐旱を新羅に返す
四〇五	百済	阿莘王歿。腆支王即位	二七七	直支王の記事。（三〇八年にも）
四二〇	百済	腆支王歿。久爾辛王即位	二九四	直支王歿。久爾辛王即位

神功皇后の夫の仲哀天皇が即位した年は一九二年で、歿年は二〇〇年になっている。そして、その年の十月に朝鮮に渡り、暮れに皇子を産み、翌年が「摂政元年」とされている。

この表を見ると、百済の近肖古王と近仇首王の歿年を一二〇年繰り上げて、それぞれ三代前に実在した肖古王と仇首王が死んだことにしている。辰斯王の歿年も、そのまま一二〇年早めて記述している。つまり、『日本書紀』の編者は手もとにあった朝鮮の史書を利用して、適当に「神功皇后紀」の中に記事として配置し、いかにも真実を伝えているかのように工作したものだと言うことができる。しかも、新羅の舒弗邯于老が殺されたという記事だとか、倭の人質とされた新羅王の弟の未斯欣が倭から脱走して帰ったという記事を、年代は合わないが、ミシコチ(微叱己知・微叱許智)という名前で引用するなど上手に利用している。

そのような工作を加えて、いかにも神功皇后の朝鮮遠征は史実であったかのように記し、新羅王は神功皇后に降伏し、百済と高麗の王もそのことを聞いて朝貢を約束したとしている。また、神功皇后が摂政になってからも、葛城襲津彦を派遣して新羅を討たしたとしている。しかも、そのことを真実と思わせるため、『百済記』という書物に「貴国は沙至比跪を遣わし(新羅を)討たしむ」という記事があると記している。ただ、『百済記』という書物が実際にあったのかどうかは疑問だ。

このように、「神功皇后紀」の記事が、朝鮮の史書を巧妙に利用して創作したものだということは確かだ。とは言っても、四世紀の後半から五世紀いっぱい、倭と新羅の間で何度も戦いがあったことは『新羅本紀』にも記されているから、「神功皇后紀」の記事の中に事実が全然含まれていないとは言えない。また、そのころから「オキナガ・タラシ姫が新羅に遠征した」という言い伝えがあったことも確実だから、「神功皇后」に関する『日本書紀』の記事を一〇〇パーセントの虚構とするわけにはいかない。

十四、「応神東遷」の実像——統一王朝の成立

●実力者ホムダ・マワカ

各地に広く伝承を残しているオキナガ・タラシ姫の父方は天の日矛であり、母方は葛城氏だった。その葛城氏はもともと肥前の三根郡に本拠を置く氏族で、その一部は「崇神東遷」の際に、大伴氏や肥前の基肄(きい)郡にいた紀氏とともに大阪湾岸に移住していた。また、『記・紀』では神功皇后の忠実な部下とされているタケノウチ・スクネ(武内宿禰)は元来は肥前の武雄にいた氏族だった。

さて、宇佐女王と結婚したホムダ・マワカ(誉田真若)は、オキナガ・タラシ姫を支えて近畿地方への進出をはかったわけだが、そのことを『記・紀』は、「新羅遠征」からの帰国後に筑紫で皇子を産んだ「神功皇后」の帰還物語として描いている。では、その物語の真相はどういうものだったのだろうか?

その謎を探求するためには、その直前の筑紫から豊の国にかけての状況を知る必要がある。そのことについて、第十一章で「豊前・宇佐にあった邪馬台国は、豊後南部にいた蛇神族である大神(おおが)氏の圧迫を受けので、已百支(いほき)国王の誉田真若が宇佐女王を救って結婚した」とし、そのことを『記・紀』は「八岐大蛇退治」の話として神話の形で描いたのだと推定した。

このシナリオは十分に事実である可能性があると思う。なぜかというと、奈良時代の宇佐八幡宮の神官には三家があり、そのうちの宇佐氏と大神氏とは激しく対立していたからだ。『続日本紀』でも、例の道鏡事件の裏に潜むこの二氏の対立を示す記事があるし、この両氏の血で血を洗う暗闘は、源平時代にも、大神氏の子孫の緒方氏による宇佐神宮の焼き討ち事件さえ起こしている。

宇佐氏は中臣・藤原氏と同族だ。そして、豊前の仲津郡には中臣郷があり、そこが中臣氏の原郷らしい。だから、四世紀の末に、本当に蛇神族の大神氏による宇佐の攻撃があったとしたら、それをホムダ・マワカが救援して近畿へと移動したのだとすれば、その際に、中臣氏の祖先も豊前から脱出して近畿地方に移ったとしても不思議ではない。それから、宇佐の神官を出すもう一つの家である辛島氏は新羅系の渡来者らしく、スサノオを先祖とする系図を持っていることは、前に述べた。しかも、辛島氏の系図中に名前がある豊津彦は豊日別国魂神社と結びつくという。したがって、ホムダ・マワカをスサノオにたとえ、宇佐女王をアマテラスにたとえた仮説の組み立てからは、辛島氏はホムダ・マワカと同じ立場、つまり宇佐女王の味方をしたとすることができる。

そこで、ホムダ・マワカがイホキ入彦の子であり、香春（かわら）にあった巳百支国の王だったとすれば、オキナガ・タラシ姫やタケノウチ・スクネ（武内宿禰）がどこの人物だったかを明らかにし、その当時のトヨの国の状況を一層はっきりしたものにしたくなってくる。いうまでもなく、ここでいうタケノウチ・スクネは紀氏の祖先として実在した「本来の武内宿禰」ではなく、蘇我氏や葛城氏など六氏の共通の祖先として創作された「巨人としての武内宿禰」のことだ。前に、「成務天皇は架空の人物だ」とした時、志賀の高穴穂宮にいて全国の国造を任命したのは、「本来の武内宿禰だ」

とした。私の推定では、紀氏は「崇神東遷」を助けた功績により、その家の娘の山下影媛のところに婿入りしたタケノウチ・スクネが政治の実権を握ったと考えたわけだ。そして、その後、蘇我氏が自分の祖先を皇統に結びつけようとして、蘇我石川宿禰を偉大な人物だった「本来の武内宿禰」の子ということにし、しかも、三百年以上も生きた巨人に仕立て上げたというのだ。

●応神天皇は誰の子か

それはさておき、『日本書紀』によると、熊襲の反乱の報を聞いた仲哀天皇は「角鹿(つぬが)にいた神功皇后を穴戸(あなと)に呼んだ」と記している。この記事には注目すべきだ。この角鹿というのは越前の敦賀ではなく、前に見たように豊前の御炊(みけ)川の河口近くの角木あたりのことだったとしなくてはいけない。そうすれば、彼女の出身地も、後に息長氏が定着した近江などではなく、豊前に違いないということになる。

私は、オキナガ・タラシ姫が香春(かわら)神社の祭神の辛国息長大目命と同一であると考えられることから、ホムダ・マワカと同様に、已百支国すなわち香春の出であると推定する。そうだとすれば新羅系の辛島氏と同族という想定も可能になってくる。もし、そうでないとすれば、彼女はヒボコの子孫であるから、同じくヒボコの子孫である伊都国にいたということも考えられる。三世紀当時の伊都国が糸田にあったのだから、香春のすぐ西隣になり、宇佐から遠くない場所にいたわけで、いずれにしても、彼女の産んだ子をホムダ・マワカが将来の大王に盛り立て、自分と宇佐女王の間に出来た娘の婿にしようと考えても、けっして不思議とは言えないことになる。

「本来の武内宿禰」は西の肥前の武雄の出身だとした。しかし、四世紀末の「巨人としての武内宿禰」は東の「トヨの国」のどこかにいたはずだ。その件については、彼とオキナガ・タラシ姫の関係が確定できれば自然と明らかになって来るだろう。それは、『記・紀』が描くように忠実な臣下と皇后だったのだろうか？　そんなはずはない。それは紛れもない夫婦だったとしなくてはならない。つまり、「武内宿禰」とは応神天皇の実の父だったといいたい。その推定は間違いないと思う。なぜなら、彼は常に「神功皇后」の側に侍（はべ）っており、近畿へ向かう船の中でも皇子を抱いている。それは、その子の父にふさわしい姿ではないか。もちろん、この「武内宿禰」は、紀氏の女婿だった本来の武内宿禰ではない。だが、この武内宿禰の実名は残念ながら指摘できない。

『日本書紀』は、応神天皇の誕生を仲哀九年の十二月十四日とし、仲哀天皇の死んだ日付を二月五日としている。その間の日数は、ちょうど十月十日、つまり懐胎期間と一致させている。

このことは、『書紀』の編者が仲哀天皇が皇子の父ではないことを意識していた証拠だ。しかも、『古事記』では、「仲哀天皇が琴を弾きながら死んだ」としているが、その時、その場に居合わせた部外者はタケノウチ・スクネただ一人だったのだから、これは「二人で協力して仲哀天皇を暗殺したのだ」と言わぬばかりの書き方だ。しかも、それが皇子の誕生の十月十日前とくれば状況証拠はピッタリということになる。ただし、私は「仲哀天皇は架空の人物だ」とする立場を取っているから、この論理は、真実を知っている『記・紀』の編者の頭の中での構想というわけだ。

応神天皇の父については、新羅の王だろうとか、熊襲だろうとか空想する人もいないではない。それらの説は何一つ根拠らしいものを挙げていない。『日本書紀』の編者がなぜ仲哀天皇の死と応神天皇の誕生の日付をそのように工作を加えて書いたのかに疑問さえ寄せていない。そういうことでは、それらの立論は全く意味のない妄想ということになるだろう。

もう一つ、神功皇后の軍を熊鰐と五十迹手が出迎えたという『日本書紀』の意味について考えてみよう。熊鰐については、「熊」は熊襲を連想させるから、久米氏や大伴氏のことで、「鰐」は紛れもなく和珥氏のことだ。和珥氏が肥前の有明海に面する海人族であることはすでに述べた。また、五十迹手がヒボコの子孫であり、神功皇后と同族なのだから、もしかすると、この五十迹手はタケノウチ・スクネの部下の軍勢のことを言っているのかもしれない。だとすると、タケノウチ・スクネとは伊都国王らしいということになってくる。これは一つの可能性のある推定だ。

●「応神東遷」の演出者たち

さて、前章で紹介した高群女史の提出した系図8（一七三ページ）を見直してほしい。その最後の個所に、武内宿禰と葛城氏の虚空津姫との間に葛城襲津彦が生まれたとしている。私はそれを信頼できるとした。この葛城虚空津姫の両親の息長宿禰と葛城高額姫こそ息長足姫（オキナガ・タラシ姫）すなわち神功皇后の両親ではないか。ということは、虚空津姫はオキナガ・タラシ姫の姉妹ということになる。したがって、襲津彦は応神天皇の従兄弟ということになってくる。

では、ここで「近畿進出軍団」の同行者の確定の作業に入ろう。まず、『古事記』・『日本書紀』の記事を見ると、神功皇后と将来の応神天皇たる皇子、それに武内宿禰の名前があるだけだ。ところが、難波への上陸に失敗した時、神功皇后に教えを垂れている神がある。それは、天照大神・稚日女尊・事代主尊の三神と、住吉の神たちだ。これはどういう意味だろうか？

　まず、天照大神は「わが荒魂を皇居に近づくべからず。まさに御心広田に居らしむべし」という奇妙なことを言っている。この天照大神とは、言うまでもなく、宇佐女王のことで、言うところの意味は「自分は将来、天皇の姑になるが、皇居には近寄るまい」と解釈すれば納得がいく。現に、西宮市の大社町にある広田神社には天照大神が祀られているが伊勢神宮とは何の関係もない。

　次に、稚日女尊が「活田長峡国に居らんと欲す」と言っている。神戸市生田区の生田神社に祀られる神は若姫だから、宇佐神宮の比売大神と同じく宇佐女王の娘たちだと考えるのが自然だ。ただ、長峡は景行天皇が行宮を建てた豊前・京都郡の長峡を連想させる点にも留意したい。

　事代主尊を祀る長田神社も神戸市長田区にある。これは事代主尊が「わが御心を長田国に祠れ」と教えたことによる。では、ここでいう事代主尊とは誰のことだろうか？　事代主とは「御事の正しい判断を下せる人」ということだろう。だから、それは「東征」の軍団の長に決まっている。それはホムダ・マワカ以外の何者でもありえない。彼も宇佐女王と同じく、将来の天皇の舅になるわけだが、直接、新王朝に関係せず、リモート・コントロールをはかるため政治の前面から身を退くことを宣言したのだろう。

　最後に、住吉の神——上・中・底の三筒男神も、自分を祀ることを命じている。それは、この軍団の輸送を住吉海人族が引き受けたことを物語っている。住吉大神も難波の社に祀られている。

　こうして「神功皇后の帰還」の同行者が確定した。それは、事代主命こと已百支国王のホムダ・マワカ、天照大神にたとえられた宇佐女王の金田屋野姫（海部・尾張氏の女）、稚日女尊すなわち彼らの間に生まれた三人の娘、それに、後に「神功皇后」と諡号（しごう）されたオキナガ・タラシ姫、その本当の夫で恐らくは伊都国王だったと推定される「武内宿禰」、そして、その軍団の輸送を担当した住吉海人族という顔ぶれだった。

『日本書紀』の編者は、「九州勢力の東征」の真相を隠し、それを「神功皇后の帰還」として描くことにしたため、登場人物の名前を明らかにすることができなかったので、「四柱の神の教え」という実に巧妙な方法でその実態を物語ったわけだ。その手法の鮮かさには感動せざるをえない。私は、この遠征のことを「応神東遷」とよぶことにしたい。

●「応神東遷」こそ「神武東征」だ

ここで、この「東遷」が企画され、しかも成功した背景について考えてみよう。それは、近畿側からの誘いがあって決意されたものであるはずだ。そうでなければ、このような大事業を思い立つことは不可能だったと思う。では、誰がオキナガ・タラシ姫を招いたのだろうか？　それは彼女の母方の葛城氏とその同族の紀氏だったに違いない。彼らは、すでに大和と紀伊に根拠地を有していた。そして、河内方面に勢力を張っていた大伴氏もそれに同調したに相違ない。

もう一つ、オキナガ・タラシ姫の父方のヒボコ系もそれを歓迎したはずだ。武内宿禰が実は伊都国王だったとすれば、これもヒボコ系だ。ヒボコ系と言えば、ヒコイマス王の子孫が近畿北部を支配しており、垂仁天皇を立て、その子孫を大王としていたのだから、ヒボコの子孫のオキナガ・タラシ姫を迎えるのに異存はなかったことだろう。

とは言え、いつの場合にも、どの勢力にも内部対立は付きものだ。だから、オキナガ・タラシ姫を迎え入れて新政権を作るという構想にも、当然、強硬な反対者がいたに違いない。したがって、この計画は、けっして予定どおりスムーズに行ったわけではない。一部の勢力の頑強な抵抗があった。そのことを『日本書紀』は以下のように記している。

神功皇后の夫とされる架空の人物である仲哀天皇には、カゴサカ・オシクマという二人の皇子がいたという。彼らは、誕生したばかりの皇子に天皇の位を奪われるのではないかと恐れ、兵を集めて対抗した。神功皇后は、武内宿禰に命じて彼らを破っている。

抵抗する二人の皇子側には、犬上君の祖の倉見別・吉師(きし)の祖の五十狭茅(いさち)宿禰らがついた。しかし、カゴサカ王は狩りの途中で出現した赤い猪に食い殺されてしまう。オシクマ王のほうは、武内宿禰の謀略によって戦死してしまう。すなわち、「皇后」側の軍は弓弦を断って戦意がないふりをし、それを信じたオシクマ王の軍が武装を解くのを見るや、髪の中に隠し持っていた代わりの弦を取り出し襲撃をかけ、ついに王を川の流れに沈ませてしまったという。

なお、武内宿禰の下で「皇后」の部将として活躍した人物として「和珥臣の祖武振熊(たけふるくま)」の名がある。この男は「仁徳紀・六十五年条」にも、飛騨の怪人両面宿儺(ふたつのかおのすくな)を退治した英雄とされている。ところが『海部氏系図』には、第十七代に「難波根子建振熊」がいる。これは「和珥臣の祖武振熊」と同一人物としていいだろう。一人の人が違う二つ以上の氏族の祖先とされる例が極めて多いことは、高群女史がつとに指摘していることで別に異とすることではない。この場合、豊後にいた海部氏もまた、「応神東遷」に参加し、以後、丹後に定着したことになる。

こうして、抵抗者を排除した「神功皇后」は皇子を立てて皇太子とし、自らはその摂政となる。

『記・紀』は、この「応神東遷」のことを「神武東征」としても採録している。それは、この二つの記事に、いくつかの共通点があることから証明できる。

第一に、上陸が円滑にいかなかったことが挙げられる。「神武軍」は難波で奔流に悩まされ、白肩津から上陸してからも膽駒（生駒）でナガスネ（長髄）彦の抵抗を受けている。「神功皇后軍」も難波で船が進まず、いったん務古（神戸）の水門に避難している。

第二に、抵抗者が兄弟ワンセットで出てくる。「神武東征」の場合は、兄磯城・弟磯城や兄ウカシ・弟ウカシが出てくるし、ナガスネ彦にもアビ（安日）彦という兄弟がいた。このことは、後に触れる。「応神東遷」の場合は、カゴサカ・オシクマ王の兄弟だ。

第三に、敵を破る方法が謀略によっている。「神武」の場合は、室に「押し機」を仕掛けたり、酒をふるまって酔い潰すなどの戦術を用いている。

第四に、天照大神と事代主尊が出てくる。「神武」は、アマテラスの使いから剣を賜っている。そして、即位後にコトシロヌシの孫を皇后にしている。「神功」の場合は、アマテラスは同行した宇佐女王のことだが、コトシロヌシに相当するホムダ・マワカの娘が応神天皇の后妃となる。

その他、金色の鵄と「日夜を別ける光」だとか、阿太・吾田などの共通の地名が両方に出てくる。そして、国樔（山地生活者）が「神武紀」にも「応神紀」にも現われている。

ただ、大きな相違点として、「神武」は南方迂回作戦を採り、熊野に上陸したとされていることだ。これは、紀氏が「東征」の支援的立場にあったことが関係していると思う。つまり、紀氏の支配圏拡大の経過を「東征」とダブらせたのだろう。また、大伴氏が吉野の丹生（にう）の川上の神事に関係していたことは、『万葉集』の大伴坂上郎女（さかのうえのいらつめ）の歌で知られているが、そうした事情から「東征軍」に吉野を歩かせたのではなかろうか。「応神紀」でも吉野は国樔に関して出てくる。

●東北に追われた旧大和勢力

このように、『記・紀』の「神武東征」の記事は、前に見たように、「崇神東遷」をふまえて、しかもこの「応神東遷」をもミックスして創作されたものであることが判明した。

では、もう一つ、征服されたのは誰か、という重要な問題について検討してみよう。

「神武紀」では、紀伊の名草邑で名草戸畔（なぐさとべ）が殺されている。それは、恐らくは紀氏の宿敵のことだろう。熊野では丹敷戸畔（にしきとべ）が討たれている。この地も紀伊に属するから、これも同様と思われる。その他、兄ウカシ・八十（やそ）タケル・兄シキらが討たれている。そして、最後に、ニギハヤヒ（饒速日）がナガスネ彦を殺して「神武」に降伏している。

一方、「神功紀」では二人の皇子だけが殺されている。

ナガスネ彦（『古事記』では、登美の那賀須泥毘古）は、物部氏の祖神であるニギハヤヒ（饒速日・迩芸速日）命に仕え、自分の妹の三炊屋（みかしや）媛――またの名がトミヤ（鳥見屋・登美夜）姫を主君の妻として捧げており、生まれた子の名はウマシマテ（可美真手・ウマシマジ＝宇摩志摩遅）命といい、物部氏の初代とされている。

『日本書紀』では、ニギハヤヒが「ナガスネ彦は性質が良くない」として殺して「神武」に降伏したとしているが、『古事記』には、降伏したのはウマシマジであるとし、ナガスネ彦の最期については何も記していない。

ところが、東北地方には、「ナガスネ彦には安日彦という兄がおり、脱走して東北地方に逃れた」という伝承が広く残っている。例えば、「前九年の役」（一〇五一年）で源氏に敗れた安倍氏の子孫と称する一族の系図には、しばしばそのことが書かれている。また、近年、青森県北津軽郡市浦村の「村史資料」として刊行された『東日流外三郡誌』は、中世において津軽地方で最大の水軍を擁していた安東氏の祖先が安日彦であると伝えているだけではなく、「綏靖・懿徳・孝元・開化天皇は自分たちの祖先である」とも書かれている。

安倍氏の系図で奇妙なことは、「自分たちの先祖はトミ彦といい、生駒山麓に住んでおり、物部氏の先祖と姻戚関係にあったが、九州からの東征軍と戦って敗れ、東北に逃れて来た」としながら、その一方では、「四道将軍」の一人であるタケヌナカワワケ（武渟河別・建沼河和気）の子孫であるとする系譜も伝えている。この奇妙な事実をどう解釈したらよいだろうか？

アビ彦伝承を全くの虚妄のものとし、「大和から追放された敗北者の子孫が自らを卑下して賊の子孫だとしながらも、かつては王者であったかのように自らを美化しようとする妄想の産物だ」として斬り捨てる人も多いと思う。そうかと思うと、「神武東征に敗れたナガスネ彦の残党は、東北地方で勢力を畜え、大和に攻め上り、四人もの天皇を出したのだ」などという滑稽な仮説を説く例さえ見られる。

しかし、綏靖天皇の父としての「神武天皇」などはいなかったのだから、『記・紀』が伝えるナガスネ彦もいなかったことになる。では、本当はどうなのだろうか？　それは次のように考えれば理解できる。というのは、もしも、九州勢力の「東征」によって、敗走して東北地方に逃れた元王者がいたとすれば、それは「崇神東遷」の際の敗者か、さもなければ、「応神東遷」の時に敗れた皇子たちということだ。

　この謎の答えは、はっきりしている。「アビ彦・ナガスネ彦の兄弟」とは、「カゴサカ・オシクマ王の兄弟」のことだ。『記・紀』はともに、オシクマ王の敗死は史実として描写しているが、兄のカゴサカ王のほうは「猪に食われた」とのみ記し、「敵に殺された」とは書いていない。そのことは、カゴサカ王が脱走したという事実を『記・紀』の編者が知っていたからではなかろうか。

　そう考えれば、すべての謎は解けてくる。「アビ彦」というのはカゴサカ王のことであり、オシクマ王のことを『記・紀』では、「神武東征」の記事に載せる際に、「ナガスネ彦」という異名を用いたことになる。それならば、カゴサカ王は大和の王者の一員だったわけだから、東北に逃れ、「アビ彦」を名乗ってもおかしくない。だから、その子孫が「自分たちの先祖にもと天皇がいた」と称しても嘘を言ったことにはならない。

　カゴサカ・オシクマ王の母は、景行天皇が針間（はりま）（播磨）の伊那毘大郎女（いなびのおおいらつめ）の妹に生ませた女の娘だから、二人の皇子は物部氏とは関係はない。ただ、ナガスネ彦に擬せられるオシクマ王に妹がいて、それが物部氏と結婚していたとすれば、「ニギハヤヒとミカシヤ姫の縁組」の説明もつく。安倍氏が自らをタケヌナカワワケの子孫としたのは、『記・紀』に出てくる四道将軍の知識を利用して体制側に迎合しようとした作為だ。

なお、「応神東遷」の時期は、五世紀初頭ぐらいとしか言うことはできない。また、物部氏の系譜は『先代旧事本紀』に詳しく載っている。それは、『記・紀』が伝える天皇家の系図――「神武」を初代とし、応神天皇を第十五代とするもの――と並べると三代ほど短いだけで、ほぼ平行している。そのため、初代のウマシマテは二世紀初頭ごろに相当し、そのころ「神武東征」があったとする論者には都合がよくなっている。しかし、それは物部氏の系譜を『記・紀』が利用しただけのことだ。ただし、『先代旧事本紀』が説くように、ニギハヤヒが物部氏の一族を率いて、天磐舟（あまのいわふね）に乗って生駒付近に移住したという事実はあったとしていいと思う。それが、二世紀初頭ごろのこととすれば、物部氏の系図も信頼できることになってくる。

以上のようにして、「応神王朝」は九州から進出して来て、ヒボコ系に迎え入れられた新政権であることが判明した。それを支えた氏族は「応神紀」以下を見ればわかるが、武内宿禰の子孫とされる羽田・巨勢・平群・蘇我・紀・葛城が中心になっている。このことは銘記する必要がある。

十五、「倭の五王」の時代――「応神王朝」の実像

これまで見てきたように、『古事記』や『日本書紀』が伝える情報は、ほとんどが史実そのままではなく、ずっと後の出来事を利用してもっともらしく史実のように記したり、事実を神話の形で述べたりしている例が多かった。しかし、それらの工作や歪曲を取り除き、「地名の一致」だとか「神社の祭神の分析」などの手法を採り入れて、信頼度の高い「氏族の系譜の照合」などの手続きをしながら考察を進めてみると、意外なほど多くの隠されていた真相が浮かび上がり、地名と人名の伴った古代史像を描けるようになってきた。

中でも日本古代史の歪曲の最たるものは、「神武天皇の東征」を創作したことだった。そして、それは「崇神東遷」と「応神東遷」を合成したものであることが明らかになった。

五世紀の初頭の「倭国」の状況は、河内平野に「応神王朝」が成立していた。それは、主としてそれまで九州にあった「トヨ（豊）の国」にあった氏族の連合勢力が、すでに近畿地方に進出していた大伴氏や紀氏と、近畿北部にあったヒボコ系の王国連合の招きによって大移動して出来たものだった。この新王朝に反対した旧大和王朝の支持者は東北地方に落ち延びて行った。

●仁徳天皇は実在しなかった

ところで、『日本書紀』の記事の年代や内容の真偽については、一般に、六世紀半ば以後に関しては、若干の誇張や誤記はあるとしても、ほぼ信頼できるというのが通説とされている。しかし、それまでの一世紀半、つまり、いわゆる「応神王朝」については、大いに疑問があるとしながらも、部分的には史実として採用できるものがあるとされている。私も、そう思う。

そこで、最初に問題となるのは、応神天皇の母とされる「神功皇后」の摂政時代の新羅（しらぎ）との関係だ。このテーマについては、学界でもいろいろと論じられているので、ここでは深入りすることは避ける。ただし、神功摂政五二年（『日本書紀』の年紀で二五二年に相当）に、百済（くだら）王から贈られた「七枝刀」が、石上（いそのかみ）神宮に保管されている「魏の泰和四年（三六九年）」の銘のある「七支刀」と同じものか否かに目を向けよう。もし、「神功皇后紀」の紀年が、二巡（一二〇年）くり上げられたものだとする説によると、僅か三年の差だから、石上神宮の刀は本物ということになり、当時の倭国の地位や『日本書紀』の記事の信頼性が高まることになるからだ。

このことの結論は何とも言えないが、当時のわが国が『記・紀』の語るように新羅や百済から朝貢を受けていたとは言えなくとも、何らかの国交があったことは事実としていいだろう。

それよりも、「日本古代史の復元」にとって問題なのは、直木孝次郎氏らが説く「応神・仁徳同一人物説」があることだ。これについては、その論拠は、両天皇の記事につき、『古事記』で仁徳天皇のことを「品陀（ほむだ）の日の御子」という応神天皇の名前で呼んでいることや、『記・紀』の記事の間に混乱があることなどが理由とされている。前に、私は「崇神・垂仁同一説」が成立する可能性があることを示したが、「応神・仁徳同一説」は、もっと真実性が高いと思う。もし、それを認めると、この二人の天皇の皇子たちの同一性についても語らなくてはならなくなる。

仁徳天皇の皇子	その母	それと対応する応神天皇の子とその母
去来穂別尊（履中天皇）	磐之媛皇后	伊奢の真和迦（葛城の野伊呂売の子）
住吉仲皇子（墨江皇子）	同右	隼総（速総）別皇子（桜井田部の糸姫）
瑞歯別尊（反正天皇）	同右	
雄浅津間稚子宿禰（允恭天皇）	同右	菟道稚（宇遅若紀）郎子（宮主宅媛）
大草香（大日本）皇子	髪長媛	大山守皇子（高木入媛）
幡梭（波多毘大郎女）皇女	同右	矢田皇女（八田若郎女）（宮主宅媛）
若日下部命（雄略天皇の皇后）	同右	

右のような比定をする根拠は、まず、履中天皇の名前は、「イザホワケ」であり、それは応神天皇の子の一人の「イザノマワカ」とよく似ている。しかも、その母はどちらも葛城氏の女（磐之媛は襲津彦の子）だ。応神天皇には、高木入姫の子として別に「イザノマワカ（去来真稚・伊奢真若）」の名があるが、これは明らかに重複だ。つまり、磐之媛と葛城の野伊呂売は同一人物となる。

次に、スミヨシ・ナカツ（スミノエ）皇子は履中天皇が愛する黒媛と関係して殺されたが、ハヤブサワケ皇子も仁徳天皇が召した雌鳥皇女と密通して殺されている。オアサツマ・ワクゴノスクネ（允恭天皇）もウジノ・ワキイラツコもどちらも皇位につくことを辞退している。

　また、オオクサカ皇子が安康天皇と雄略天皇によって殺された事情と、大山守命が異母兄弟のオオササギ（大雀）命とウジノ・ワキイラツコの協力で殺された事情とは異なるが、謀殺された点は同一だ。ハタヒ皇女とハタ皇女は名前が似ているだけでなく、安康天皇がオオクサカ皇子を殺してまでも弟の雄略天皇にハタヒ皇女を与えたのと、仁徳天皇がハタ皇女を強引に宮廷に入れたのとは照応する物語だと言っていいと思う。反正天皇は存在性が薄い。

　どうやら、応神天皇の子と仁徳天皇の子とは完全に重複している。つまり、仁徳天皇など応神天皇の子とされる皇子たちはすべて架空人物であり、実は、履中天皇たちは応神天皇の子のことであるのが本当だったことがわかった。

　そこで、「応神王朝」の系譜を掲げておく【系図9】。


【系図9】

- 応神天皇
  - 大山守命……大草香皇子 ― 眉輪王
  - 仁徳天皇
    - 大草香皇子 ― 眉輪王
    - 御馬皇子
    - 履中天皇 ― 市辺押磐皇子
      - 飯豊青皇女
      - 仁賢天皇 ― 武烈天皇
      - 顕宗天皇
    - 住吉仲皇子
    - 反正天皇
    - 允恭天皇
      - 安康天皇
      - 雄略天皇
        - 星川皇子
        - 清寧天皇
    - 飯豊皇女
  - 隼総別皇子……住吉仲皇子
  - ……反正天皇
  - 菟道稚郎子……允恭天皇
  - 稚渟毛二派(若野毛二俣)王 ― □ ― □ ― 彦主人王 ― 継体天皇

では、なぜ『記・紀』の編者は「仁徳天皇」という架空の人物を創作したのだろうか？　それは、「わが国の歴史をできるだけ長くしてみせたい」とか、「人民の苦しみを見かねて三年間も税を免じた聖天子を描きたかったから」というような説明をしたがる向きもあろう。しかし、私は、そういう動機はあったかもしれないが、本当は「応神天皇についての情報が過剰だったことによる」のだと思う。それらの情報は、ほとんどが断片的でしかも曖昧なものだったため、それらを整理しているうちに、二通りの応神天皇――一方は神功皇后の子としての、他方は履中天皇らの父の仁徳天皇として描かれたものだったことによって「二人の天皇」が作られたのだと考える。

『日本書紀』の紀年によると、神功皇后は西暦二〇一年に皇太后として応神天皇の摂政となり、二六九年に亡くなったとしている。しかし、いくら何でも六十九年間の摂政ということは考えられない。ついで、応神天皇は二七〇年に即位し、三一〇年まで四一年間在位し、その後、二年の空位をおいて、仁徳天皇が三一三年から三九九年まで八十七年間、皇位にあったとしている。

仁徳天皇の非実在説を採り、合理的に考えれば、神功皇后の摂政就任から応神天皇の死までは、せいぜい五十年か六十年だろうから、「神功摂政」を五世紀初めとするなら、履中天皇の即位は五世紀の半ばごろのことと推定されてくる。履中天皇の都は大和の磐余（いわれ）の稚桜（若桜）の宮だった。この天皇は奈良時代の天皇家の先祖で、最初に大和に入った大王だった。『記・紀』が創作した初代天皇の名がカムヤマト・イワレ彦とされたのは、応神天皇系で最初に大和の地に入った履中天皇の宮の地名に因んだものに違いない。

●「倭の五王」の対外政策

そこで、第三の問題が出てくる。それは中国に使者を派遣したという「倭の五王」のことだ。それを年表ふうに記すと――

倭王	朝貢相手	年代	出典
讃	晋・安帝	四一三	『晋書』
讃	宋・武帝	四二一	『宋書』
讃	宋・文帝	四二五	『宋書』
珍	宋・文帝	四三八	『宋書』
済	宋・文帝	四四三	『宋書』
興	宋・孝武帝	四六二	『宋書』
武	宋・順帝	四七八	『宋書』
武	斉・高帝	四七九	『南斉書』
武	梁・武帝	五〇二	『梁書』

これらの「倭王」については、通説では、中国の史書の記す王の父子関係などから、「讃」は仁徳天皇もしくは履中天皇、「珍」は反正天皇、「済」は允恭天皇、「興」は安康天皇そして、「武」は雄略天皇のことではないか、と比定されている。この件につき、『魏略』という書物に、「倭人の風俗は正歳四節を知らず、ただ、春秋をも年紀となす」とあることから、「二年二倍暦」――一年を二年として数える風習が行なわれていたとする人がいる。それによると、雄略天皇の年紀は『紀』の通りとし、それ以前の天皇の在位期間を半分にして逆算していくと、各天皇の即位は、仁徳が四一三年、履中が四三四年、反正が四三七年、允恭が四四一年、安康が四六一年、雄略が四六二年ということになってくる。そして、この場合の仁徳天皇というのは応神天皇のことだとし、『記・紀』のいう「神功皇后の摂政の時期」も含めるとすれば、「倭の五王」の比定は無理なく行なわれ、

武寧王陵（韓国・扶余）

「讃」は応神天皇ということで、右の通説通りになる。

「武」が雄略天皇であり、その歿年は『紀』が伝える四七九年というのは、ほぼ正しいとしていいだろう。なぜかと言うと、「雄略紀」で「筑紫の島で生まれた百済の王子が帰国して斯麻王となった」という記事があり、その斯麻王というのが百済の武寧王のことであることは諸家が認めている。ところが、近年、武寧王の陵が発掘され、墓誌文からその生歿年が確定され、それが『日本書紀』の記す年であることが確認されている。だから、『日本書紀』の雄略天皇以後の紀年は客観的な事実と一致すると言うことができる。

ところが、この「倭の五王」に関する記事が『記・紀』に全くないことから、「それは大和王朝の王ではなく、九州王朝のものである」とする見解もある。しかし、「武」は宋の順帝への「上表」に、自分の祖先が自ら武力をもって全国を平定し、「東は毛人を征すること五十五国、西は衆夷を服すること六十六国、渡りて海北を平ぐること九十五国……」と述べている。このことは、「武」の数代前の「九州王朝」のしたこととは思えない。

ここで重要なのは、「武」が朝鮮諸国の支配権を主張し、それを中国の皇帝が認めていることだ。

順帝は、「武」の主張をいれ、「使持節都督、倭・新羅・任那・加羅・秦韓・慕韓六国諸軍事・安東大将軍・倭王」に任じている。もし、これが五世紀末に倭国が百済を除く朝鮮半島中部以南について、名目的であっても正当な支配権を有していたことを意味しているとすれば大変なことになる。

実際には、百済が除かれていることから見て、当時の順帝の認識する東の独立国は百済と倭だけだったのだろうし、当時の中国は南北朝時代で、南の宋にとっては、北の北魏との対抗上から、「武」の主張をそのまま認めただけのことと解したい。しかも、すでに存在していない「秦韓」や「慕韓」などの王位を挙げていることは、事実に基づき倭の支配権を承認したことにはならない。ということは、何を意味するのだろうか。それは、「武」の祖先が遠い昔——恐らく三世紀も以前に朝鮮半島の王者だったことがあり、それ以後もその正当な後継者であるという意識をもっていたということだ。「武」は、いわば実体を伴わない虚名を与えられただけのことになる。

とは言うものの、応神天皇の孫（仁徳天皇は実在しないから）の雄略天皇は現実に朝鮮半島に何一つ足掛かりを持っていなかったならば、こういうことを主張することはできなかったことだろう。そこで、「任那（みまな）」の実体が問題になる。

『日本書紀』の「雄略紀」には、五年に百済王の子の島君（後の武寧王）が質としてわが国に送られて来たことが記されており、翌々年、吉備の上道臣田狭（かみつみちおみたさ）が愛人の稚媛（わかひめ）を天皇に奪われて任那の国司に任命され、そこを根拠地として、新羅の力を借りて天皇に反逆したとしている。一方、十四年には、中国の呉（ご）から、百済をめぐる新羅と高句麗（こうくり）との戦いに雄略天皇は干渉している。このように、応神天皇の二代後の雄略時代には対外関係の記事が多い。紡織の技工が来ている。

「任那日本府」とは、『日本書紀』が「大和王朝が朝鮮半島南部に置いた出先機関」のようなものとして記したものだ。「日本府」が存在したか否かについては、二十世紀の前半、大日本帝国が朝鮮を植民地として支配していたころ、懸命にその遺跡を掘り出そうと努力したが痕跡も発見されていない。したがって、「この記事は虚構に過ぎない」とする意見が有力とされているが、「継体紀」に「任那」をめぐる土地問題の記事があり、五三二年にこの土地が新羅に併合されて後も、大和王朝は「仁那回復」の努力をしているから、何らかの足掛かりがあったことは否定できない。

●血で血を洗う「応神王朝」

「応神王朝」以後、にわかに朝鮮半島との関係が重要になってくるが、その件については、次章以下で検討することとし、五〜六世紀の国内事情に目を移そう。

仁徳天皇は実在しなかったわけだから、「応神紀」と「仁徳紀」とを合わせたような一人の大王がいたと考えることになる。応神・仁徳の宮とされるものは、どちらも河内（大阪府）に当てられているので、この王朝は「河内王朝」とも呼ばれている。また、応神陵・仁徳陵として伝えられるものは、二つとも世界最大級の規模の墳墓で、そのうち、仁徳陵とされている堺市大仙にあるほうが、「応神イコール仁徳陵」で、もう一つの羽曳野市誉田（こんだ）にある、応神陵とされているほうは、三人の后妃の父のホムダ・マワカのものと考えてもおかしくはない。

ただし、この「天皇」についての『記・紀』の記述は、ある程度信頼できるものを含んでいるが、ほとんどは伝説的なものと思うべきだろう。その中で、王仁（わに）や阿知使主（あちのおみ）らの渡来については、相当程度の信頼を置くことはできるが、「この時代以前に、わが国に文字がなかった」とは考えられない。三世紀の卑弥呼でさえも、魏に使者を派遣していたのだから、当然、通訳だけでなく、漢字の読み書きができる書記を抱えていたと思うべきだ。証拠がないことは残念だが、そう考えなくては、当時の邪馬台国の文化の状況を正しく把握するのは困難だと思う。

さて、「応神・仁徳天皇」の次の履中天皇の名は、「イザホワケ（去来穂別・伊耶本和気）」で、応神天皇の幼名の「イザサワケ（去来紗別・伊奢沙和気）」の子にふさわしい。この天皇については、父の死後、その諒闇（りょうあん）中に、后としようとした黒媛をスミヨシ・ナカツ（住吉仲・墨江）皇子が奸淫したので、弟のミズハワケ（瑞歯別・水歯別）の協力で、これを殺した話くらいしか記事らしいものはない。

しかし、これとよく似た話が、「応神紀」の大山守命を二人の異母兄弟（オオササギ命＝仁徳天皇とウジノ・ワキイラツコ）の協力で殺す話としてあって、それが神武天皇についても、タギシミミ（手研耳・当芸志美美）を二人の兄弟が協力して殺す話の創作の種となっている。つまり、このことが神武・応神・仁徳の三天皇は同一だということの証拠ということができる。

ところで、この履中天皇の都が磐余（いわれ）の稚桜（若桜）の宮であることは、実在しない神武天皇の宮の場所を決める時の材料になったことは前に述べた。つまり、九州から「東征」した初代天皇の宮として、応神天皇の次の大王の宮を借用したというわけだ。

では、以後の「歴史」を『日本書紀』に即して年表ふうに記してみよう――

推定年代	『日本書紀』に記されている主な事件
四三四	仁徳諒闇中、住吉仲皇子を殺し、去来穂別（履中）天皇即位。在位六年。
四三七	瑞歯別（反正）天皇即位。（五年間在位。一年空位）
四四一	雄浅津間稚子宿禰（允恭）天皇即位。氏姓を正すために盟神探湯。皇后と不和。軽大郎女を伊予に流す。
四六一	穴穂（安康）天皇即位。眉輪王に暗殺される。（三年在位）
四六二	市辺押磐王・御馬皇子を殺して、大泊瀬稚武（雄略）天皇即位。大草香皇子を殺す。百済の池津媛を殺す。百済王の弟の崑支来る。
四六五	葛城山で一言主命と会う。吉備の前津屋の不敬。田狭の叛。新羅に遠征。
四七〇	呉から織女が来る。秦酒公に同族を支配させる。（二十三年在位）星川皇子を殺す。
四八〇	白髪武広国押稚日本根子（清寧）天皇即位。后妃・子無し。（五年在位）
四八五	摂津から二皇子を迎える。弟の弘計（顕宗）天皇即位。（三年在位）
四八八	億計（仁賢）天皇即位。日鷹吉士を高麗に派遣。
四九九	小泊瀬稚武（武烈）天皇即位。暴虐行為。（八年在位）皇統断絶。
五〇七	越前・三国より男大迹王を迎える。継体天皇即位。

ここで見られるように、「応神王朝」の歴史は血を血で洗う殺し合いで満たされている。特に、雄略天皇は、即位前から従兄弟のイチベノ・オシハ（市辺押磐）皇子・ミマ（御馬）皇子を殺して

いる。そのことから、イチベノ・オシハ皇子の遺児のマユワ（眉輪）王によるアナホ（穴穂＝安康）天皇の暗殺が惹き起こされる。さらに、雄略天皇は弟のキナシ・カル（木梨軽）皇子や甥のホシカワ（星川）皇子を次々と殺している。そのため、息子のシラガタケ・ヒロクニ（白髪武広国＝清寧）天皇の死後、皇統が絶えた形となったので、前述したように日下部氏の庇護の下に難を避けていた二皇子（殺されたイチベノ・オシハ皇子の子）を捜し出して天皇にしたという。その間、伯母の飯豊皇女が一時的に皇位についたという説もある。

二皇子の記事は、丹後にも伝承があり、事実に近いものとしていいだろう。ところが、仁賢天皇の子のオハツセ・ワカタケ（小泊瀬稚鷦鷯＝武烈）天皇が死ぬと、今度は、本当に皇統は断絶してしまう。この武烈天皇は、『日本書紀』には悪逆の限りを尽くしたように書いているが、その行為とされているものは、中国の史書から創作したもので、その真偽を問うまでもないだろう。

「応神王朝」の記事のうち、注目すべきこととして、この時期に「吉備が大和の支配下に入った」とされていることだろう。応神天皇は、吉備臣の祖の御友別の妹を愛し、その三人の子に、吉備を分割して与えたことになっている。稲速別は下道臣、仲彦は上道臣、弟彦は三野臣の祖となったとされている。下道とは倉敷市周辺、岡山市を流れる旭川の左岸が上道で、右岸が三野だ。そして、雄略天皇の七年、下道臣の前津屋を「天皇に不敬な行為があった」というので討ち滅ぼし、ついで、上道臣の田狭が自分の妻を自慢したことを咎めて任那国司として左遷し、その妻を取り上げている。

吉備は、私に言わせると、古くは天の日矛の勢力圏だったというわけだが、下道の隣の賀陽郡には、「鬼の城」として知られる延長二・八キロに及ぶ古代山城があり、朝鮮半島南端にあった伽耶国との関係を思わせる。吉備平野には、造山・作山など「応神・仁徳古墳」に次ぐ巨大古墳があり、この地の豪族の勢力が強大だったことがわかる。それが、五世紀末に大和王朝の支配下に入ったというのである。これも史実に近いものと判定していいだろう。

十六、筑紫の磐井の乱——欽明王朝は征服者か？

河内平野に突如として築かれた巨大古墳群の中の最大の二つの被葬者は、応神天皇と仁徳天皇だとされている。ところが、私は「この二人は同一人物である」ことを、后妃や皇子たちの一致によって証明した。そして、九州から「東遷」して来て成立した「応神王朝」は、次の履中天皇の時に、大和に進出し、以後、『記・紀』に記されているような皇子たちどうしの殺戮を経て、六世紀の初めに武烈天皇を最後とし、いったんは断絶した。

しかし、それまでの五世紀中には、「倭の五王」の中国への遣使や、新羅・百済との関係の深まりなど対外関係の発展が見られ、国内の統一についても大和王朝による吉備地方の制圧など、ほぼ史実と認められる動きがあった。

このあたりからは、『古事記』の記述は次第に簡略になる半面、『日本書紀』の記事は年紀の面でも、内容の面でも信頼度は高まってきている。そこで、「日本古代史の復元」の上で最後の難問である「継体天皇の出自（しゅつじ）」や「筑紫の磐井（いわい）の乱の実態」、あるいは「安閑・宣化朝と欽明朝の対立説」などについて考察してみることにする。

●継体天皇登場の謎

『日本書紀』が説くところでは、後継者を残さずに武烈天皇の死んだ翌年の五〇七年、大伴金村らの推戴（すいたい）によって、越前（福井県）の北部の三国（みくに）からオオト（男大迹・袁本杼）王が迎えられ、大和王朝の「大王位」をついだ。しかし、五十七歳で即位した継体天皇は、ただちに大和に入らず、山城の樟葉（くすは）の宮・筒木（つつき）（綴喜）の宮に七年、ついで、弟国（おとくに）（乙訓）の宮に八年を過ごし、即位二十年後になって、やっと大和の磐余（いわれ）の玉穂宮に入った。

この天皇は、応神天皇の五世の孫であるとされている。その系図は、福井市の足葉神社にある石碑や聖徳太子を讃えた『上宮記』に記されている。

オオト天皇の后妃と皇子と皇女を示すと——

出自	后妃	皇子・皇女
尾張連草香の子	目子媛（めこ）	安閑・宣化天皇
仁賢天皇の娘	手白髪（たしらが）皇女	欽明天皇
三尾角折君の妹	稚子媛（わかご）	大郎皇子・出雲皇女
三尾君堅楲（かたひ）の娘	倭（やまと）　媛	椀子（まりこ）皇子（三国公の祖）ほか三名
坂田大跨王の娘	広媛	茨田（まむた）皇女ほか二皇女
息長真手王の娘	麻績（おみ）郎女	荳角（ささげ）皇女
茨田連小望の娘	関媛	茨田大郎皇女ほか三皇女
和珥臣河内の娘	荑（はえ）媛	厚皇子ほか二皇女
根王の娘	広媛	兎（うさぎ）　皇子（酒人公の祖）・中皇子（坂田公の祖）

天皇に迎えられる前の本来の妃は、邪馬台国女王卑弥呼を出した海部氏の同族の尾張氏の女だった。そして、皇統を継ぐとともに、前の武烈天皇の妹のタシラガ姫を皇后としたとしている。

三尾（みお）というのは、琵琶湖の西岸の安曇（あど）川の河口にあり、オオト皇子の父の彦主人（ひこうし）王の別荘があった所とされている。そして、三国はオオト王の母の振媛（ふりひめ）（布利比弥）の生地とされている。茨田は淀川の下流地域にある。このように、継体天皇の姻戚は、北陸・東海・近畿の広い範囲に及んでおり、その実力は、それまで「応神王朝」を支えてきた大和勢力にとって、大王位を託するに足りるものと考えられたに違いない。

ところが、一部の論者は、『記・紀』の編者の意識の中に、「皇位の継承者は、応神天皇の血脈をつぐ者でなくてはならない」という考えがあったので、「継体天皇をその五世の孫」としたが、その系譜は信頼できないとする向きもある。しかし、父のヒコウシ王や妃の一人を出した息長氏がいた近江は、応神天皇の母で「ヒボコの子孫」であるオキナガ・タラシ姫の関係地であり、「ヒコウシ」という名前は「ヒボコ系」を思わせることや、何よりも応神天皇の后妃の母である宇佐女王が属する尾張氏の女のメコ姫を最初の妃としていることは極めて自然であるから、私は、あえてこの天皇の出自について「応神天皇の子孫説」を疑う必要はないと思う。とは言え、第十章で見たとおり、これらの后妃が垂仁天皇の后妃とそっくりなことが気になる。

しかし、その半面、即位後、二十年間も大和に入らなかったというのは、「オオト王擁立反対派の妨害があったからだ」とする意見は、ほぼ的を射たものとして肯定していいと思う。

●欽明天皇は誰の子か

それよりも、疑わしいのは、タシラガ姫を皇后とし、後の欽明天皇を産ませたということだ。新たに別の系統の王者が入ると、前の王室の女を妻とする例は珍しいことではない。ところが、ことオオト王（継体天皇）の場合、その点は大いに怪しい。なぜかと言うと、彼が即位した時にすでに五十七歳だったから、子どもが出来ない年齢とは言えないとしても可能性は低い。

それはともあれ、生まれた皇子だという後の欽明天皇については『日本書紀』には幼名も生年も即位前のことはいっさい記されておらず、「男大迹(おおと)天皇の嫡子なり」とことさらに強調し、しかも「天皇愛みたまいて常に左右に置きたまう」と書いているだけだ。こういう異例の書き方は、かえってそれが事実ではないことを告白しているようなものだ。

その上、この天皇の幼児時代に見た奇怪な夢の話が出てくる。それは、夢に出てた老人が「秦(はた)の大津父(おおつち)という者を寵愛(ちょうあい)すれば、壮年になってから必ず天下を治めるべき人になるだろう」と言ったというもので、夢から覚めてそういう人を山城の深草の里で見出し、「何事かあったのか？」と問うと、「山で二匹の狼が死闘していたので、それを諭(さと)して闘いを止めさせたので二匹とも命を全(まっと)うした」という。そこで、皇子はこの男を身近に置いて優遇し、皇位について後も大蔵省に勤務させた、ということになっている。いかに安閑・宣化天皇になる二人の兄が皇位継承候補者としていたとしても、継体天皇の嫡子なら当然、王位継承権があるのだから、こういう夢物語が書かれることは異常としか言いようがない。この寓話は、要するに、欽明の即位に関して「二つの勢力の死闘があった」ということを譬話(たとえばなし)として書いたものと思われる。

最も奇怪なことは、五七一年に欽明天皇が歿しているが、その時の年齢のことを「年若干」と記していることだ。『日本書紀』の出来る僅か一世紀半前の、しかも大量の記事を載せている大王の歿年齢が知られていないはずはない。それは書くに書けない事情があったからとしか考えられない。ということは、欽明天皇は継体天皇の嫡子ではなく、皇位継承闘争のあげく転がり込んで来た幸運によって即位できたということを暗に語っているのではなかろうか？　このことは、欽明の名前が「アマクニ・オシハラキ・ヒロニワ（天国排開広庭）」となっていることからも「実力で天下を取った大王」というイメージで象徴されていると言えそうだ。しかも、欽明の皇子時代のことは、夢物語以外には何もなく、即位の年についても、後記のように異説さえある。『日本書紀』の記事全体を見ても、欽明の即位以後とそれ以前とでは、その筆法はガラリと変わっている。このことからも、欽明天皇が新王朝の開祖だったことが察知される。

しかも、「欽明紀」は、『日本書紀』の全体を通じ、「天武紀」を除くと抜群に記事量は多い。ところが、そのほとんどは新羅によって奪われた任那の土地の奪還をはかることに関連した朝鮮半島との交渉をめぐる問題になっており、国内関係のものは仏教の受容についての蘇我・物部の暗闘のこと以外には、全国に広く屯倉（みやけ）（大和王朝の直轄領地）を設置したことくらいで、それ以外のものはほとんどない。こうしたことは何を物語っているのだろうか？

●任那派兵と磐井の乱の意味

欽明天皇の出自の問題については次章で考えることとして、継体天皇のことに戻ろう。五十七歳で即位したこの天皇は即位六（五一二）年、穂積臣押山を百済に使として派遣し、百済人の多く住む任那の四県を百済に割譲し、さらに翌年以後も土地を与えている。これは大連の大伴金村が百済から賄賂を取って策謀したからだと『紀』は記している。このような情勢に対して、任那の隣国の新羅は西から任那に圧力をかけ侵略的態度を取り始める。そのため、任那諸国の中の伴跛国はわが国に不信感を懐き、城を築き新羅と対抗する姿勢を示す。

　こうした中で、任那においてわが国と近い立場にあった加羅国王が新羅と婚姻関係を結ぶに至り、任那の「日本府」の阿利斯等はそれを怒ったが、恐らくは新羅の攻撃を受けたのだろう。そこで、大和王朝も決意を固め、継体二十一（五二七）年、近江毛野臣に、六万の兵を率いて新羅と決戦し、奪われた任那の土地を回復するために派兵することにした。ところが、かねてから大和王朝に反逆する気をもっていた筑紫君・磐井（石井）は毛野の軍の渡海を妨害し、ここに「磐井の乱」が始まった、というふうに『日本書紀』は述べている。

　では、「磐井の乱」の真相は何だろうか？　『古事記』には、「筑紫の君石井、天皇の命に従わず礼なきこと多かりき。かれ、物部荒甲（『紀』では麁鹿火）之大連・大伴金村連二人を遣して、石井を殺しめたまいき」とだけ記している。ところが、『紀』は、その背後に新羅があったとし、大伴金村たちが収賄していたことから、磐井も新羅と通じていたとする。

　この真相は不明だが、『日本書紀』の編集態度はその後も新羅に対して敵意とまでいかないとしても批判的であること、「磐井の乱」以後に金村が政界から失脚していることから判断すると、まったく根拠のないこととも言えないだろう。しかし、後に見るように、この事件後に台頭する蘇我氏が親百済系であり、「諸悪の根源は新羅にある」という態度を取っているから、自分の政敵はすべて「新羅と通じていた」と考えたとしても不思議ではない。『日本書紀』の編集を命じた元明天皇も、その夫の草壁皇子の母の持統天皇も蘇我倉山田石川麻呂の孫だから、それが『日本書紀』の編者の姿勢を左右することになったことは十分に考えられると思う。

ところで、『紀』によると、継体天皇は磐井討伐軍の指令官である物部アラカイに対して、「長門から東は朕（ちん）が制し、筑紫より西は汝（なんじ）が制せよ」と言っている。そのことは、この騒乱が「天下の一大事」であったことを示している。つまり、「新羅討伐」は蘇我氏などの政略であって、むしろ天皇の本心ではなく、磐井の鎮圧のほうが主眼であったとさえ考えられる。それは、磐井軍が征服軍に徹底的に撃たれたことによって肯定されよう。

現在の八女（やめ）市――筑後（福岡県南西部）にある岩戸山古墳の様子は、『筑後国風土記』にある磐井の館があった場所の記述と完璧に一致しており、この古墳こそ確実に「磐井の墓」と判定されている。そして、そこには破壊された石人・石馬が散乱していた。これは、『風土記』に、「討伐軍は石人・石馬を粉砕した」ということを記しているのが事実であることを証明している。

ところが、『風土記』は「磐井は敗勢を知ると単身で脱走し、豊前国に至った」と記している。一方、『紀』は「磐井の子の葛子は糟屋（かすや）の屯倉（みやけ）を献上して死罪を免れた」としている。つまり、磐井の討伐は大和側の勝利に終わり、筑紫と豊の国全体の支配権は一応は大和王朝が握ることができ、安閑二（五三五）年には筑紫・豊・火の三国の八か所に屯倉が置かれた。とは言うものの、完全に筑紫君の勢力を排除するまでには至っていない。その証拠に、それから、百三十六年後の天智天皇の「白村江の戦」に、「筑紫の君・薩夜麻」が参加しており、唐の捕虜となったことが、「持統四年紀」に書かれている。このことは、当時の磐井の勢力が絶大であり、北九州は半ば独立国といえる状況にあったことを物語っている。

●蘇我氏が大王を交替させた

さて、『日本書紀』の「継体二十五（五三一）年紀」には、『百済本紀』の記事の引用として、「日本の天皇および太子・皇子ともに崩り薨せぬ」と記している。ところが、この年はたしかに継体天皇の殁年とされているが、それ以外の皇族の死亡記事はない。また、『紀』には、継体天皇の殁年について、「或本にいう。天皇、二十八年歳次甲寅に崩りましぬ」という異説を掲げ、「又聞く」として右の三人の死を紹介し、「後の勘校者之を知らむ」としている。

太子と言えば、大和の勾金橋宮で即位した勾大兄皇子すなわち広国押武金日で、後の安閑天皇のはずだ。皇子は後の欽明天皇のはずはないから、桧隈の廬入野宮で即位した武小広国押楯天皇つまり宣化天皇のことでなくてはならない。

『紀』によると、これらの天皇の即位年は、次のようになっている。

天皇名	即位年	殁年	年齢
継体	五〇七	五三一	八二　（異説：五三四年殁）
安閑	五三四	五三五	七〇
宣化	五三五	五三九	七三

欽　明　五三九　五七一　不記載

この謎を解くためには、六世紀半ばから七世紀にかけて大和王朝の実権を握っていた蘇我氏があったことを無視するわけにはいかない。蘇我氏は欽明天皇以下の天皇を擁して権勢をふるうようになるので、ここに以後の天皇家と蘇我氏との関係について考える資料として、その系図を掲げることにする【系図10】。

【系図10】

尾張・目子媛＝継体天皇＝手白髪皇女
（継体天皇と尾張・目子媛の子）勾大兄（安閑）皇子、高田（宣化）皇子
高田（宣化）皇子―石姫皇女
（継体天皇と手白髪皇女の子）欽明天皇
欽明天皇＝石姫皇女―渟名倉太珠敷（敏達）天皇
息長真手王―広姫
渟名倉太珠敷（敏達）天皇＝広姫―押坂彦人皇子―舒明天皇
蘇我稲目―堅塩媛、小姉君、馬子、石寸名郎女、倉麻呂
馬子―刀自古郎女
倉麻呂―倉山田石川麻呂
欽明天皇＝堅塩媛―豊御食炊屋（推古）皇女、橘豊日（用明）皇子
小姉君―茨城皇子、穴穂部間人皇女、泊瀬部（崇峻）皇子
橘豊日（用明）皇子＝穴穂部間人皇女―聖徳太子
聖徳太子＝刀自古郎女

＊この他、馬子の娘の河上娘は崇峻天皇の妃であり、同じく馬子の娘の法提郎媛は舒明天皇（田村皇子＝息長足日広額天皇）の妃となっている。そして、倉山田石川麻呂の２人の娘（遠智娘と姪娘）は、天智天皇の妃となっている。

右の系図が示すように、第二十九代の欽明天皇から第三十八代の天智天皇に至るまで、すべての天皇は、后妃として蘇我氏の娘を入れている。つまり、蘇我氏は六世紀半ばから七世紀後半にかけて、常に天皇家の外戚であり、その権勢はまさに絶大だった。その発端は、稲目の娘の堅塩媛と小姉君が欽明天皇の妃になったことだ。つまり、欽明天皇を娘婿として取り込むことによって、蘇我氏の権力的地位は確立したことになる。

そこで私は極めて大胆な仮説を提示する。それは、「蘇我稲目が重大な陰謀を企んだ」というものだ。それを端的に言えば、継体天皇の死を機会とし、太子の安閑と皇子の宣化の二人を殺して「欽明王朝」の擁立をはかった、という想定だ。それは十二分に成立すると言えると思う。

宣化天皇の娘が欽明天皇の妃となっていることも注目すべきだ。それは、タシラガ姫が継体天皇の皇后になったとするよりも、よほど真実性が高い。欽明天皇が蘇我氏にかつがれた王位簒奪者であれば、自分の父親くらいの年齢の宣化天皇の娘の石姫皇女を妃の一人とし、その間に生まれた皇子を皇太子にし、皇位を譲ったのだとしても不思議ではない。ただし、この敏達天皇はいわばロボットであり、その皇后には蘇我稲目の娘の堅塩媛が産んだ御食炊屋媛（後の推古天皇）が厳として存在しており、しかも、その背後には叔父の馬子が控えていたわけだ。

このような縁戚関係の状況を見る限り、蘇我氏を「天皇・太子・皇子殺人事件」の犯人であるとて告発する私の想定は、的はずれであるどころか、極めて確度の高いものと言えると思う。

ここで、もう一度、継体天皇の最後以後の『書紀』の記事を検討してみよう。

年代		書紀本文記事	『古事記』	書紀・或書	元興寺縁起	上宮記	百済本紀
五二七	継体二一	磐井の叛。	天皇死。				
五二八	〃　二二	磐井、斬られる。					
五二九	〃　二三	己能末多干岐来る。					
五三〇	〃　二四	毛野臣病死。					
五三一	〃　二五	継体死。				欽明元	天皇ら死
五三二	空　位	記事なし。			欽明元年		
五三三	空　位	記事なし。					
五三四	安閑　一	即位。勾金橋宮に都。		継体死。			
五三五	〃　二	天皇死。					
五三六	宣化　一	桧隈廬入野宮に遷都。					
五三七	〃　二	大伴磐ら任那へ。					
五三八	〃　三	記事なし。			仏教伝来		
五三九	〃　四	天皇死。					
五四〇	欽明　一	磯城島金刺宮に遷都。					
五五二	〃　一三	仏教伝来。					
五七一	〃　三二	天皇死。			欽明四〇年	同四一年	

継体天皇の歿年に異説があること自体が奇妙だが、そのへんの事情については、幾つかの解釈が行われているので紹介する。

	継体の死	安閑元年	宣化元年	宣化の死	欽明元年	欽明の死	欽明の在位
① 平子鐸嶺	五二七	五二八	五三〇	五三二	五三二	五七一	四〇
② 喜田貞吉	五三四	五三四	五三六	五三九	五三一	五七一	四一

『百済本記』の「天皇・太子・皇子ともに薨ず」の解釈は、平子説では、『日本書紀』の宣化四(五三九)年の記事に「安閑天皇と橘皇后と孺子(じゅし)を一つの墓に葬った」とあるのを誤伝したものとしている。喜田説を継承した林屋辰三郎説では、南北朝(安閑・宣化と欽明)の並立という異常事態にあったため、太子だった当時六十五歳の安閑が死んだと誤伝されたものとしている。

この両者ともに、欽明元年を『日本書紀』の記す五四〇年としていないのは、『元興寺縁起』や『上宮記』が、欽明天皇の在位を四十一年、あるいは四十年としていることを根拠としたものである。また、『元興寺縁起』は、仏教の伝来を「欽明七(五三八)年」としている。『日本書紀』のいう五五二年の仏教伝来は、崇仏派の蘇我稲目と排仏派の物部尾輿(おこし)との対立のあった年のことで、仏教はそれ以前に伝来しており、蘇我氏が秘かに信仰していたとするのが自然な解釈だ。

では、右の問題の正解はどうだろうか。まず、欽明元年はいつか、については、『元興寺縁起』の記す「五三二年」が正しい、としていいだろう。その年は、『百済本記』が「天皇・太子・皇子ともに薨ず」とした年の翌年に当たる。つまり、私の提出した「暗殺事件」が起こったのは、五三一年ということになる。これは、「継体二十五年」であり、『書紀』の本文が正しいということになる。そうだとすると、『書紀』は何故に二年の「空位」を置き、さらに、ありもしない「安閑」・「宣化」の二代の天皇の時代を設けてまで、欽明天皇の即位の時期を九年間も遅れさせたのだろうか？　その件に関して、林屋説は「南北朝の対立」という騒乱状態を想定しているが、実際は、欽明天皇を擁立する蘇我氏と別の天皇候補を立てる他の勢力との対立抗争はあったにしても、安閑・宣化という天皇は即位していたとは思えない。

なぜ、この二人の天皇が短期間ながら在位したとする必要があったかというと、それは、もともと天皇家の血をひいていない欽明天皇と、その次の敏達天皇が皇位につくのを正当化するためだろう。継体天皇が実在したことは、否定できないから、欽明天皇はその末子ということにするしかない。しかも、その母は先の仁賢天皇の娘というわけだから二重に皇統をついでいることになる。

その欽明天皇は、宣化天皇（実際には皇位についてはいないが）を殺し、その娘の石姫を皇后にしたのだというわけだ。『日本書紀』は、その事実を隠し、しかも、「欽明天皇の皇后の父は宣化天皇であった」とし、息子の敏達天皇の権威をも高めることに成功したということになる。

十七、蘇我氏と藤原氏――新生大和王朝を支えたもの

●欽明天皇は外からやって来た

「応神王朝」は同族の殺し合いでいったん断絶した。北陸地方から応神天皇の五世の孫であるオオト（男大迹・袁本杼）王を迎えて継体天皇としたが、筑紫君磐井の征服に力を尽くしたあげく五三一年に死ぬと、それを機会に蘇我稲目（いなめ）が継体の二人の皇子――勾大兄（まがりのおおえ）・高田皇子（安閑・宣化天皇）を暗殺し、「ある男」を王位につけ、欽明天皇として擁立し、「宣化天皇」の娘を皇后とした、というのが私が描いた六世紀前半の「隠された歴史の真相」だった。

もし、この仮説を主張するとすれば、擁立された「ある男」とはどんな人物かについて語る必要があるはずだ。そこで、試みにその人物像の適格条件を挙げてみよう。

その第一は、「親百済系」であること。それは、彼を支持した蘇我氏が反新羅・親百済の政策の主導者だったからだ。それどころか、蘇我氏は百済人から出ているという有力な説さえある。

すなわち、門脇禎二氏によれば、蘇我氏の始祖の蘇我石川宿禰の子の満智（まち）は、『日本書紀』の「神功皇后紀」に出てくる百済の政治家の木羅斤資（こんす）の子の満致（まち）だという。この説には私も賛成であるだけではなく、私が「本来の武内宿禰」の母だとした紀（き）氏の始祖もまた、百済の「木」氏の出で

あり、蘇我氏と同族だと思うからだ。

欽明天皇となった「ある男」であるための第二の条件は、北九州に根拠地をもっていたか、何らかの勢力を及ぼすことができる人物であることだ。それは、「磐井の乱」の平定後に各地に屯倉(みやけ)が設けられたが、それはこの「ある男」の影響力があったからだとすべきだと思う。それくらいの業績がなければ、いかに蘇我氏といえども「ある男」を皇位につけることはできなかったことだろう。

また、「用明二年紀」に、仏教の可否を論ずる場に、欽明天皇の子の穴穂部(あなほべ)皇子が「豊国法師」とともに入って来たという記事がある。欽明天皇の子の用明天皇の名は「橘豊日(たちばなとよひ)」で、同じく推古天皇の名は「豊御食炊屋媛(とよみけかしきや)」で、どちらも「豊」の字がつく。このことは、欽明天皇が「豊国」から来たことを指しているのではないか。

第三に、例の「夢」に出て来た予言にあるように、その「ある男」は「壮年になって天下を治めるようになる」というわけだから、若い時代に何かの事情があって隠遁していたと思われる。

しかも、夢に出て来た秦(はた)の大津父(おおつち)にかかわる秦氏が、豊前に根拠地を有していたことも、欽明天皇が幼時に九州にいたことを暗示している。また、豊日別神社と宇佐八幡が欽明天皇の時代に創建されたという社伝をもっていることも意味ありげだ。

そして、第四に、年齢的には、継体天皇が死んだ五三一年に成人に達しているか、それに近い年齢であり、しかも、欽明天皇の歿年である五七一年まで生きられなくてはいけない。

では、そういう条件に合う人物がいるだろうか？　そういう人が確かにいる。それは、朝鮮の史書の『三国史記』に、五三二年に「三人の王子とともに新羅に降伏した」という金官加羅国王の金仇亥だ。ドイツ文学者だった鈴木武樹氏は、「仇亥の兄の仇衛が、王位を弟に譲ってわが国に渡り、欽明天皇になった」としている。私は、欽明天皇には、敏達・用明・崇峻の三人の皇子がいるから、弟の仇亥のほうが適切かと思う。

朝鮮半島の南端にあった金官加羅国は任那諸国の中心の国だから、対岸の九州には、かねてから足掛かりがあったとしても不思議ではない。彼が反新羅・親百済に凝り固まっていたことは間違いない。そうだとすれば、欽明期以後、しきりに任那の回復がはかられたのも当然ということになる。それは、祖国再建という悲願達成のための運動だったことになる。

●蘇我氏の世紀

私は、蘇我稲目による「安閑・宣化暗殺説」を提示したが、『日本書紀』には、安閑は継体の死後二年の空位を経て即位し、春日大郎女の娘の春日山田赤見皇女を皇后として二年間在位したとし、各地に屯倉を置いた他、善政を布いたように記している。続いて高田皇子と呼ばれた宣化は、蘇我氏のホーム・グラウンドともいうべき飛鳥の桧隈(ひのくま)の地に都し、四年間、天皇の位にあったとしているが特筆するほどの記事はない。歿年が七十三歳とあるが、その娘の石姫が欽明天皇の皇后となり、四人の子をもうけたとすれば、その年齢には多少の疑問がある。いずれにしても、この二人については、大和に入って天皇になったと考えるには無理がある。

では、「欽明王朝」の系譜を掲げよう【系図11】。

この間の歴史については、ほぼ事実として認められるというのが定説となっている。欽明天皇か

【系図11】

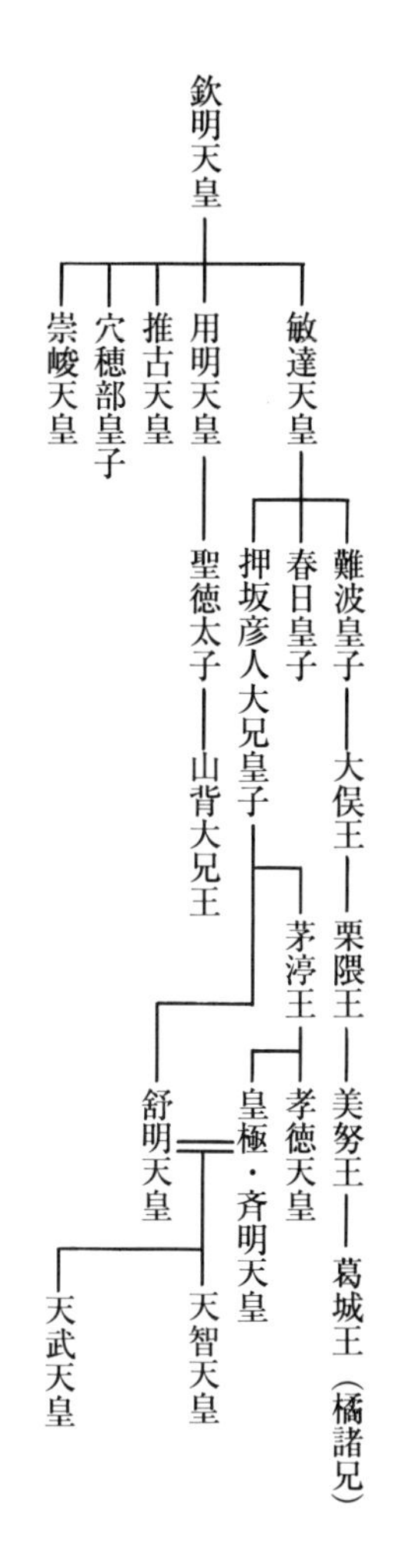

ら天智天皇までの天皇は、前の章に掲げた系図で見たように、舒明天皇以外はことごとくが蘇我氏の女を后妃にするか、自分の母が蘇我氏の女だ。そのことは、それ以後の持統天皇や元明天皇についてさえ言える。また、天皇ではないが、聖徳太子は、父方・母方ともに祖母は蘇我馬子の娘だし、馬子の娘の刀自古郎女（とじのいらつめ）を妃に迎えている。こうしたことから、六世紀の半ば近くから七世紀の半ばまでの一世紀余りは「蘇我氏の時代」だったと言うことができる。

蘇我氏について第一に指摘されることは、仏教の導入を積極的に支持したことだ。『日本書紀』の敏達十三（五八四）年の記事に、蘇我馬子は飛鳥の豊浦の石川にある自宅に石仏を安置して拝んだと記されている。ところが、翌年、疫病がはやったので、物部守屋と中臣（なかとみ）勝海とは「異国の神を祀ったことがその原因である」として、馬子が大野丘の北に建てた仏殿を焼き、石仏を難波の堀江に捨てた。こうして排仏・崇仏の両派の闘争が激しく展開される。次の用明天皇の死後、両派の争いは皇位継承問題もからみ、崇仏派の蘇我氏が排仏派の物部守屋を殺し勝利を収める。この時、若き聖徳太子は馬子側に付いて戦っており、やがて熱心な仏教徒となり、法隆寺を建て、経文の研究にいそしむことになる。

第二に、蘇我氏の権力は、政敵の物部氏を滅ぼしたことによって一挙に高まったが、もともと屯倉の管理を掌(つかさど)っていたことから財力があったことも忘れるわけにいかない。このことについて、『古語拾遺』は、「蘇我満智が雄略天皇の時代に三蔵を管掌した」と記している。

第三に、蘇我氏は豪族の土地・人民の私有に対して制約を加え、公権力の伸長をはかったことも特筆する必要がある。すなわち、君主権を強化し中央集権国家の基礎を築いたことだ。この事業を支えたのは、推古天皇の摂政として政務を執った聖徳太子だった。冠位十二階を定め、氏姓制度を確立し、『憲法十七条』を制定し体制の整備につとめている。

聖徳太子と言えば、豊聡耳(とよとみみ)という名前が表わすように、聡明な超人的な人間像が頭に浮かぶ。しかし、その伝説は後世の太子崇拝者の創作による面もあるだろうし、太子の著書とされる仏教の研究書も果たして彼の手によるものか否かには疑問も寄せられている。その上、その施策についても、背後にあった蘇我氏が操っていたと考えたほうが当たっていると言えそうだ。まして、後年、太子が飛鳥を離れ、斑鳩(いかるが)の里に住むようになったのを「蘇我氏の影響を避けて独立するため」とする解釈は、「太子信仰」とでもいうべき想い入れが感じられ、そのまま信じるのは無理だと思う。

それはさておき、太子の死んだ（六二二年）後、二十余年たって起こった「乙巳(いっし)の変」――いわゆる「大化の改新」は蘇我入鹿(いるか)を宮殿内で殺し、その一派の勢力に大打撃を与えた。

このクーデタは、中大兄皇子（後の天智天皇）が中臣鎌足と謀り、蘇我倉山田石川麻呂を抱き込込んで決行されたものだが、その目的は一応、独裁的権力者を排除して天皇親政による国家の再建をはかることにあったと理解されている。つまり、すでに進行しつつあった中央集権国家の内実をより一層強化するため、私的権力を打破しようとしたものだと考えるわけだ。

しかし、その背後には「三韓」すなわち高句麗・百済・新羅の政治状況の変化——唐に似た律令制の導入の形勢があり、わが国もそれにならおうとしたことも有力な動機になっていることも指摘すべきだろう。その点については、次章で触れる。

「大化の改新」の主眼となったのは「公地公民制」の実施により国家財政基盤を確立し、それまでの臣・連・伴造・国造という「氏姓制度」を改め、天皇を頂点に置く位階に基づく官人制に組み替えることにあった。その詳細は一般の歴史書に譲るとして、この改革の構想は唐から帰国した高向玄理らがもたらした中国の律令制の知識に負うところが多いことは言うまでもない。

中大兄皇子がこの改革のためのクーデタの実行に踏み切ったのは、蘇我氏の専横を排除しなければ自分たちの存在の余地がなくなるという切羽詰った状況判断があったに違いないが、なんと言っても、中臣（藤原）鎌足という傑物の献策があったからこそ可能となったと言えよう。

新政権は、天皇親政を目指したとは言うものの、蘇我氏からは倉山田石川麻呂が参加しているし、阿倍氏を初めとする旧豪族たちにも家格に応じた位階を与えられているから、蘇我氏を徹底的に制圧したわけでもなく、特権階級を存続させたことになる。その中にあって、それまでは神祇を司る家として大した地位になかった中臣氏から出た鎌足は、内臣という特殊の任務を与えられ、実質的に新政をリードすることになる。

●中大兄と大海人は兄弟ではない

その鎌足が自分の娘の氷上娘と五百重娘の二人を中大兄皇子にではなく、そのライバルである大海人皇子（後の天武天皇）の夫人として捧げている。このことは注目に値する事実だ【系図12】。

【系図12】

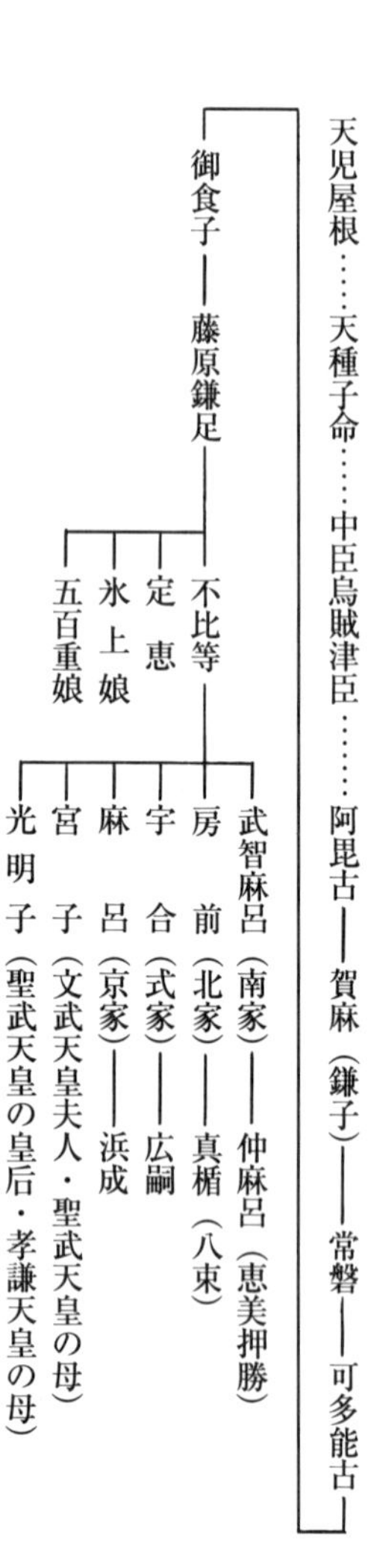

天智天皇になった中大兄皇子のほうは、皇后には古人大兄皇子（母は蘇我馬子の娘）の娘の倭姫を立て、四人の嬪のうちの三人までを蘇我氏から求めている。すなわち、遠智娘（持統天皇と大田皇女の母）と姪娘（御名部皇女と元明天皇の母）とは、倉山田石川麻呂の娘だし、常陸娘（山辺皇女の母）は蘇我赤兄（石川麻呂の弟）の娘だ。つまり、中大兄皇子は、自分の手で葬った蘇我入鹿の

甥たちの娘を嬪に迎え、あたかも蘇我一族に入り婿したような形を採っている。もっとも、赤兄は娘の大蕤娘（おおぬのいらつめ）（穂積皇子の母）を大海人皇子に対しても夫人にいれている。

こうしたことから見ると、鎌足は中大兄皇子よりも大海人皇子のほうを高く買っていたことがわかる。「大化の改新」が行なわれた時、大海人皇子がどういう態度を取ったかは『日本書紀』には何一つ記されておらず一切不明だ。鎌足がなぜこういう婚姻政策を採ったのか、その意図はいま一つすっきりはしない。ところが、中大兄皇子は皇太子になったものの、天智天皇として即位したのは、クーデタから十七年も後のことで、それまでは彼の叔父の孝徳天皇や母の斉明天皇が位についており、将来の皇位の行方は流動的だったとみるべきだろう。

ところで、この二人の皇子の年齢が問題だ。中大兄（天智）は六七一年に四十六歳で死んでいるから六二六年の生まれだ。一方、大海人（天武）が死んだのは六八六年で、歿年齢は『神皇正統記』では七十三歳、『本朝皇胤紹運録』では六十五歳になっている。

だから、その生まれた年は、前者によれば六一四年、後者ならば六二二年ということになり、いずれにしても中大兄よりも年長ということになる。それなのに『日本書紀』の「天武紀」の冒頭には、「天渟中原瀛真人（あまのぬなはらおきのまひと）（天武）天皇は天命開別（あめのみことひらかすわけ）（天智）天皇の同母弟なり」と明記し、普通なら両親のことを書くべきなのに、ことさらに兄弟であると強調するという奇妙な書き方をしている。このことは、天智天皇と天武天皇が実の兄弟ではないことを、読む人に感じとらせるための編者の苦肉の配慮とさえ言いたくなる。

そこで、この二人の天皇の皇妃と、生まれた皇子・皇女の婚姻関係を表示してみよう【系図13】。

【系図13】

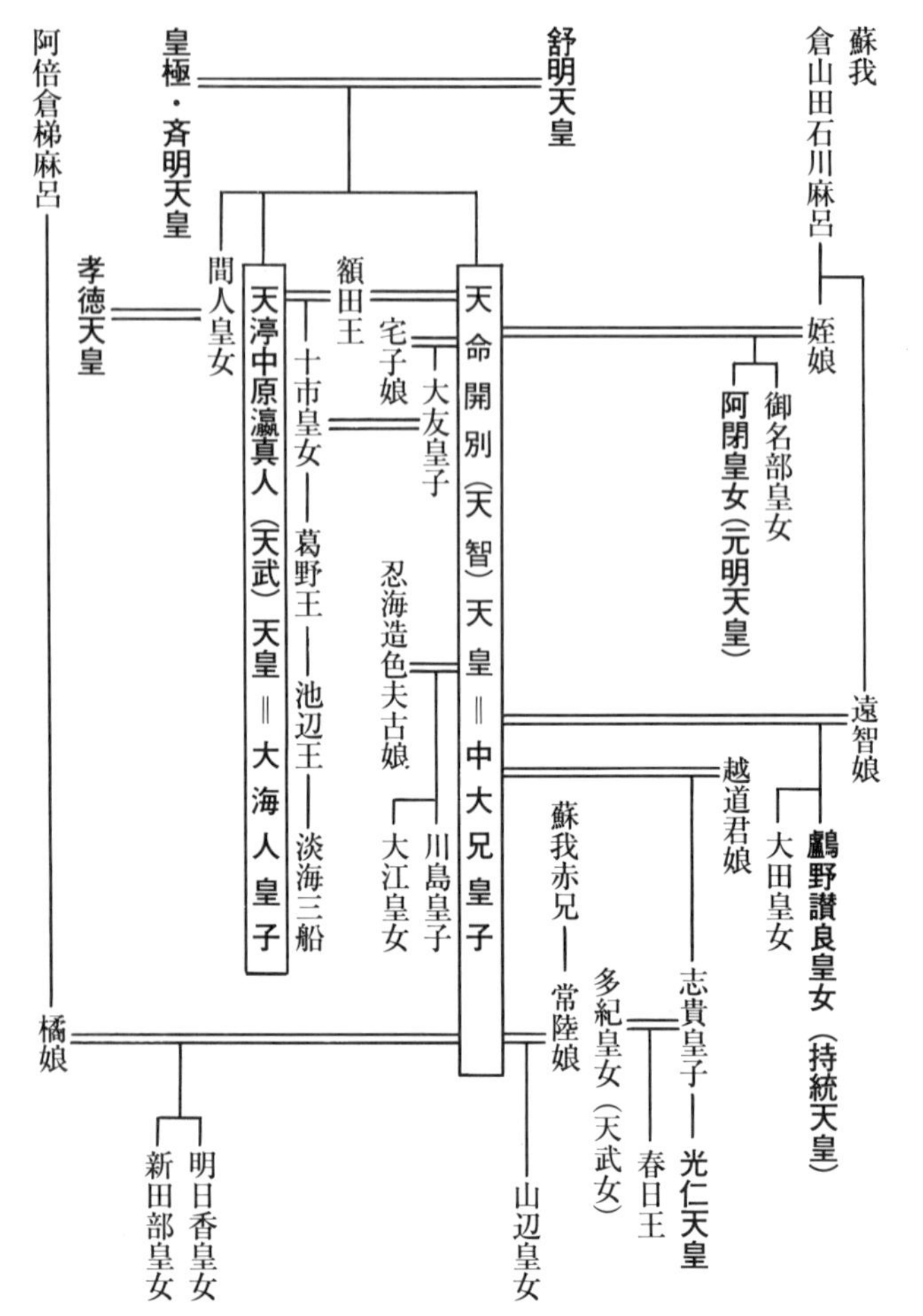
蘇我
倉山田石川麻呂
姪娘
御名部皇女
阿閉皇女（元明天皇）
遠智娘
大田皇女
鸕野讃良皇女（持統天皇）
越道君娘
志貴皇子
光仁天皇
春日王
多紀皇女（天武女）
蘇我赤兄
常陸娘
山辺皇女
舒明天皇
皇極・斉明天皇
天命開別（天智）天皇＝中大兄皇子
宅子娘
大友皇子
額田王
十市皇女
葛野王
池辺王
淡海三船
忍海造色夫古娘
川島皇子
大江皇女
天渟中原瀛真人（天武）天皇＝大海人皇子
間人皇女
孝徳天皇
阿倍倉梯麻呂
橘娘
明日香皇女
新田部皇女

すると、ますます奇怪な事実が浮かび上がってくる。

この両者の関係を論ずるには、「壬申の乱」のことを語らなければならないが、これについては、次章で倭国＝日本と朝鮮半島との関係について見た後にしたい。

天智・天武天皇の間では、お互いに娘を后妃としたり、自分の子の妃としている。実の兄弟の間でこういうことをすることは異常だ。まるで、政敵どうしが和平工作として行なう政略結婚といった感じがするではないか【系図14】（次ページ）。

天智天皇は、額田王をめぐっての愛を大海人皇子（天武天皇）と争っているが、天智の子の大友皇子および志貴（芝基・施基）皇子には、それぞれ天武の娘を嫁として迎えている。そして、天武に対しては、自分の娘の鸕野讃良皇女（後の持統天皇）・大田皇女・大江皇女の三人を后妃として送り込んでいるだけでなく、天武の子の高市皇子・大津皇子・舎人皇子にも自分の娘を娶らせ、さらに、日嗣の皇子である孫の草壁皇子の妃にまで天智の娘の阿閉皇女が配されている。もっとも、天智の娘たちが天武の皇子たちに嫁いだのは、天智が死んで後のことだから、それは天智の意志によるものではなく、天武の皇后となった持統の配慮によるものと考えていいだろう。

それにしても、二人の男の娘たちをこれほど幾重にも相互に交換して自分自身や自分の息子の嫁にして、縁戚関係の網の目を張った例は世界中に一つもない。したがって、その父親である二人の男が同じ母を持つ兄弟である、などということは、どう考えてもありえない。

【系図14】

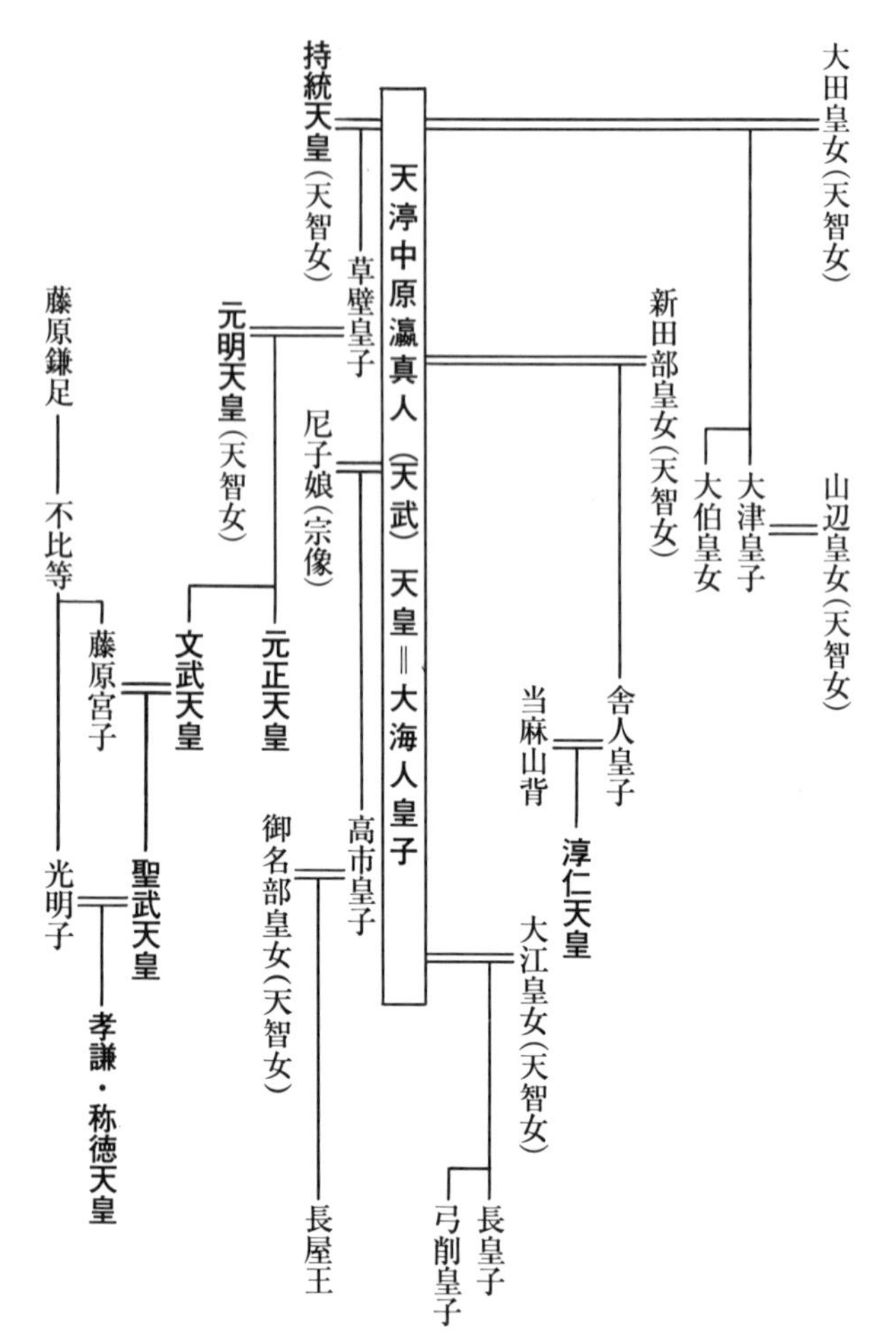

＊天武天皇は、この他、鎌足の五百重娘との間に新田部皇子、宍人㰅媛娘との間に、刑部皇子、額田王との間に十市皇女、蘇我赤兄の娘の大蕤娘の間に穂積皇子と２女を得ている。

●大海人の出自は？

では、『日本書紀』は何故にこのような明瞭な嘘を堂々と書くのだろうか？　そして、この二人が兄弟でないとすれば、どちらの天皇が系図と異なっているのだろうか？　虚偽を記した目的は、明白である。大海人皇子が「壬申の乱」によって天智天皇の子の大友皇子（明治になって弘文天皇と諡号）から皇位を奪ったことを合理化するためである。

この件については、小林恵子氏は「大海人皇子とは漢皇子である」と言う【系図15】。

【系図15】

高向王
‖——**漢皇子**＝**大海人皇子（天武天皇）**
皇極・斉明天皇
‖——**中大兄皇子（天智天皇）**
舒明天皇

『書紀』の「斉明紀」には、「天豊財重日足姫（宝皇女、後の斉明）天皇は、初に橘豊日（用明）天皇の孫・高向王と適いて、漢皇子を生めり」と記している。小林氏は、この高向王のことを唐に使いした高向玄理であろうと述べているが、その推定には無理があると思う。しかし、「漢皇子」の名は以後『書紀』に現われないから、それが「後に天武天皇となった」とする余地はないわけではない。この説では、二人の天皇は異父兄弟ということになる。

ところが、佐々克明氏は天武天皇とは「新羅の王族の金多遂」だとする。『日本書紀』の孝徳（大化）三（六四七）年の記事に、「新羅、上臣大阿飡金春秋等を遣して……孔雀一隻・鸚鵡一隻を献る。よりて春秋を以って質となす」とある。そして、翌年、春秋は唐に渡り同盟関係を結び、ついで高句麗討伐を断行し、やがて六五三年には、武烈王として新羅を支配する。春秋がわが国を去った次の年に、代わりにやって来たのが金多遂である。多遂は沙喙部沙飡であるから佐々氏が言うように新羅の王族ではない。したがって、「王族だから、日本の天皇になれた」とする佐々氏の説には無理があるが、「金多遂が日本を去った」という記事がないから、その可能性は残り魅力的だ。

いずれにしても、『日本書紀』は天武天皇の即位以前のことについては、欽明天皇の場合と同じく、沈黙を守っている。天智時代に、大皇弟・東宮太皇弟などの表記で天武天皇らしい人物が何度か現われるが、何故かその実名が書かれておらず霧に包まれている。このことも「天智・天武非兄弟説」の根拠とされる。ただ、確実なことは、舒明・天智父子とその子孫は親百済系であり、天武とその子孫は、親新羅系と考えられることである。このことの意味が「謎」の解明にとって基本的に重大なのである。

舒明の葬儀については、『書紀』は、「これを百済の大殯という」とし、「東宮・開別皇子（後の天智天皇）、年十六にして誄をしたまいき」と記されている。また、舒明が死んだ時の宮殿は「百済宮」である。そして、その皇后で天智の母である斉明天皇も百済の使者が救援を求めて来た時（六六〇年）、「百済の国、窮りて来りて我に帰る。本の邦喪乱びて、依るところ靡く……」と詔している。つまり、斉明天皇にとって「百済は本国である」と意識されていたことになる。

なお、「百済系」とか「新羅系」とかいうことの意味については、次章でもう一度見ることにしたい。

そこで、以後の歴史――奈良・平安時代の政治社会を動かしてきた藤原氏について概括的なことを若干述べておこう。藤原氏の始祖は、高天原にいた天児屋根命（あめのこやね）とされている。また、「神武東征」に際しても、天種子命が宇佐で「土地の菟狭津彦（うさつ）の娘と結婚した」と書かれている。宇佐の北の豊前・仲津郡には中臣郷があったから、三～四世紀ごろ、彼らは「トヨの国」の連合王国に参加していたことがわかる。また、前に見たように、近江の余吾湖の「天女物語」の主人公が中臣氏の人物だから、この「白鳥伝説」は豊前から渡って来たことになる。

中臣氏の祖先は、このように「トヨの国」から、恐らくは「崇神東遷」とともに近畿地方に進出し、以後は神祇官の家として大和王朝を支えてきた。そして、鎌足の時代に突如として頭角を現わし、次の不比等（ふひと）という巨人が天武・持統・文武・元明天皇の下にあって、その政権の安定と新しい律令体制の建設のために辣腕（らつわん）をふるうことになる。

不比等は、娘の宮子を文武天皇の夫人とし、生まれた首皇子（おびと）（聖武天皇）にはもう一人の娘の光明子を皇后として嫁がせている。奈良時代の政治的動揺が収まった後、藤原氏は平安時代には天皇家の外戚として「摂関政治」の担い手となり、以後、千年にわたって公家の棟梁（とうりょう）的地位に坐り通している。そして、その基礎を築いたのは不比等だった。

不比等の生まれについては、天智天皇の落とし児だとする説もあるが、彼が幼少だった近江朝時代には、「避くること」があったというので田辺史(ふひと)大隅という男のもとに養われていたと『尊卑分脈』に記されているだけに謎を秘めている。

ともあれ、八世紀以後の日本の歴史は、常に背後にある藤原氏の隠然たる勢力に左右されてきたことは隠れもない事実だ。蘇我氏に代わる藤原氏の「天皇家の外戚」という地位こそ、平安時代につながる日本の古代国家の骨格を象徴的に示すものと言うことができる。

十八、「日本」の誕生――東アジアの世界の中で

これまで、「日本古代史」を主として『古事記』と『日本書紀』の記事を通じて眺めてきた。しかし、その内容を正しく理解するには、どうしても当時の世界――特に東アジアの情勢を知る必要がある。そこで、しばらく、中国と朝鮮の史書の記述によって「日本国」の成立のあとを追ってみることにしよう。

●「日本」をめぐる東アジア

日本人の祖先のことをさすとされている「倭人(わ)」という文字が初めて中国の史書に登場するのは、紀元前一〇〇〇年ごろの周の時代のことだ。『論衡』という書物の巻十九「恢国篇」に、「成王の時、倭人暢(ちょう)を貢す」という記事がある。また、『漢書』の「地理誌」の「燕」の項には「孔子……海に桴(いかだ)を設けて九夷に居らんと欲(おも)う」と記し、東の海の中の国に行きたいようなことを言ったとしている。『魏志』では、倭人は「古より以後、その使、中国に詣(いた)るやみな自ら大夫を称す」としている。また、『山海経』という書物の「海内北経」には、紀元前三~四世紀のこととして、「蓋国は、鉅燕の南、倭の北にあり、倭は燕に属す」と述べている。燕という国は、渤海(ぼっかい)湾の西にあった国のことだ。

以上の記事から、「倭人」とは、必ずしも日本列島内の住民のことをさしていたとは限らず、朝

鮮ないし中国東北地方の人も含まれていたことがわかる。

そして、紀元前一世紀になると、前漢のころ、「それ楽浪海中に倭人あり。分れて百余国となる。歳時をもって来りて献見すと云う」という『前漢書』「地理誌・燕」の有名な記事が現われる。楽浪というのは、前漢の武帝が朝鮮半島を統治するために、前一〇八年に平壌付近に置いた行政府のことだ。これより先、前二三〇〇年ごろから前三世紀にかけて、朝鮮半島には、「檀君朝鮮」・「箕氏朝鮮」という国家があったという。そして、前二世紀の初めに「衛氏朝鮮」が建国されたが、前一〇八年に前漢はこれを滅ぼして楽浪郡を置き、以後、四百年ほどの間、朝鮮・韓国の民は祖国を喪った。

その前漢は紀元後八年に滅び、その十五年後に後漢王朝が成立する。『後漢書』によると、「建武中元二（五七）年、倭奴国、奉貢朝賀す。使人、自ら大夫と称す。光武帝賜うに印綬をもってす」とある。天明四（一七八四）年、筑前国那珂郡志賀島で黒田藩の甚兵衛という農夫が偶然発見した「漢委奴国王」と刻まれた金印は、この光武帝から倭国王が賜わったものだとされている。さらに、安帝の時代になると、「永初元（一〇七）年。倭国王帥升等、生口百六十人を献じ、願いて見えんことを請う」という記事が出てくる。

では、二世紀から三世紀ごろの中国と朝鮮半島の事情を簡単に展望してみよう。二世紀の中ごろ、「万里の長城」の南に後漢帝国があり、その北にはモンゴリア系の遊牧民族の鮮卑があった。そして、東北地方から沿海州にかけてはツングース系の半農半牧の夫余があった。朝鮮半島の北西部は後漢の楽浪郡の統治下にあったが、鴨緑江の北にあった高句麗がしだいに勢力を伸ばし始めた。高句麗は夫余の別種といわれ、二世紀中何度も後漢と戦っているが、一八九年に遼東で公孫氏が自立して国家を建てると、高句麗はこれに呼応し、丸都に新国家を建設し、以後、朝鮮半島を南下し始める。また、朝鮮半島の中央部以南でも、韓人の自立の動きが見られ、今日のソウルの一帯から半島西南部にかけて「馬韓（ばかん）」が、中部以南の日本海沿いには「辰韓（しんかん）」が、南部には「弁韓（べんかん）」が成立し、いわゆる「三韓時代」となる。

　中国の正史である『三国志』（全六十五巻）の第一部の『魏志』の中の「東夷伝」のうちの「韓伝」には、当時の朝鮮半島には、この他に東海岸の北部には「沃沮（よくそ）」、中部には「濊（わい）」という国があったとしている。そして、高句麗以下の諸国の様子を詳細に述べている。そのうち、高句麗は武勇の気風に富み、夫余系の王が君臨しており、厳格な階級制度があったとしている。

　三韓の中の「馬韓」は大小五十二か国から成り「綱紀少ない国」で、そのうちの「伯済」がやがて諸国を統一し、「百済（くだら）」となっていく。「辰韓」は十二か国から成り、そのうちの「斯盧」が抜きん出て「新羅（しらぎ）」となり、他国をリードするようになる。

　「弁韓」も十二か国から成り、その中には「安邪（あや）」とか「狗邪（くや）」などの名が見られ、後にこの一帯は「伽耶（から）（加羅・賀洛）」と呼ばれるようになる。この加羅こそ、倭国が「任那（みまな）」と呼び、「日本府」を置いたと『日本書紀』がいう場所だ。

　これより先、鮮卑の壇石槐は一五六年ごろまでにモンゴルを統一したが、彼の死後、三部に分裂してしまう。そのうちの拓跋（たくばつ）部は四世紀の末に南下し、三八六年、雲崗の石仏などの仏教文化で名高い北魏を建てる。後漢王朝は幼弱な皇帝が多く、宦官（かんがん）がはびこったり、反乱が絶えず、ついに黄（こう）

巾の乱の末、二二〇年に滅亡した。そして、華北一帯に魏、江南に呉、長江中流に蜀の三国が鼎立し、中国は「三国時代」と呼ばれる時代となった。

二一〇年ごろ、遼東太守だった公孫康は、後漢の楽浪郡を併合して、今日のソウル付近に都を定め、帯方郡とした。ところが、二三二年、呉王孫権は魏との対抗上から公孫淵に接近をはかり、燕王に任じようとした。しかし、淵は呉の使者を斬り、魏にその首を送った。そこで魏は淵を楽浪公に任じた。それから、まもなく、公孫淵は独立して燕王を称するようになると、魏の明帝は権臣司馬懿に命じて淵を討伐し帯方郡を接収してしまう。この司馬懿の孫の司馬炎（西晋の武帝）が呉を滅ぼし中国を統一するが、三一六年、西晋は滅亡し、五胡十六国の時代となる。魏使が初めて倭国に派遣された二四七年という年は、このような魏と呉の対立を背景とする時代だった。

●「倭国」の登場

ところで、『記・紀』を見ると、神話の時代から「新羅」という国が現われる。例えば、スサノオノ・ミコト（素戔嗚尊・須佐之男命）は新羅に渡り、木の実を持って来ている。また、天の日矛がわが国にやって来る。これが史実だとすると、二世紀末か三世紀前半のことになるだろう。そして、四世紀末に相当するころ、いわゆる「神功皇后の三韓遠征」の記事が現われる。そして、その後、五世紀は「倭の五王」の時代であり、その一人とされる雄略天皇の時代には、上道の田狭が任那国司に任命されたが、天皇に反き、新羅を頼り反逆する話が出てくる。

ところが、新羅の建国は十二世紀の高麗で編集された『三国史記』の「新羅本紀」によると、その王朝は紀元前一世紀に朴氏の赫居世が金氏の女と結婚して開かれたことになっている。しかし、四世紀半ばころまでの新羅は、辰韓十二国の一つの斯盧国であり、この王朝が辰韓を統一したのはそれ以後のことだから、『記・紀』の神話時代はもちろん、天の日矛の渡来のころの記述に「新羅」という文字を使うのは適切ではないかもしれない。しかし、そのことにはこだわらないことにする。

「新羅本紀」には、一世紀後半以来、五世紀にかけてしばしば倭人が「新羅を侵した」という記事が載っている。この倭人というのは、九州あたりから海を渡り襲って行ったのではなく、隣の弁韓すなわち加耶（加羅）にいた倭人が大部分だったと考えるべきだろう。新羅は百済や加耶と何度も戦っていたが、四世紀の末になると、高句麗が南下を始め、百済・新羅を攻めている。高句麗の広開土王（好太王。在位三九一～四一二年）の治績を記した石碑が中国の東北地方の吉林省の輯安(しゅうあん)にある。その碑面には、三九一年のこととして「倭渡海破百残□□羅以為臣民」という文字が刻まれている。この碑文の読み方については異説もあるし、碑文が改竄(かいざん)されたという疑問もあるが、「九州にいた倭人が海を渡り、百済や新羅を攻略して臣民とした」というふうに読めるとすれば、それは時期的に見て『日本書紀』が記す「神功皇后（オキナガ・タラシ姫）の三韓遠征」と合致するとする見解も成立しそうに見える。しかし、そのように判定するのが無理なことは第十三章で述べた。

『紀』では、「神功皇后」を邪馬台国の卑弥呼に擬(なぞら)えようとしたため、その摂政在位期間を二〇一～二六九年としている。「神功皇后」についての朝鮮関係の記事の相当部分は、八世紀に存在した朝鮮の史書にある四世紀の記事を干支二巡（一二〇年）だけ繰り上げて編集したものだ、ということは第十三章で見た通り明らかだ。四世紀末の倭国が単独で朝鮮に出兵し百済や新羅を征服するだけの実力を持っていたとは考えにくいが、次のことは事実としていいだろう。

① オキナガ・タラシ姫が妊娠中に朝鮮に渡り、帰還後にイザサワケという男子を産み、それが、後にホムダワケと名乗り応神天皇となった、という伝承が信じられていた。

② オキナガ・タラシ姫は辛国（から）（朝鮮）人の天の日矛の子孫であるとされていた。

③ 朝鮮南部には倭人がいて、高句麗の百済・新羅攻撃の機会に乗じ、百済・新羅を攻撃した。そして、一時的に戦果を挙げた。九州の倭人もその戦闘に参加している。

④ そこで、『記・紀』では、この女を「神功皇后」として作り上げた。

五世紀になると、近畿地方に成立した「応神王朝」は西日本の統合を実現し、「倭国大王」としての覇権を確立したので、中国——当時は南北朝時代なので、南の宋——に使者を派遣している。これが「倭の五王」だ。宋では、朝鮮については力が及んでいなかったため、「倭王」が請求するタイトル——安東将軍・倭王などの虚名を簡単に与えた。

さて、倭王「武」に相当するとされているオオハツセ・ワカタケ（大泊瀬稚武・大長谷＝雄略天皇）の在位期間は『紀』では四五七〜四七九年としているが、ほぼそのころとしていいだろう。そこに出てくる「任那・日本府」については、一九二〇年代に朝鮮総督府が必死になってその遺跡を発見しようとしたが、痕跡一つ見つからなかった。

『紀』では「日本府」とはあたかも大和王朝の出先機関であったかのように記しているが、もし、そういうものが実際にあったとすれば、今日の領事館のようなものだっただろう。というのは、任那すなわち加羅国が新羅に滅ぼされる五三二年までは、その地方には多数の倭人がいたはずだから、大和王朝側としても、自分たちと祖先が共通な住民を保護すべきだという意識をもっていたに違いないからだ。オオト（男大迹・袁本杼＝継体天皇）王の時代にその土地の一部を百済に譲った政策は、結果的に任那の滅亡をもたらしたから、後継者の眼には許しがたい失策と映ったはずだ。というよりも、彼らは任那こそ「われらの原郷」と思っていたと言うべきだろう。

落花岩より白村江を望む（韓国・扶余）

現に、「欽明紀」の記事は、「任那の奪還」の計画をはじめ異常と思えるほど朝鮮関係の出来事で埋められている。「斉明紀」にも朝鮮出兵の具体的計画が進められたことを記している。そして、次の近江朝時代（天智天皇。在位六六二〜六七二）には、新羅に滅ぼされた百済王朝を復活させようとして派兵し、白村江の戦いで敗戦の憂き目に遭っている。それとともに、多数の百済系の遺民がわが本土に流れ込んで来た。

●古代日本人はバイリンガル

さて、以上の歴史的経過をふまえ、七世紀ごろの日本列島の住民に目を向けてみよう。このことは、すでに見たように、「トヨの国」には多数の新羅系住民がいたし、『続日本紀』の宝亀三（七七二）年の条に見られる渡来人の阿智使主の子孫だという坂上苅田麻呂の上表文には、「およそ高市（たけち）（大和の飛鳥地方）郡の内は、桧前忌寸（ひのくまいみき）および十七県の人夫地に満ちて居す。他姓の者は十にして一、二なり」と書いてあるように渡来人が多数住んでいた。

『紀』では渡来人のことを「帰化して来た者」というふうに記しているが、それは五世紀以後の渡来人のことで、実は「天神族」そのものが古い渡来者であることは心の底では意識しながら、敢えて新来者を「帰化人」と称してことさらに差別していたことは明白だ。それでいながら、文化面では海外の先進性を認め、「漢字は応神天皇の時代に王仁（わに）がもたらした」としたり、雄略天皇の時代以後、多数の織物技術者や陶工・画工・鍛工の渡来が書かれている他、多数の僧侶もわが国に来たと記している。また、七～八世紀には、中国に多くの留学生が派遣されている。

朝鮮からの渡来民は、奈良時代になってからも続く。例えば、霊亀二（七一六）年には高麗人一七九九人が武蔵の高麗（こま）郡に土地を与えられている。

しかし、三世紀の卑弥呼の時代より二〇〇年も前に「委奴国王」が漢に使者を派遣しているくらいだし、楽浪・帯方郡を通じて文物の交流は断続的に当然あったはずだから、文字を書ける倭人や韓人がわが国にいなかったとは到底考えられない。また、今日でも北九州に住む韓国人は日本語と韓国語とを自由にあやつり両国をしきりに往復しているのだから、三～七世紀の倭人たちもバイリンガル――倭語と韓語を使いわけしていたと思うべきだ。

それどころか、倭語すなわち上代日本語のもととなった言葉は韓語とほとんど同じだったとすべきだろう。このことに関しては、日本で長い間にわたって教鞭を取っていた金思燁氏の『記紀萬葉の朝鮮語』や『古代朝鮮語と日本語』（いずれも六興出版）を読めば、大和言葉とされるものが実は韓語だったという例が多いことが確実に理解できる。また、韓国の民間言語研究者の朴炳植氏は、『ヤマト言葉の起源と古代朝鮮語』（成甲書房）で、日韓両国の漢字の読み方を比較し、その間に正確な対応関係が厳存することを突き止め、両者は共通な言語から分かれたものだとしている。そして、その「倭韓共通語」というのは、上伽耶語だったという。二〜三世紀の伽耶では洛東江の中流――大邱周辺――を上伽耶（うがや）といい、下流河口付近（釜山周辺）を下伽耶（あらかや）といったという。だとすると、ウガヤ・フキアエズという名前のもつ意味も自然と違ったものになってくるように思われる。

また、赤瀬川隼氏の小説『潮もかなひぬ』（文芸春秋）や藤村由加（トランスナショナル・カレッジ・オブ・レックスの共同研究者の名前の合成）著とされている『人麻呂の暗号』（新潮社）は、『万葉集』にある柿本人麻呂の歌は、一見して穏やかな上代日本語でありながら、韓国語で音読すると、さらに、もう一つの隠された激しい意味をもつ詩が浮かび上がってくることを示している。つまり、人麻呂は八世紀にはすでに別語になっていた日本語と韓語の両方に精通していて、一つの歌に二つの意味をこめたのだという。この解釈には疑問があるとされているが、単に「フィクションに過ぎない」などと言って無視することも許されないだろう。

『古事記』や『日本書紀』を読むに当たって、当時の言葉――そして人々の意識について、以上のような認識がなくてはとんでもない誤解をすることになるのではないだろうか。つまり、当時の教養ある人たちは、自分たちの祖先が朝鮮半島から渡来しており、一般の人たちもその文化の下にいることを強く意識していながら、敢えて「日本の独自性」を強調し、「日本は古い昔に神が作った国だ」という建て前から『記・紀』を書いたのだと見なくてはいけないということだ。

●渡来人の派閥抗争としての「壬申の乱」

では、百済系と新羅系の渡来者の子孫の間の対抗関係という視点から、七世紀の大事件である「壬申の乱」のことを取り上げてみることにする。

六七一年一〇月、大海人皇子（後の天武天皇）は病床にあった天智天皇から譲位を告げられたが辞退して、出家して吉野に隠遁を願い出る。そして、年末に天皇が死ぬと半年後に兵を挙げ、一か月の間、天智の子の大友皇子（『日本書紀』では皇子としているが、実際には即位していたと考えられる。明治になってから弘文天皇と諡号）の軍と戦って破り、次の年の二月に飛鳥の浄御原の宮で即位する。以後十四年間、天武天皇として在位する。

大海人皇子の挙兵は、天智との間に生前からの「兄弟どうし」の不和があり、皇位の継承をめぐって対立が生じたためということだが、それを個人レベルのものとして見る限り、この内戦の意味は理解できない。なぜなら、大伴氏をはじめとする大和地方の豪族がこぞって大海人皇子側に付き、近江の正統な王朝に反逆した理由を無視することになるからだ。その理由は、一言で言うならば、その当時の近江の朝廷なるものが、余りにも百済系に傾き過ぎていたからだ。近江王朝の幹部は蘇我赤兄・中臣金・蘇我果安・巨勢人・紀大人の五人だったが、百済から亡命して来た佐平余自信・沙宅紹明・鬼室集斯・憶礼福留ら多数の官人が政務をとっていた。したがって、政策的には百済系住民に有利になり、古くから渡来している百済系の人々までも増長させたに違いない。

そのことは、大和に住む百済系でない豪族にとって我慢ができないことだっただろう。こうして、大海人皇子のもとには、新羅系の豪族が集まり、大伴氏のようなどちらにも属さない者までも味方に付けることができた。挙兵した大海人皇子は大和から美濃に入ったが、この地方には、多品治（おおほむち）・村国男依（おより）をはじめとして、新羅系の人が多かった。彼らの支援で天武政権は成立した。

ところで、百済や新羅の国民は韓人だが、その王は扶余（ふよ）系だったことを忘れるわけにいかない。同様に、朝鮮半島から倭人集団を率いて渡来して来た天皇家も扶余系と考えられる。しかも、「百済系」とか「新羅系」とかいうのは、何代か前に祖先がどちらかの国から渡来したという狭義の意味ではなく、あくまで支持基盤の系統のことだ。その点を誤解してはいけない。

そのことをふまえて、天皇家自体について考えると、蘇我氏に支えられた欽明〜天智天皇は明白に百済支持の政策を取っていたが、それに先立つ応神王朝は、その母のオキナガ・タラシ姫は天の日矛の子孫だから「新羅系」と考えられるが、その支持者だった武内宿禰は蘇我氏の祖先とされるから「百済系」ということになる。

また、朴炳植氏が説くところが正しいとすれば、「天神族」は本来は上伽耶にいたということだし、欽明天皇が金官加羅国の王だったとすれば、「伽耶系」とするべきだろう。また、天智天皇を「百済系」、天武天皇を「新羅系」とするのはよいとしても、持統天皇となると、父は天智天皇で夫は天武天皇だから複雑だ。ただ、天武天皇の在世中は、確かに親新羅的政治が取られていたが、その死後、飛鳥の王朝は次第に反新羅的というか、そのころ新羅と対立し始めていた唐と接近してくる。つまり、「壬申の乱」以後は両派は共同していたことになる。

ただ、言えることは、天武天皇の子孫が皇位にあった奈良時代の末に、天智天皇の孫の光仁天皇が即位し、ついでその皇子の桓武天皇になると、母は百済人の高野新笠だし、多数いた夫人のほとんどは百済人で占められ、百済系の色が濃くなっている。

このように「百済系」と「新羅系」の区別を厳密にすることはむずかしいが、この二つの系統の対立は中世に至るまで基本的には存在している。新羅は白色を好み、百済では赤色が重んじられていたが、源氏は白旗を掲げ、その一族に新羅三郎義光がいるように、東日本の新羅系の住民に基盤を置いていたし、百済人に囲まれた桓武天皇を始祖とする平氏は赤旗をシンボルにしているから「百済系」としなくてはならない。百済の韓音読みは「ペクチェ」だから、それが訛(なま)って「ペイケ」から「ペケ」と発音され、それが「平家」ともなり、軽蔑語とされたと思われる。

また、「カラ」という語は「韓」とも「唐」とも書くが、「外国」という意味に用いられ、時代によって、「懐かしい祖先の原郷」といったニュアンスをもったり、「文化的」という響きを感じられる使われ方がされている。また、「アヤ」という言葉も弁韓の「安耶」から来ているが、「綾」と言えば高級絹織物のことだし、「あやかし」とは「妖異」という意味になるなど、朝鮮半島の事どもは日本語と日本歴史に長くかつ深く関わっている。

十九、『古事記・日本書紀』の成立——神話の構成

●『記・紀』編集の基準

わが国の修史事業はいつごろ始まったのだろうか？　『日本書紀』と『続日本紀』の関係記事および『古事記』の序文によってその経過の一覧表を作ってみよう。

①　推古二八（六二〇）　聖徳太子、『天皇記』・『国記』・『臣・連・伴造・国造・百八十部併せて公民らの本紀』を記録。
②　皇極四（六四五）　「大化改新」の際に、『国記』の一部を残して記録焼失。
③　天武一〇（六四五）　天皇、十二皇子らに詔して、『帝紀』・『上古諸事』を記定させる。
④　持統五（六九一）　大三輪・雀部(さきべ)ら十八氏族に詔して、祖先らの墓記を上進させる。
⑤　和銅四（七一一）　太朝臣安万侶に、稗田阿礼が誦する勅語・旧辞を撰録させる。
⑥　和銅五（七一二）　安万侶、右の記録を『古事記』として献上。
⑦　和銅七（七一四）　紀清人・三宅藤麻呂に詔して『国史』を撰ばしめる。
⑧　養老四（七二〇）　舎人親王、勅を奉じて編集した『日本書紀』を献上。

『日本書紀』の編集開始を、天武天皇の命令によるとするか、和銅四年の詔勅によるとするかについては説が分かれている。また、『古事記』については偽書説もあり、『日本書紀』は公式文書だが、『古事記』は氏族向けの文書ないしは「私家版」とする見解もおこなわれている。

ただ、間違いないと思われることは、『記・紀』の大筋と天皇家の系譜とは、推古天皇の時代に作られていたということだ。その背後には、蘇我氏がいたことも確実だろう。例えば、武内宿禰という実在人物を巨人化して自己の祖先としたり、蘇我氏が支持した欽明天皇の出自を隠して継体天皇の子だとしたのがその工作と言える。そして、七世紀末の天武天皇の時代には、文献も多数残っていたことは『紀』も認めている。

神話としての「天孫降臨」の骨格は、そのころすでに出来ていたが、もともとは、アマテラス（天照大神）が地上に降りさせたのは、オシホミミ（天忍穂耳尊）だったはずだ。それが、孫のニニギノミコト（瓊瓊杵尊・迩迩芸命）にすり換えられたのは、持統天皇（女性）が孫の文武天皇に、そして、元明天皇（女性）が孫の聖武天皇に位を継がせようとしていた事情を反映していると一般に考えられている。つまり、この場合、アマテラスとは二人の女帝のことになる。

ところがアマテラスとスサノオ（素戔嗚尊・須佐之男命）の誓約（うけい）については、私はそれを誉田真若と宇佐女王の結婚の史実を神話化したものだと説いたが、用明天皇の妹であり、しかも敏達天皇の皇后だった推古天皇の即位についても、それを正当化する役割をも果たしている。このことからも、神話の骨格が推古天皇の時代に作られていたことがわかる（第十六章の系図10参照）。

さて、それ以外の『記・紀』の神話は何を基にして創作されたのだろうか？　そのうち、「八岐大蛇退治」の話については、私は、スサノオが邪馬台国の後身である宇佐の女王を蛇神族の大神氏の手から救った事実の反映であるとした。また、「出雲の国譲り」の話は、実際に大和王朝が出雲を征服した時のことを、崇神天皇の時代のこととして記すとともに、神話の中にも採用したものだと解釈してみた。さらに、「天孫降臨」についても、「天神族」の朝鮮半島からの九州上陸と、筑前・甘木にあった第一次邪馬台国が狗奴国すなわち熊襲の襲撃を避けるための逃避行とを合成したものだとも説いてきた。そして、「三火神の誕生」と「海幸・山幸」の話は、「天神族」が隼人を征服した史実を神話的に表現したものだと解明した。

このように、一つ一つの神話の素材は、その多くが「天神族」が伝え持ってきた彼らの祖先の歴史の断片であり、そのほとんどは単なる空想や観念の所産ではけっしてないことを確認したい。しかも、一つの話を二重に利用するなど実に巧妙にストーリーを構成している。

私が試みたように、神話の素材から隠された史実を発見していくことも重要だが、それだけではなく、神話全体の構成がどういう意図によって貫かれているかが大切だ。そのことについては、すでに多くの研究者によっていろいろな意見が発表されている。その主なものは次のような点だろう。

①　天皇家の祖先は神であり、わが国を支配すべきことは「神勅」に定められている。

②　天皇家の成立は極めて古い時代のことであり、皇統は「万世一系」である。

③　天皇家を支える有力氏族の祖先は、大部分は「天神族」の一員か、天皇の子孫であり、ごく一部が、「国つ神」の子孫として位置づけられる。

④　天皇家が、朝鮮半島から渡来して来た事実はあくまで隠すが、任那に支配土地を有しており、百済と新羅は天皇家に服属を誓っているとする（神功皇后の史実として）。神話には、その伏線として、スサノオが新羅に行って木の実をもたらしたとしている。

⑤　天皇家の先祖が九州にいた邪馬台国時代の出来事は、すべて神話として記す。

そして、『日本書紀』の場合は、神話の扱い以外に、以下のような政治的要請が編集態度の中心に置かれている。

①　唐に対して「日本は独立国である」ということを誇示する。がっちりとした歴史書があることを示して国家としての体面を整える。

②　天武天皇が皇位を簒奪したという事実を隠し、その正統性を根拠づける。

③　持統・元明という女帝の存在を権威づける。

④　藤原氏の先祖をはじめ、体制維持のため、諸氏族の間に序列をつける。持統天皇が十八氏族の墓記を提出させたことは、資料収集だけではなく、そういう目的を果たすためだった。

『日本書紀』の編集を背後で指導したのが当時の政界の第一人者だった藤原不比等（ふひと）だったことは当然のことだ。その名前が史官（ふひと）であることも象徴的だ。そして、彼が死んだのが『日本書紀』の完成の二か月半後だということも偶然とは思えない感がする。

それにしても、このような方針で『日本書紀』が編集されたわけだが、その作業は密室で行なわれたとしても、大方の有力氏族の合意は得ていたとするべきだろう。大伴氏は熊襲の同族であったことを隠してもらった代わりに、金村が収賄していたように書かれているし、物部氏は磯城県主という形で初期大和王朝を支えていた事実を「一書」として記させた代わりに、祖先のニギハヤヒ(饒速日)を「神武東征」の場面での降伏者として位置づけられている。

●「国産み」の意味

そこで、『記・紀』の神話のうちで、これまでに触れていない部分について、簡単に目を通しておこう。最初の「天地開闢」は明らかに観念的なものだ。その思想的根拠は中国に由来することは明白だが、登場する神々の名前にはそれなりの伝承的な根拠があったはずだ。しかし、その件に深入りすることはこの際は避けることにし、高御産霊尊が大伴・佐伯・忌部・玉祖氏などの祖先とされ、神御産霊尊が紀・伊勢・波多野氏などの祖とされていることだけを指摘しておく。ただし、前にも述べたように、安曇・宗像氏や住吉神社系の海人族の祖先を別格視していることには注目すべきだということだけに止めておく。

次にイザナギ・イザナミの神による「国産み」がある。これは、五〜六世紀ごろの大和の人たちの地理認識を反映している。その順序などにも興味があるが省略し、『古事記』が「筑紫の嶋に四つの面がある」とし、筑紫国は「白日別」、豊国は「豊日別」、肥国は「建日向日豊久士比泥別」、熊曾国は「建日別」としていることに注目したい。

熊曾国が書かれていることも重要だが、肥国の名前が長過ぎる。これは、本来の伝承は、肥国が「建日別」で、もう一つ日向国があって、それが「豊久士比泥別」だったに相違ない。その日向国は前に見たように日田を含む筑後川流域のことだ（第四章地図6参照）。ところが、七世紀ごろに、本来の「日向国」を廃止して、筑紫・豊・肥の三国に分割配置し、新しく熊曾（襲）の国の一部（今日の宮崎県）に日向（ひゅうが）という名前を付けたので、こういう混乱が生じてしまったのだろう。

このように解釈すれば、長い名前についての疑問が解消するだけでなく、「本来の日向」が消滅させられたという仮説が逆に証明された形となり、その重みも増してくる。

以下、『記・紀』ではイザナギが多数の神を産み、最後に火の神を産んで死ぬ。この火の神は金属精錬に関係があるし、他の多数の神々もそれぞれ意味がある。イザナギが行った「黄泉国（よみ）」の話などについては民俗学者の解説に委ねることにしよう。

●アマテラスとスサノオ

次に、アマテラス（天照大神）とスサノオについてだが、これは一筋縄ではいかない。つまり、どちらも複数の実在した人物をモデルにして合成された神であり、それに観念的な要素を加え合わせて練り固めたものとしなくてはいけない。

アマテラスは、最高神としての「日神」という意味で観念的存在だし、「天皇家の祖先」という意味では象徴的存在でもある。また、高天原の主として「天孫降臨」を指令した実在の誰かでもあるし、「トヨの国」においては、ホムダ・マワカ（誉田真若）と結婚した宇佐女王の姿で登場する、というふうに多数の性格・人格が混合しているわけだ。

そのことは、アマテラスを祀る神社が伊勢の皇大神宮だけでなく、丹後の元伊勢神宮や摂津の広田神社があることとも関連してくる。また、昔、アマテラスがいたことがあるという豊前・京都郡の豊日別神社も、猿田彦とともに「日神」を祀っていることから、アマテラスと無関係ではない。

スサノオのほうは、もっと複雑で、一方では暴風や地震を連想させる災害の象徴であることもあれば、大蛇退治をしたり木の種を配ってくれたりする民衆の救済者としての一面を持っている。そして、「出雲神話」では、大国主命の舅（しゅうと）的な役割も担い「苦難に打ち勝つ神・幸福をもたらす神」となっている。さらに、京都の八坂神社ではスサノオは「祇園（ぎおん）の神」として「牛頭（ごず）天王」とされている。それ以外にも、『備後風土記』では武塔神として現われ、庶民信仰では「蘇民将来」ともなっている。そのように、スサノオは特定の性格を象徴する神ではなく、何人かの実在人物像に庶民のいろいろな願望や観念が習合して出来たものだということになる。

史実とのつながりとしては、応神天皇の后妃の父であるホムダ・マワカの仮の姿として現れるが、全国に分布する氷川神社・八雲神社・八坂神社・熊野神社などの祭神はみなスサノオとなっていて、それぞれ民衆に敬愛された特定の人物のことを「スサノオ様」として祀ったものだろう。なお『出雲国風土記』には、須佐という土地があり、須佐之男命という神がいたとされているが、それは地方神であり、『記・紀』に出てくるスサノオとは何の関係もない。

次に、大穴貴命（おおなむち）・大国主命・大物主命とか、事代主命という名前が『記・紀』や各国の『風土記』に出てくるが、それらは特定の実在人物と思うと誤りを犯すことになる。大国主命などは「小地方国家の君主」という普通名詞だと思うべきだし、事代主命は「知恵ある助言者」くらいの意味だと思えばいいだろう。「神功皇后紀」に出てきた事代主の場合は、たまたま近畿遠征軍の指揮官だったホムダ・マワカをその名で呼んだだけのことだ。

『古事記』が詳しく書く「出雲神話」の内容は何一つ『出雲国風土記』に載っていない。そのことは、これらの話は山陰の出雲とは縁のないことを意味している。その元になった出来事があったとすれば、ことごとく「トヨ（豊）の国」のことだっただろう。

そのことの傍証としては、例えば、「景行紀」に、天皇が通った場所の名前に「稲葉（いなば）」というのがある。それは直入郡の川の名になっていて、天皇はそこの土蜘蛛を退治したということになっている。それは出雲の隣の「因播（いなば）」に通じてくる。そうだとすると、大国主命が救ってやったという「イナバの白兎」の「ウサギ」というのも宇佐（うさ）に関係がありそうにも思えてくる。

それよりも、高天原の使いに対して「国譲り」をした大国主命が隠遁するために建てた天日隅宮（あめのひすみのみや）というのは、現在の島根県の大社町の杵築（きつき）にある出雲大社のこととされているが、実は、それはもともとは国東半島の付け根の部分の南側にある杵築にあったと考えたい。

ところが、「トヨの国」で「国譲り」を受けた勢力が大和に移住してしまい、「杵築大社」の存在の意味がなくなったので、大和王朝が出雲を征服した後に、豊後にあった日隅宮の故知にならって、現在の大社町に征服した王者の霊を祀る社を建てたというわけだ。しかも、その時期は、崇神天皇の時代などではなく、出雲の国造が大和にやって来て『神賀詞』を奏上するようになった奈良時代にきわめて近いころのことと考えてよさそうに思える。

なお、豊後の杵築はその昔、「八坂郷」といったから景行天皇の妃となり、何十人もの皇子・皇女を生んだ八坂入姫と関係がありそうに思えてくるし、杵築の隣町が真那井（まない）のある日出（ひじ）町であるこ

 とも偶然とはいえ興味深いものがある。もしかすると、第十二章で考察したイザサワケとホムダワケの名前の交換に関連して、トヨの国で実際に「国譲り」がおこなわれ、その時に隠遁を強いられた王者が、この土地の杵築に宮殿を建ててもらったという史実があったのかもしれない。

「天孫降臨」と「日向三代」の解釈については、前に述べた通りだ。

●〝日本虚紀〟の編集意図

では、歴史時代の記述のほうはどうなっているだろうか？　推古天皇の時代に編集されたという史書は『国記』の一部を残して焼失してしまったというが、各氏族の手もとには、相当量の歴史資料があったことは確実だと思う。大胆な言い方をするならば、応神天皇以後の歴史についてなら、事実に即した編年体の本格的な史書に近いものを作るに足るだけの十分なものがあったことと思う。また、崇神天皇にまで遡ることも、ある程度は可能だったことだろう。

ところが、『記・紀』は真実は敢えて隠し、前に述べた建て前に即して「虚構の歴史」を記録することになった。しかし、それにはやむを得ない事情があった。それというのは、大和王朝を支える氏族のほとんどが、その昔、朝鮮半島から渡来して来たものであり、彼らはその子孫であることを自覚していたからだ。一口に渡来者といっても、古い時代からのものもいれば、「今来の韓人（いまきのからひと）」つまり最近の渡来者もいる。しかも、七〜八世紀には、百済系・新羅系・高句麗系の対立が著しかった。

そうなると、天皇家とそれを取りまく勢力は、自分たちの祖先の由来は、たとえ周知のことであっても公開するわけにはいかなくなる。そこで、「今来の韓人」だけをことさらに差別し、自分たちは「天神族」であり、この国は「日本」という昔からの独立国なのだということを強調し、自分たちの先祖の尊厳性を誇示しなくてはならなくなる。そのため、思い切った「歴史の創作」が行なわれることになった。

「先祖を隠す」ということを最も切実に感じたのは、六世紀の半ばころに権力の中枢に坐った蘇我氏だった。そこで彼らは、自分の先祖を皇統に結びつけようと考えた。そして、武内宿禰という巨人伝説を創作し孝元天皇に結びつけた。その上で、自分たちが支持する欽明天皇が応神天皇の子孫から大王位を奪ったものだったので、この天皇を「応神天皇の五代の孫だという継体天皇の子である」ということにした。

「天皇」という称号も、六世紀には行なわれていない。蘇我馬子あたりの時代に、大国・隋に対して、とかく朝鮮の属国のように思われがちだった事情に反発して、わが国が独立国であることを主張するために用いられるようになったものだ。だから、推古天皇以前については、「天皇」とは呼ばず、本来なら「大王」とすべきところだ。また、「日本」という国号も、七世紀の後半になって使用され始めたもので、それまでは「倭」という文字を使い、「ヤマト」と読んでいた。

さて、八世紀に『記・紀』を編集した人たちは、この「歴史の偽造」の事実を知りながら、そのまま利用することにした。彼らは、応神天皇が九州から「東遷」して来て新王朝を開いたということも当然知っていた。そこで、この「天皇」に皇統をつぐ資格があることを歴史に記録するために、その母であるオキナガ・タラシ姫の夫として「仲哀天皇」という架空の天皇を創作し、それを崇神天皇から四代目の子孫だということにした。それと同時に、この姫を『魏志倭人伝』に出てくる邪馬台国女王卑弥呼であるかのように記述し、二〇〇年以上も古い時代のことにしてしまった。

そして、『記・紀』の編者たちは、崇神天皇もまた九州から進出して来たことも知っていた。ところが、蘇我氏の手によって、各氏族の祖先が天皇家から出ているとする「欠史八代」の天皇の系譜が出来ていたので、それを採用し「崇神天皇は開化天皇の子である」として位置づけた。そうして、この天皇がいかにも「初国しらす天皇」にふさわしいようにいろいろな業績を記録した。その上で、垂仁・景行・成務天皇がその子孫であるというふうにした。『日本書紀』の編者はそれを利用して、もっともらしい記事を付け加えていった。

こうして、「歴史」の骨格は出来上がった。そこで、「歴史」と神話を結びつけるために、「神武東征」の物語が必要になってくる。そのために、各氏族が保有していた九州から大和への進出の伝承が総動員された。つまり、「崇神東遷」と「応神東遷」の記憶を、総合して「神武東征」という壮大な物語が出来上がった。「応神東遷」のほうは、「神功皇后の近畿への帰還」としてもダブって採用されることになった。以上が、これまで私が復元した日本古代史の概要だ。

●「日本・ユダヤ同祖論」は成り立つか

ところで、最後に一つの余談を提供したい。それは「日本・ユダヤ同祖論」のことだ。

八坂神社は祇園(ぎおん)社とも言われ、その祭礼は七月十七日から行われるが、この日はユダヤでは「ノアの方船」がアララト山に着いた祭日となっている。ギオンの祭りは古代ユダヤのシオンの祭りとよく似ているという。牛車を牽く行列や神具などもそっくりだそうだ。

一六九〇年に日本に来たドイツ人ケンペルは「日本人はユダヤ人とアイヌと小人族から成る」という詳細な観察と日本歴史を分析した報告書を書いている。そして、彼は「紀元前八世紀に分裂したイスラエルの十二支族のうちの一部が日本にやって来たのだ」としている。また、明治初年に来日したイギリスの商人のマクレオドも、『日本古代史の縮図』という書物を著し、「天皇家の先祖はユダヤ人である」としている。そして、ユダヤの系図を持ち出し、「アブラハムとサラの夫婦がスサノオとアマテラスであり、イサクはオシホミミ、ヤコブはニニギノミコトに相当する」とまで説いている。この説をふまえ、小谷部全一郎は『日本及日本国民の起源』という著書で、次のような点で日本と古代ユダヤは共通しているとした。

① どちらも、禊(みそぎ)をし、清めの塩を用い、石を建てて神を祀り、神木を供える。

② どちらも、白色を貴び、拍手・低頭の礼をし、神酒を新穀に掛け、御輿(みこし)を担ぐ。

③ 神殿構造や神官の服装や神具などが極めてよく似ている。

④ 屍体に触れることを忌(い)み、守札を用いる……など。

この「日本・ユダヤ同祖論」の傍証として、京都の太秦(うずまさ)の広隆寺には「伊佐良井の井」があるなど、多数の付合点が挙げられている。「太秦」は中国では東ローマ帝国を表わしているが、古代にユダヤ教徒が中国に来たことは確実で、秦帝国はユダヤ系だとする説もある。また、「ウズ」は「ユダ」に通じるし、「伊佐良井」はイスラエルだというわけだ。

言うまでもなく、日本にユダヤ教徒が来たことがあったとしても少しもおかしくはない。だが、東南アジアやアフリカにイスラム教徒がいても、彼らの祖先がアラブだという理由にはならない。ただ、辰韓には「秦の遺民が来ていた」と『魏志』に記されているから、もし、秦がユダヤ系なら、その一派が「シオン」の祭りやユダヤ的なものをわが国にもたらしていても不思議ではない。

私が余談と断わりながら、「日本・ユダヤ同祖論」を取り上げたのは、次のことが言いたかったからだ。古代ユダヤでは、「神聖な食物」のことを「マナ」と言っていたという。本編の最初のほうで、丹後の比治の真名井がトヨウカノメすなわち豊受大神に関する重要な場所だということを述べた。そして、豊後にも日出の真那井という地名があり、しかも、アマテラスとスサノオの誓約には「真名井の水」が重要な役割を果たしていた。もし、そのマナイが古代ユダヤの「神聖な食物」と関係があるとしたらどういうことになるだろうか？　しかも、丹後の真名井神社には、ユダヤのダビデ王の象徴であるカゴメ型の星印を刻んだ石柱が現存している。豊受大神はアマテラスの食事のことを受け持つ神だった。だとすれば、「ヒジのマナイ」の解釈もまた、変わってくるのではなかろうか。

そして、朝鮮半島の南部の任那の意味も、これと関連のある解釈ができることになりはしないか――。

丹後の海部氏に伝わる系図から出発した「日本古代史復元」の作業は、こうして再び丹後と豊後の「マナイ」の謎に舞い戻った。それも意味深い暗合かもしれない。私が試みた無謀とも思われる「謎の解明」の仕事が出発点に立ち帰ったところで、ひとまず「歴史の復元」の作業は止め、別の視点から日本民族の形成を展望することによって本編の締め括りとしたい。

二十、倭人社会の形成——考古学や人類学から見た原日本

●日本の原風景と縄文人

今から一万年以上前に終わった洪積世の氷河期は、考古学的には旧石器時代に属し、そのころ日本列島に住んでいた人類が遺したものとして、多数の剝片石器類が発見されている。それらはシベリア方面のものと同系統であるとされており、最も古いものは十数万年前、つまりネアンデルタール人と同時代のものだという。当時は、大陸と地続きだったから北方系の人たちがマンモスなどを追ってやって来たと考えられている。この時代のことについては、それぞれの専門家の意見を聴くことにしたい。

沖積世に入って気候が次第に温暖化してくると世界的に人類の文化は新石器時代となり、日本列島では世界で最も早く土器が作られるようになった。この土器の表面には縄文が施されているため、紀元前一万年以後紀元前三〇〇年ころまでを考古学では「縄文時代」と呼んでいる。

新石器時代の人類の生活様式は、漁撈・狩猟をおこなったり、木の実や天然のイモ類を採集したりするものだった。したがって、とかく飢えに苦しみ、領域争いで戦い合うという悲惨なものと誤解され易いが、わが国の場合は必ずしもそうではなかった。福井県の鳥浜遺跡の調査によると、紀

元前三〇〇〇〜四〇〇〇年（縄文前期）の人々は舟や漁具・縄などを作る高度の技術をもち、食料も豊富であったことが判明している。また、大分市の下郡北遺跡では豚が家畜として飼われていたことがわかっている。

縄文時代の日本列島は密林が茂り、動植物も多く、僅か二、三万人しか住んでいなかったと推定されるため、食料の獲得も容易で、争いごともない平和な暮らしをしていたものと思われる。また、貧富の差もなく、指導者としての長老はいても、権力者の支配はなかったと思われる。彼らの住居は簡素な竪穴で、三世代家族が標準だったらしい。いくつかの住居が集落を作っていた。その点は各地の貝塚などの縄文遺跡でも共通しており、アイヌの場合も同様だ。

縄文晩期には、中部から東北地方は「遮光器土偶（しゃこうき）」とも呼ばれている宇宙船の乗組員を思わせるような特殊な土偶で有名な「亀ケ岡文化圏」に属し、関西から九州地方にかけては「黒色磨石・凸帯文文化圏」というふうに全土がおおよそ二つの文化圏に分かれていた。それは、生活環境が前者はブナ・クヌギなどの落葉樹林、後者がシイ・カシなどの照葉樹林という相違に対応するものと考えられる。そして、人口密度も生活水準や文化水準も前者のほうが高かった。

彼らが旧石器時代人とつながりをもっているか否かは不明だが、そのうちの何割かは黒潮に乗って海の彼方から渡来して来た者の子孫であることは確実だろう。特に海浜に住んでいた漁撈民は東南アジアの海洋系の文化を日本列島にもたらしたことは明白だ。ただし、その渡来経路は一様ではなく、南島伝いに来た者と中国の東海岸を経て渡来した者とがあったはずだ。

『魏略』に、「倭人は……自ら太伯の後と謂う」と書かれている。太伯というのは、周の文王の伯父のことで、紀元前五八五年に揚子江（長江）の下流に建国した「呉」の開祖だった。「呉」は南隣の「越」と戦い、前四七二年にそれに滅ぼされている。この「呉・越」は、漢民族からは異人種と見られていた東南アジア系につながる海洋民族だった。だから、中国人がいう「倭人」のイメージには、「呉・越」と同じ海洋民という認識があったと思われる。

縄文土器を作ったのは、彼らではなく、河川沿いに内陸に住んでいた人たちだったはずだ。そのうち、東北系はサケ・マスの漁撈や狩猟生活をするアイヌ系、西南系はアワ・ヒエなどの焼畑農耕とイモなどの根菜類を栽培する「照葉樹林文化系」だと一応考えられる。「照葉樹林」地帯はヒマラヤ山麓から中国南部を経て、わが国の関西以西に広く分布している。この地帯に属する中国南部の苗族やミャンマー（旧ビルマ）などの人たちの顔や風俗はわが国とよく似ている。

さて、ここで重要なことは、これらの三種の系統の縄文時代人たちが別個に独立して暮らしていたのか、共通語を有し、相互に交流しながら共同生活をしていたのかということだ。私は、結論的に言うならば、「原始倭語は存在していたし、彼らは相互依存関係を保って共存していた」と思う。その中で最も有勢だったのは、現在のアイヌの祖先である東北系の「縄文人」であり、彼らは北海道から沖縄までの広い範囲に住んでいたと思われる。

なぜかというと、最近の遺伝学の研究では、血液蛋白遺伝子座位で判定するとアイヌと最も親近関係の高いのは沖縄人だということだからだ。血液型その他のデータでもそのことは証明されている。つまり、弥生時代になるとともに、朝鮮半島から多数のツングース系の人が入り込み、「縄文人」たちを東北方面に駆逐してしまったため、こういうことになったというわけだ。

端的に言うと、海洋系の人たちは「弥生人」に降伏し、「焼畑農耕民」は、大部分は稲作農耕に同化し、一部は山奥に追われて「国栖（くず）」とか「土蜘蛛（つちぐも）」となったが、アイヌ系のサケ・マス漁撈と狩猟をする民は頑強に抵抗したため「蝦夷」と呼ばれ圧迫され、東北地方以外の旧居住地を奪われて行ったのだろうと思う。

アイヌ語が「縄文語」ないし「原始倭語」が小変化したものだということは、梅原猛氏らが指摘している。それによると、アイヌ語のカムイ（神）・ピト（人）・タマ（魂）・イノッ（命）・ラマット（古代倭語で魂と同意）・クル（古代倭語で霊的人間）は、すべて倭語と共通している。その他、アイヌ語と倭語の共通語は多い。例えば、アイヌが神を祭る時に用いるイナウの集まりのことを「ヌサ」というが、倭語の「幣（ぬさ）」も祭礼用語だ。つまり、精神生活に関する倭語がアイヌ語と同じだということは、われわれの祖先もアイヌも、ともに縄文時代から弥生時代にかけて共通語を守り続けてきたことを意味していることになる。

また、『日本書紀』には、「保食（うけもち）の神を殺したところ、頭頂には牛馬が、額には粟が、肩には蚕が、目には稗（ひえ）がというように食料が生えた」という記事がある。これは、「照葉樹林文化圏」に見られる精霊信仰の痕跡と考えられる。『記・紀』に出てくる「黄泉（よみ）の国」の思想も、死者を葬うための「殯（もがり）の風習」なども照葉樹林地帯西部と共通する風習だ。さらに正月や十五夜に餅を備えるなどの多くの習俗も同じ地帯に見られる。このように、縄文時代の人々の生活意識は現在の日本にも存続している、と言うことができる。

縄文社会が閉鎖的だと考えることも錯覚で、伊豆の神津島の黒曜石が大島の縄文遺跡や関東南部から発見されているし、当時の航海技術は想像以上に進んでいた。つまり地域間の文化交流は盛んだったわけで、そのことが共通語の存在を必要にし、かつ可能にしたわけだ。ただし、この時代には国家というものは存在せず、したがって、権力による支配というものはなく、各地に小さな共同体が散在し平和に交際し合っていたということになる。

●朝鮮半島から来た弥生人

考古学でいう「弥生時代」は紀元前三世紀ごろから始まる。この時代の文化は、朝鮮半島から大挙して渡来した人々によって伝えられたもので、「弥生式」と呼ばれる幾何図形的文様をもつ土器を用い、水田稲作農耕をおこなうことと、金属器を利用する技術をもつものだった。オリザ・ジャポニカ（日本種の稲）の原産地は、中国の浙江省余姚県の河姆渡遺跡で、紀元前五〇〇〇年ごろのものとされている。これが朝鮮半島南部に伝えられ、それを持った「弥生人」が、主として対馬・壱岐を経て北九州に渡来したが、その他、直接に山陰から北陸方面にも上陸している。そして、その文化は急速に東に進み、一～二世紀の間に日本列島全体に普及して行った。

水田耕作は、低湿地で長期間をかけ継続的・組織的な重労働によっておこなわれる。また、土地に定着するため、収穫にも格差が生じる。だから、集団の統制や財産の管理が必要になるし、人口の増加とともに近隣との争いも起きる。こうしたことから、小集団は次第に統合され、やがて地域ごとに武力を有する者による集団の支配がおこなわれるようになり、多くの小国家が成立してくる。

『前漢書』の紀元前一九年の記事には、「楽浪海中に倭人あり。分れて百余国」とあることはすでに述べた。博多湾を中心とする北九州の海岸地帯から内陸にかけて多数の小国家が分立していた。そのことは、この地帯の弥生遺跡の発掘によって、王者の存在を示す遺物が多数見つかり証明されている。このような小国家は瀬戸内海沿岸から畿内各地や日本海岸にも多く見られ、弥生中期――紀元後一世紀末から二世紀初めごろには、小国家群の統合も始まったものと思われる。つまり、武力の強いものが弱者の土地を征服し、その勢力下に置き、領域を拡大させていった。

そこで問題なのは、「縄文人」はどうなったのかということと、朝鮮半島から渡来した「弥生人」の実態はどうなのか、ということだ。人類学者は、「弥生人」は背が高く長頭であり、その渡来時期以後の人骨は、次第に全国的に「弥生人的特徴」の比率が高まってきているという。ということは、「縄文人」はじきに少数派となり、殺されたり居住地から追放されたりしていったことを意味しているように思われる。もちろん、明治維新以後の百年余の間に日本人の身長は平均一〇センチも高くなっているから、文化――特に食生活の変化による体型の変化もあったとしても、「弥生人」によって「縄文人」が排除されたことは否定できない事実と言っていいだろう。

では、「弥生人」は日本列島に侵入する前にどんな社会を構成していたのだろうか? 彼らの先住地は、『記・紀』が「任那」と書き、『魏志』「韓伝」が「弁韓」と書く朝鮮半島南部だったはずだ。それは、『魏志』「東夷伝」のうちの「韓伝」が「弁韓」と記している地域のことだ。そして、その地には鉄が採れ「韓・濊(わい)・倭はみなほしいままにこれを取る」とあり、「弁韓」の中の「瀆盧(とくろ)国は倭と界を接す」とある。そのことから、そこには韓人だけではなく、「倭人」も住んでいたことが分かる。断定的な言い方をすれば、「弥生人」とは、朝鮮半島南部にいた倭人のことで、韓人との争いから逃れるために、同族が多数住んでいる日本列島に大挙して移住して来たものだということになる。そう解釈すれば、歴史時代になってから、しばらく後の五三二年に金官加羅国が滅びてから、朝鮮半島には「倭人」がいた痕跡が消えてなくなるということの意味が理解できることになる。

では、「韓人」とか「倭人」とは何のことだろうか？ 「韓人」とは、紀元前一〇八年に前漢が楽浪郡を設置したために祖国を喪（うしな）った人たちのことだ。それ以前には「箕（き）氏朝鮮」や「衛氏朝鮮」という国があったが、楽浪郡の設置後、中国の支配下に置かれていたわけだ。『魏志』「韓伝」では、朝鮮半島の南半分には「馬韓」・「辰韓」・「弁韓」の三韓があったとしている。そして、前章で見たように、四世紀になると「馬韓」は百済に、「辰韓」は新羅になっている。さらに、半島の北半分には「高句麗」があった。この国も韓人の国だが、その王朝は中国の東北地方——いわゆる満州にあったツングース系の半農耕騎馬民族の夫余（ふよ）の出で、それが南進して朝鮮半島北部を支配した上に、百済王もこの王家から出たとされている。それだけでなく、「天神族」の原郷である「弁韓」の伽耶国の王も夫余系だったと思われる。

この国の初代の首露王は、『三国遺事』の駕洛（加羅・伽耶と同じ）国の記事に、「天から王が降りて来る」という予告があって、亀旨（くし）峰に降臨したと書かれている。この神話は『記・紀』の「天孫降臨」の神話の原型であり、「クシフル岳」の名前の起源になっているが、この話からわかるように、その王はカラ（駕洛・伽耶＝韓）の人にとっては外来者だということを物語っている。

このように、朝鮮の国の王はすべて外来者であり、人民は農耕民や漁民だったが、王は騎馬民族系だったわけだ。弥生時代に朝鮮半島から渡来した集団は、どうやらツングース系の騎馬民族系の王に率いられた農耕民と海人の混成の「倭人」だったとしていいだろう。つまり、「倭人」とは、それ以前の日本列島にいた「縄文人」と同居していた少数派だった海洋系や焼畑農耕民と、まったく異質な人々だったわけではなく、同系統だったと思われる。いわば、それまで仲良く暮らしていたアイヌの祖先である漁撈・狩猟民に対して、「倭人」たちが王と国家を導入することによって裏切りをしたことになる。この侵入者たちは列島内の倭語と同じ言葉を使っていたに違いない。

韓国の朴炳植氏は、「古代倭語は伽耶語と同じだった」という結論を導き出し、洛東江の中流地域――大邱付近は「上伽耶国（うがや）」と呼ばれていたとしているが、恐らく、これが最も適切な推定だろうと思う。

紀元前三世紀から紀元後三世紀にかけての弥生時代は「戦乱の時代」だった。そのことは、出土する遺体からもわかるし、生活状態の革命的変化からも当然のこととして想像できる。『後漢書』の「東夷伝」にも、「桓・霊の間（紀元後一四七～一八八年）、倭国大いに乱れ、更々相攻伐し、歴年主無し」と記している。この時期に、九州において甘木の「天神族」の大移動があったというのが、私の想定だ。このことを裏付けるのが、瀬戸内沿岸や奈良盆地に突然発生した「高地性集落」だ。それは、標高二〇〇～三〇〇メートルの高地に造られた集団避難用と考えられる住居跡のことだ。

ところで、従来、近畿地方から中国・四国地方の東半分は「銅鐸（どうたく）文化圏」で、その西方は「銅剣・銅矛文化圏」であるとされ、前者のほうが先進的とする見解がおこなわれていた。さらに、古墳の出現についても、強大な権力を象徴する「前方後円墳」は近畿地方の起源だとするのが考古学界の通説だった。しかし、近年、銅鐸の鋳型が九州で発見されたし、前方後円墳についても伊予(愛媛県)の松山には早くから形成されていたことがわかり、近畿発生説は根底から揺らいでいる。宇佐に近い赤塚古墳は、規模は小さいが三世紀後半の前方後円墳と判定されている。また、それに先立つ弥生中期の遺跡の出土物についても、九州の金属器は近畿地方よりも質量ともに優位に立ち先進性を備えている。このことからも、「九州勢力の東遷」は事実として認められる。

このように、「縄文人」は、それまで共同生活をしていた少数勢力の「倭人」の一派が武装集団の渡来を歓迎したために、東北地方と南島方面に駆逐されたというふうに私は理解する。なお、言語学的な日本人起源論については、発音面では海洋民族説が有利だし、文法的にはウラル・アルタイ語系とされているが、単語の面では広く各地に共通な要素を持っている。そのうち、発音は家族や共同体の生活と結びつくから、民族形成の基礎となるものとして最も重視されるべきだろう。文法は支配階級の言語によって統制されることもあると思う。この方面の研究が一段と進むことを切に願っている。

以上のように、「弥生人」とは北方系の王に統率された海洋・農耕系の倭人のことであり、彼らは、以前から日本列島に住んでいた「縄文人」の一部を成していた同族の倭人に迎えられて移住して来て、新文化を導入するとともに、アイヌ系先住民を駆逐した、というのが日本民族の形成についての私の結論だ。つまり、現在の「日本人」は、人種的にも文化的にも明らかに「混血民族」であり、その混成の比率は個人的に差があることは当然だ。ただ、「民族」という概念は、人種とは違い、連帯意識によって結ばれている社会的共同体のことだから、日本列島内部に独自の伝承に基づく独立共同体が複数あっても不思議ではない。

また、民族というものは、法律的な国民とも異なる歴史的・社会的概念だから、「日本人」の内部にあって、多数派とは違う民族についての信念をもって生きている人がいても、それを「非国民」として差別したり排除したりしようとすることは、起こり得ることであると同時に、それは多数派自身の民族的尊厳性を自らの手で損なう態度ということになる。端的に言うならば、われわれの民族的なアイデンティティを、歴史の中からどう摑み出し、現実の生活においてどう生かしていくかが、今や私たちに問われているということだと思う。

むすび

本編で私が意図した「日本古代史の復元」は、天啓とも言うべき閃き（ひらめ）と数々の幸運に恵まれ、本人でさえ意外と思うような仮説の体系が浮かび上がって来た。雲を摑むような神話や、どう考えても奇妙に見える『記・紀』の記事も、視点を変えて読むことによって、その中から一本の筋の通ったシナリオが導き出されてきた。私としては、けっして意外性を追い求めたつもりはないが、中国と日本の史書を結びつけ、邪馬台国と大和王朝との直結をはかるという、これまで誰一人として試みたことのない企てが、まがりなりにも完結できたことは望外の幸せだったと思う。

とりわけ、佐賀県の吉野ケ里、大分県の日田、そして福岡県の祓川流域の三か所で弥生時代の大規模な住居や墳墓の遺跡の発掘が期せずして同時進行中ということは、この地方が、本書の説く「邪馬台国の引っ越し説」にとって重要な土地であるだけに、偶然では済まされないものを感じる。しかも、そのことが本書の論旨の展開に有力な根拠を天佑的に与えてくれ、私の仮説を支えるものとして、まことに力強く、感慨深いものがある。

言うまでもなく、本編は、可能性のある一つの仮説体系に過ぎない。これ以外にも、このような歴史解釈の仕方は幾つでも出されて然るべきものだと思う。いわば、本編はシナリオ・コンクールの第一出品作ということになろう。今後とも、より優れた提案が次々と現われてほしいと思う。

私自身としては、推論の過程でもっと深く、しかも多角的に斬り込みたかった、意に満たない個所がいくつか残っている。今後、このシナリオをさらに検討することによって、より完璧な「歴史の復元」を世に問う機会をもちたいと思っている。

最後に、本編の刊行を実現してくださった六興出版の賀來壽一社長に感謝の意を捧げるとともに、私が古代史に関して筆を執るきっかけを与えて下さった高木彬光氏、日田に関する貴重な資料やご助言を賜わった福本英城氏、豊日別神社の社伝などを提供された田中了一氏、そして谷川健一氏をはじめとする有益な参考文献のご著者の皆様方に心から御礼を申し上げたい。また、読者諸賢からの忌憚のないご叱正をお待ちしている。

一九八九（平成元）年　七月吉日

澤田　洋太郎

新泉社版あとがき

もともと本書は、前ページの「むすび」にあるように、一九八九（平成元）年に六興出版から刊行されたものである。幸い多くの読者から予想外の好評をいただき、版を重ねてきた。

とりわけ、「卑弥呼の名のある系図」については、四年後に近江雅和氏が著書『記紀解体』において同じ見解を採られたほか、多数の方から画期的な発見として支持されたし、筆者が示した「邪馬台国移転説」についても、創造的な歴史の謎の解明法として絶賛されたのだった。また、「天孫降臨」や宇佐八幡の祭神をめぐる解釈に関しても高い評価が与えられ、「これらの創見を抜きにしては日本古代史を語ることではない」とする讃辞さえ頂戴している。

ところが、一九九二年六月に不幸にして六興出版が倒産したため絶版となり、本書を読みたいという古代史愛好家の皆様のご希望に応えることができず、筆者としても心苦しく思いながら二年が経過したのだった。その間、新泉社からは拙著『伽耶は日本のルーツ』と、同じく六興出版から刊行された『日本誕生と天照大神の謎』の改訂増補版である『ヤマト国家成立の秘密』が刊行されたこともあり、各方面からの『天皇家と卑弥呼の系図』を入手したいという強いご要望に応ずるため、筆者の処女作である本書も再び世に送る機会が与えられることとなった。

旧版の上梓以後、筆者の描く日本古代史像には若干の変化がないわけではない。しかしながら、本書の内容については、一部ミスプリなど不完全な個所についての手直しを施した以外、旧版をそのまま踏襲してある。それはこの著書には筆者の「歴史復元」についての想念が素直にこめられているからであり、いわば記念碑的著作であるからである。本書以後に得られた新しい知識や見解については、前掲二書や彩流社から出していただいている別の二書『復元! 日本古代国家』、『異端から学ぶ古代史』をご覧願いたい。

一九九四(平成六)年九月

澤田　洋太郎

【参考文献】

古事記
日本書紀
続日本紀
先代旧事本紀
風土記
古語拾遺
倭名類聚抄
太平記
新撰姓氏録
漢書
隋書
唐書
宋書
魏志・東夷伝
三国史記
三国遺事
万葉集

日本歴史大辞典　河出書房新社
世界歴史事典　平凡社
大日本分県地図・地名総覧　国際地学協会
姓氏家系総覧　秋田書店
日本歴史大系1（古代）　山川出版
大日本地名辞典　吉田東伍　冨山房
姓氏家系大辞典　太田亮　角川書店
日本の古代（十六巻）岸俊夫 他　中央公論社

日本古代国家の研究　井上光貞　岩波書店
日本古代の氏族と天皇　直木孝次郎　塙書房
日本古代国家の形成　水野佑　講談社
上代日本文学と中国文学　小島憲之　塙書房
日本神話の形成　松前健　塙書房
母系制の研究　高群逸枝　講談社
騎馬民族国家　江上波夫　中央公論社
天之日矛帰化年代攷　三品彰英　平凡社

参考文献

熊襲と隼人　井上秀雄　学生社

出雲の古代史　門脇禎二　日本放送出版協会

日本古代史論集　黛弘道　国学院大学

日本書紀　山本英雄　学生社

古事記　川副武胤　学生社

倭の五王　藤間生大　岩波書店

古代朝鮮　井上秀雄　日本放送出版協会

古代朝鮮文化と日本　斎藤忠　東京大学

大和王朝　上田正昭　角川書店

日本古代政治史研究　岸俊夫　塙書房

邪馬台国推理行　高木彬光　角川書店

古代天皇の秘密　高木彬光　角川書店

青銅の神の足跡　谷川健一　集英社

白鳥伝説　谷川健一　集英社

邪馬台国の東遷　奥野正男　毎日新聞社

高天原の謎　安本美典　講談社

宇佐宮　中野幡能　吉川弘文館

宇佐神宮の原像　三木彊　新人物往来社

古代海部氏の系図　金久与市　学生社

ヤマト言葉の起源と古代朝鮮語　朴炳植　成甲書房

日本原記　朴炳植　情報センター出版局

日本の中の朝鮮文化　金達寿　講談社

古代日朝関係史入門　金達寿　筑摩書房

記紀が伝える邪馬台国　福本英城　芸文堂

卑弥呼の道は太陽の道　古村豊　実験古代史学出版部

日本原住民史　八切止夫　朝日新聞社

偽られた大王の系譜　鈴木武樹　秋田書店

古代九州の新羅王国　泊勝美　新人物往来社

大和の原像　小川光三　大和書房

市浦村史資料編　市浦村役場

謎の東日流外三郡誌　佐治芳彦　徳間書店

津軽古代王国の謎　佐藤有文　サンケイ出版

邪馬台国は秦族に征服された　安藤輝国　徳間書店

古代隼人への招待　隼人文化研究会　第一法規

日本書紀の新年代解読　山本武夫　学生社

古代天皇長寿の謎　貝田禎造　六興出版

日本古代天皇家の渡来　渡辺光敏　新人物往来

日本国以前　佐々克明　学芸書林
養老四年の編集会議　佐々克明　ＰＨＰ研究所
古事記と天武天皇の謎　大和岩雄　六興出版
倭国の時代　岡田英弘　文芸春秋
倭の五王と継体天皇　吉田修　講談社
北陸古代王朝の謎　能坂利雄　新人物往来社
日本原住民史序説　太田竜　新泉社
サンカ研究　田中勝也　新泉社
月氏が来た道　新岡武彦　北海道出版文化センター
日本原住民と神武東征　田中勝也　新泉社
神功皇后発掘　高橋政清　叢文社
神々の流竄　梅原猛　集英社
古事記神話の構造　フランソワ・マセ　中央公論社
人麻呂の暗号　藤井由香　新潮社
卑弥呼の宇佐王国　清輔道生　彩流社
東アジアの古代文化（雑誌）　大和書房
古代ファン（同人雑誌）　代表・菊池清光

著者略歴

澤田洋太郎（さわだ　ようたろう）

1927年、東京生まれ。

1951年、東京大学法学部政治学科卒業。

東京都立江戸川高校社会科教諭をはじめとして高校教師を勤め、1982年都立大学附属高校教頭にて退職。以後、執筆活動にいそしむ。2014年没。

主要著作　『ヤマト国家成立の秘密』，『伽耶は日本のルーツ』，『ヤマト国家は渡来王朝』『出雲神話の謎を解く』『幻の四世紀の謎を解く』『アジア史の中のヤマト民族』（新泉社），『復元！　日本古代国家』，『異端から学ぶ古代史』，『復元！　日本文化のルーツ』（彩流社）の古代史関係書のほか，現代社会［『沖縄とアイヌ』，『天皇制とヤマト民族』『憲法論議を考える』『アメリカは敵か味方か』（新泉社）］，政治，経済，倫理関係の著書・共著が多数ある．

新装　天皇家と卑弥呼の系図

1994年11月10日　第1版第1刷発行
2018年 4 月10日　新装版第1刷発行

著者＝澤田洋太郎

発行所＝株式会社　新泉社

東京都文京区本郷 2-5-12
電話 03（3815）1662　FAX 03（3815）1422
印刷・三秀舎　製本・榎本製本

ISBN 978-4-7877-1807-5　C1021

澤田洋太郎著　46判272頁　定価2000円（税別）

伽耶は日本のルーツ

高松塚や藤の木古墳の発掘、朝鮮半島南部での前方後円墳の相次ぐ確認で、「日本列島に自生した固有の文化」をもった民族であるとする日本人説は、多くの疑念につつまれることとなった。アジア全体を視野におき、伽耶諸国の実体に迫るとともに、日韓文化の共通点と相違点を分析して、日本のルーツを追求し、日本民族形成のシナリオを提示する。

●主要目次